二宮尊徳と桜町仕法

報徳仕法の源流を探る

阿部 昭

随想舎

二宮尊徳と桜町仕法

――報徳仕法の源流を探る――

はしがき

本書に収載する論文は、平成二十（二〇〇八）年頃から二十七（二〇一五）年頃にかけて執筆したもののうち、「二宮尊徳と桜町仕法」に関するものを選び、一括編集したものである。二宮尊徳への関心は、かつて取り組んだ「近世中後期、下野の農村荒廃」研究に端を発するところが大きい。

近世中後期に進行した下野農村の荒廃と、荒廃からの脱却への取り組みは、幕府の出張陣屋における代官仕法をはじめ、乱立する中小の譜代・外様大名、分散・相給の特徴著しい旗本知行所等、いずれの領主改革においても避けることの許されぬ課題であった。

しかしながら、文政から天保年間にかけて下野国芳賀郡の旗本宇津家桜町知行所（いわゆる桜町領）で実施された知行所復興事業では、従来の所領改革や民衆運動には見られぬ新しい創造的な工夫・対策が現れるようになった。この事業を主導・推進した二宮尊徳が、事業の推進理念に「報徳」を掲げたことから、やがて人々は、その地域社会復興策を「報徳仕法」と呼ぶようになり、同仕法は天保末期から弘化・嘉永期にかけて、桜町知行所の領域を超えて日本各地に普及拡大し、幕末維新期の社会に大きな足跡を残し、指導理念であった「報徳思想」とともに、近代日本の形成にも少なからぬ影響を与えた。

「報徳仕法」と「報徳思想」の研究は、戦前戦後を通じ各方面で続けられてきたが、その発展の足跡が詳細にあきらかになればなるほど、「仕法」と「思想」の源流であり、祖型でもある「桜町仕法」の実態究明の重要さが増してきている。そうした思いを強くした折も折、桜町仕法が実施された地元自治体である二宮町（現在の真岡市）から依頼を受け、刊行に携わった『二宮町史』編纂が、「二宮尊徳と桜町仕法」研究の新たな契機となった。


本書は、全体を三部九章から構成する。

そのうち、「第一部　桜町仕法請負」は、「第一章　旗本宇津家桜町知行所の成立と衰微」、「第二章　尊徳自家再建期の経営」、「第三章　尊徳の桜町仕法請負に関する諸問題」、「第四章　桜町仕法と報徳思想の成立」の四章からなる。このうち第一章は、仕法開始の前提として宇津家桜町知行所の成立と、仕法開始に至るまでの前史を採り上げた。次に第二章は、仕法の依頼を受ける以前、まだ相模国の栢山村で、破綻した生家の再建に取り組んでいた二宮金治（次）郎（尊徳）が記録した自家経営帳簿から、その経営実態を探るとともに、その営みを通して築かれたであろう経営能力、やがて仕法を担うに足るだけの素養の基礎が養成されたであろう実態を解明したいと考えた。第三章では、尊徳が桜町知行所の立て直しについて小田原藩から相談依頼を受け、自ら桜町知行所を現地調査したうえで、独自の復興計画案を策定、小田原藩と交渉を重ねて行った経緯を明らかにした。

第四章では、前章までに明らかにした仕法計画伺いと交渉の経緯を踏まえるとともに、その際より所とした関係史料（『二宮尊徳全集』所載史料）の分析手法から、桜町仕法研究全般に是非とも必要とされる史料論的課題を提起した。

「第二部　仕法の展開と打ち切り延長論」は、「第五章　桜町仕法諸施策の展開と住民動向」、「第六章　仕法打ち切り延長論と住民訴願」、「第七章　後期仕法と『上下安泰永久相続之道』」の三章から構成される。このうち第五章は、文政五年の仕法着手後、桜町仕法のうち、いわゆる「前期仕法」十か年期間中に展開された諸施策の実態を明らかにするとともに、十か年の仕法期限近くに起きた尊徳の「役儀伺い」と「出奔・成田山参籠」両事件と、事件をめぐる知行所民の動向を明らかにした。次の第六章では、出奔事件でおおいに揺れた仕法の再建過程と、迫り来る仕法期限をめぐって生じた仕法の「打ち切り・延長論」と、尊徳と知行所民の訴願行動の実態を再検討しつつ、桜町前期仕法の意義を糾そうとした。次の第七章では、ようやくにして五か年の延長が認められた「後期仕法」期間中、襲来する凶作飢饉対策と平行して、宇津・大久保の両家との間で進められた「仕法永続」をめぐる交渉、その過程で創案・実施に移された「報徳金融システム」の意義とその実態の解明を行った。ここで採り上げた仕法の経緯と、そこで創案された施策のうちにこそ、「報徳仕法」「報徳思想」と呼ばれる地域社会と住民生活立て直し策成立の源流と祖型があると考える。

最後の「第三部　成立期の報徳思想」は、「第八章　仕法の永久相続論と報徳思想の成立」、「第九章　報徳思想の成立と『若林自脩作文集』」および「付録」からなる。第八章は、前掲第七章の検討結果を踏まえ、桜町後期仕法のなかでの仕法の永久相続をめぐる交渉過程を通じて、尊徳の悟道哲学が深化し、「報徳思想」の祖型が形成されて行く過程をあきらかにしている。第九章は、「報徳思想」成立期に尊徳の近傍にあり、「報徳思想」の表現、形成、普及に協力した若林自脩の作品を紹介し、成立期「報徳思想」の祖型をあきらかにすることに努めた。なお、末尾に付録として「若林自脩作文集」の翻刻補注を付した。

『二宮尊徳全集』（全三十六巻、佐々井信太郎等編、二宮尊徳偉業宣揚会、一九二七―三二年）の表記について、本編では『全集』と略記した。

二宮尊徳と桜町仕法
報徳仕法の源流を探る

―目次―

第二部 仕法の展開と打ち切り延長論

第三部　成立期の報徳思想

桜町陣屋跡と桜町領三か村位置図

桜町陣屋跡

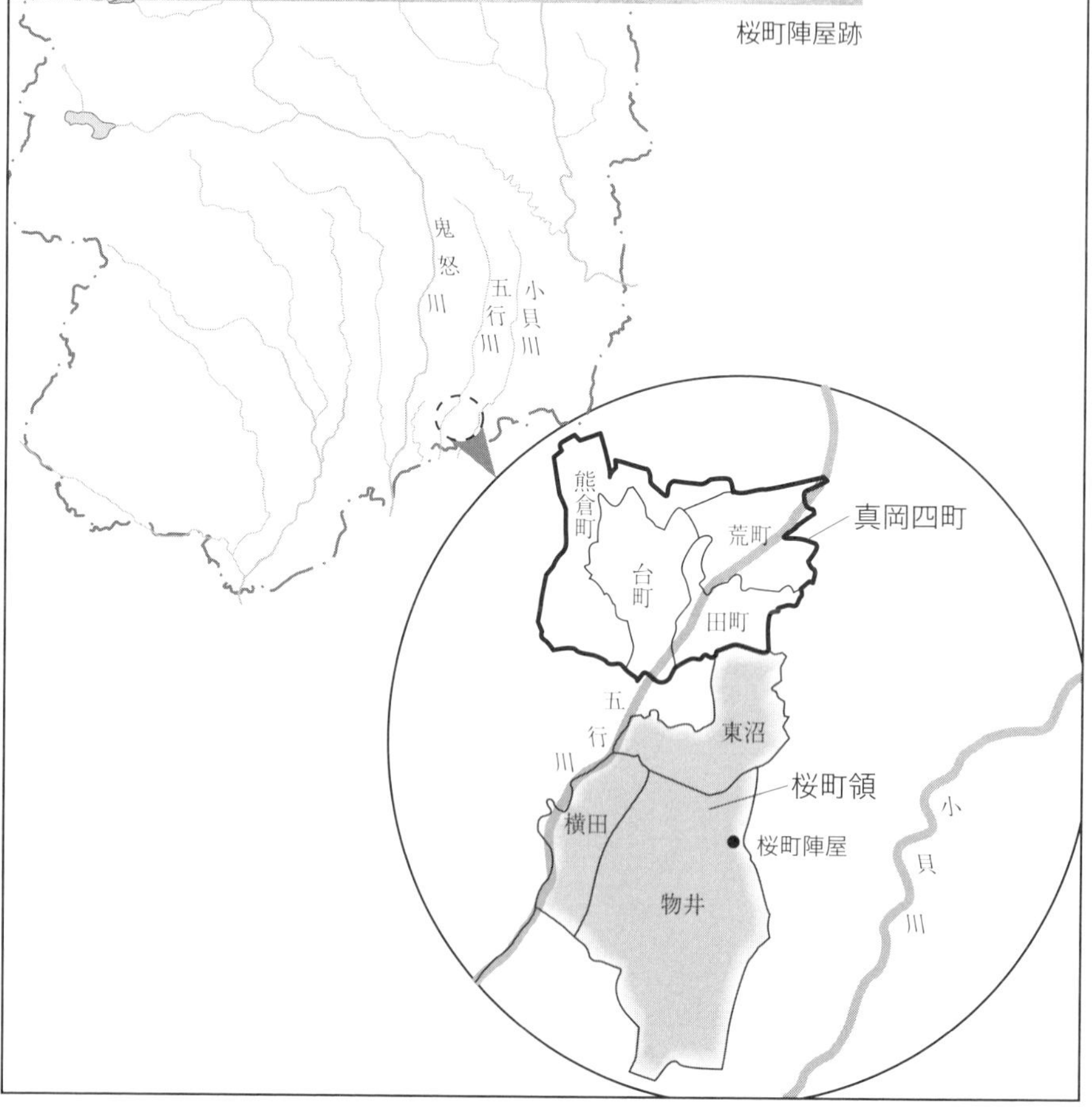

『真岡市史』(第七巻近世通史編)、『二宮町史』(通史編Ⅱ近世)掲載図版を元に作成

第一部

桜町仕法請負

第一章　旗本宇津家桜町知行所の成立と衰微

はじめに

小考は文政五（一八二二）年以降、小田原藩の委託を受け二宮金次郎が、復興事業（一般に「桜町仕法」）を実施した旗本宇津家知行所（以後、桜町知行所と表記）の成立から荒廃、衰微に至る過程を採り上げ、宇津家が本家小田原藩大久保家を頼って、桜町知行所の改革・立て直し仕法を実施せざるをえなくなった実情を検証する。

桜町知行所は下野国芳賀郡の東南部、東沼村・横田村・物井村の三か村のうち約四千石で、芳賀郡内でももっとも常陸国に近く、小貝川とその支流五行川に挟まれた平坦地にあり、現、真岡市に属する。三か村はもとは相模国小田原の譜代大久保家領（十一万三千石）に属したが、近世中期に

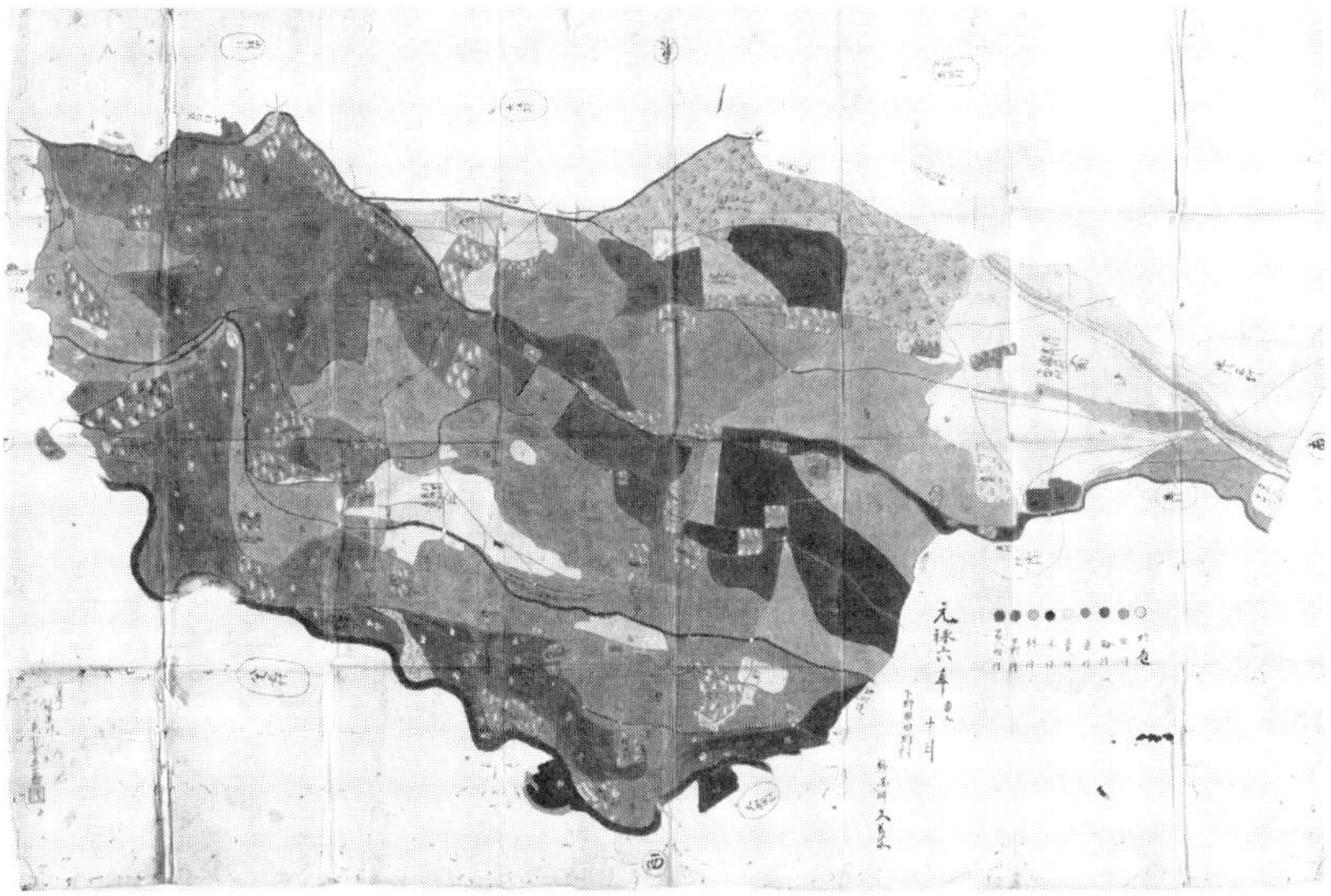

図1　桜町三か村図（元禄6年：橋本惣平氏蔵、真岡市教育委員会提供）

大久保家から分知され、旗本宇津家の知行所となった。宇津家役人が所領支配のため駐在勤務する陣屋が物井村の桜町にあったことから桜町陣屋、桜町領などとも呼称される。

　拝領高四千石は地方取りとして甚だ零細であることは否めないが、横田村と物井村内に僅かな天領相給地があるだけで、三か村の宇津家領は互いに隣接し、まとまりの良い知行所の体裁をなしており、下野国の最南端であることから気候も比較的温暖の地である。江戸からの距離はややあるとはいえ、周辺に結城・下館・谷田貝などの城下や、真岡・久下田などの在町もあり、鬼怒川東岸には中里・大沼をはじめとする多数の河岸が隣接しており、人・物・情報の流通に必要な水陸の便にはさほど事欠かない。日光道中小山宿まではやや距離があるが、それも定助郷への編成を免れるにちょうど適当な距離と考えれば、悪いことばかりではない。かかる観点からすれば、一概に桜町知行所に地理的な不足があるとは云いきれない。

にもかかわらず桜町知行所の財政情況が、十八世紀後半から十九世紀前半にかけて極度の荒廃・衰微に陥り、復興事業の導入を余儀なくした理由は何か。小考はこうした問題の究明を通じて二宮尊徳の桜町仕法が必然化して行った実情をあきらかにするものである。ただし、これに似た事態は、当時、周辺の他領地域でも広く併存発生しており、それらの現象は、いわゆる「関東農村の荒廃」とも称され、同時代の江戸周辺、特に北関東内陸部に広く一般に見られ、桜町知行所のみに限定した特殊現象ではなかったとも考えられることから、問題の究明は、桜町知行所を対象としながら、同時に「関東農村の荒廃」そのものの持つ歴史的意義をも追究する性格を帯びざるをえない。

小考のもう一つの課題は、桜町知行所がかかる荒廃の窮地にあって、何故、二宮金次郎の手腕を頼みとしなければならなかったのか、宇津家の本家である小田原藩大久保家の支援もあった筈だが、そうしたなかで何故に二宮金次郎に仕法依頼する選択をすることになったのかを、意思決定以前の問題として考察して置く必要があると思われる。

第一節　初代教信の分知と桜町知行所

知行高四千石は旗本の格式からすれば、間違いなく上級の部類に属するが、独立した所領支配を布く近世領主権力の全般からみれば、拝領地の零細性は否めない。小田原藩では、幕府老中をも務めた藩主大久保忠朝が、元禄十一（一六九八）年十一月に隠居し、その跡を嫡男忠増が家督相続、その際、次男教寛と三男教信も、それぞれ六千石と四千石の所領を分知され、それぞれ旗本として新たに分家独立した。このとき三男教信は、大久保氏がもともとは宇都宮氏の出身であったという出自にもとづき、新たに宇津氏を名乗り分家独立することになった(1)。

教信は、分家する以前から将軍綱吉の中奥御小姓を務め、従五位下諸太夫に列し出雲守を称した。分家の翌年には将軍から銀三百枚を拝領、元禄十三（一七〇〇）年、日光で催された大猷院の五十回忌法要では「御忌般物之役」を勤めた。その後も同十五年に小姓組番頭、同十六年には書院番頭と、もっぱら殿中で宿直・警衛を勤める番方の名誉ある役職を歴任した。さらに宝永二（一七〇五）年には御側詰（側衆）となり「乗輿御免」の栄誉を受け、翌三年には江戸愛宕下広小路に上屋敷を拝領、ついで同四年には下渋谷に下屋敷を、同五年に下屋敷に「揚場」を拝領するなど、将軍綱吉から厚遇を受け続けた。しかし、宝永六（一七〇九）年二月に綱吉が薨去したのを機に「御側詰御免」となり寄合に退いたが、同八年には将軍家宣の下で「大番頭」の要職に就き、役料一千俵を拝領した。

大番組は、平時は江戸城二の丸・西の丸の勤番や江戸市中等の警戒の任に就き、ときには上方在番と称して大坂城・京都二条城等の警護に一年交代で勤務することもあった。寛永九（一六三二）年以降、一二組の編成となり、これが定制となった。各組に大番頭一人が置かれ、その配下に組頭四人、番士五〇人、与力一〇騎、同心二〇人が付属した。各組を率いる大番頭は寛永期までは万石以上の大名級の者も就く職であったが、その後は上級旗本の有力者が勤めるようになった。幕府軍制組織の中核を占める諸番組（大番・書院番・小姓番・新番）のなかでももっとも格式を誇る職で、旗本のうち布衣（五位以上）の格式を有する者が就任し、側衆・奏者番との交流も盛んであった。

正徳二（一七一二）年に幕府が編纂した「御家人分限帳」（内閣文庫本）では、当時一二人の大御番頭のうち大名は一名のみで、他の一一人はすべて旗本であったが、そのなかに「大久保杢入子宇津出雲守　廿四十九　四千石、外千俵御役料　下野」とあるのが宇津家初代の宇津教信である。「大久保杢入」とあるのは大久保杢之助、すなわち小田原藩主大久保加賀守忠朝のことである。他の旗本一〇人のうち関東以外に知行所を有する者は三人のみで、他はすべて江戸の周辺に知行所を持つ旗本であった。当時大番頭を務めていた旗本の知行高をみると、石高五千石以上は六人で、かれらには役料は支給されていない。五千石未満の者は宇津家も含む五人で、かれらには所領のほかに役料が一千俵ずつ支給されていた。大番頭の役料は、寛文期には二千俵であったが、正徳年間には一千俵となっている。

「御家人分限帳」にみる宇津出雲守教信は、下野国に石高四千石の知行所を与えられた「国付」の地方（所領）取りの旗本であるが、これに加え役料として切米一千俵が大番頭に在職する期間だけ、手当として支給されていた。役料として支給される切米一千俵は、これを仮に知行高に換算すれば、約一千石に相当するから、大番頭在職中の教信は知行高五千石の待遇を受けたのと同等となる。したがって役職に就くか就かぬかは家の格式に変わりないにしても、収入の上から見れば大きな違いがあり、上級旗本にとっても重大な問題であった。

教信は、大番頭を勤めていた正徳二（一七一二）年のうちに二条在番（京都所司代の下で二条城の守衛を司る職）を命ぜられ、黄金五〇枚他を拝領したが、同四年には「大番頭御免」となり再び寄合に退いた。しかし、享保九（一七二四）年には将軍吉宗のもとで数寄屋橋御門番となり、同十四年に隠居退任するまで、その職にあった（表1－1）。

第二節　宇津家の衰勢

教信の跡を継いだ宇津家二代目当主教逵《のりみち》は宝永七（一七一〇）年に本家大久保家から養子として迎えられた。先代教信に子がなかった訳ではないが、本家である小田原藩大久保忠増（教信の兄）の末男で、教信にとっては甥にあたる教逵が養子となり、一〇年後に将軍「御目見え」を許され、その九年後に宇津家の家督を相続した。たとえ実の子がいてもその子には跡を嗣がせず、本家大久保

表1-1　宇津家歴代事績

当　主	年　月	事　歴
初代　教信	延宝３年　６月	御目見被仰付
	元禄５年　４月	中奥御小姓被仰付
	同　６年　12月	諸太夫被仰付、出雲守
	同　７年　２月	父大久保加賀守邸将軍御成の節、御能拝見、御前講釈拝聞、品々拝領
	同　11年　11月	父加賀守下野国芳賀郡真岡領の内、４千石分知
	同　12年 閏９月	官銀３百枚拝領
	同　13年　４月	大猷院50回忌日光山般物役被仰付
	同　15年　７月	御小姓組御番頭被仰付
	同　16年　11月	御書院番頭被仰付
	宝永２年　２月	御側詰被仰付、乗輿御免
	同　３年　２月	愛宕下広小路に居屋敷拝領
	同　４年　２月	下渋谷に下屋敷拝領
	同　５年　４月	下屋敷揚場拝領
	同　６年　２月	常憲院御筆御掛物６幅頂戴、常憲院薨去、御側詰御免、寄合被仰付
	同　８年　１月	大番頭被仰付、役料千俵拝領
	正徳２年　２月	二条在番被仰付、黄金50枚他拝領
	同　３年　４月	帰府
	同　４年　５月	病身に付大番頭御免願い、寄合被仰付
	享保９年　２月	数寄屋橋御門番被仰付
	同　12年　２月	御門番御免被仰付
	同　14年　７月	隠居願い、倅大学に家督相続
	８月	剃髪、周雲と称す
２代　教逵	宝永７年　11月	大久保加賀守忠増末男養子願の通
	享保５年　３月	御目見
	享保14年　７月	家督相続
	同　16年　３月	浜大手御門番被仰付
	４月	居屋敷類焼に付、御門番御免
	同　18年　９月	駿府御加番被仰付
	同　19年　10月	帰府
	元文２年　４月	虎之御門番被仰付
	同　５年　４月	御門番御免
	寛保３年　５月	雉子橋御門番被仰付
	延享３年　５月	御門番御免
	寛延２年　11月	愛宕下広小路居屋敷の内1388坪上地、代地なしに付、白銀50枚拝領
	同　３年　10月	筋違橋御門番被仰付
	宝暦３年　10月	御門番御免
	同　11年　12月	数寄屋橋御門番被仰付
	同　13年　８月	病死
３代　教朝	宝暦５年　９月	御目見
	同　13年　10月	父大学の家督相続

当　主	年　月	事　歴
3代　教朝	明和３年　9月	駿府御加番被仰付
	同　４年　10月	帰府
	天明１年　12月	来年50歳に付乗物使用届け
	同　６年　11月	桜町領水害に付金６百両拝借被仰付
	寛政10年　8月	愛宕下居屋敷、毛利讃岐守芝切通御掃除町西之久保居屋敷と相対替え
	同　11年　7月	病気に付隠居
4代　教長	寛政１年　8月	御目見
	享和３年　6月	病死
5代釩之助	享和３年　6月	養父大学急養子願い
	9月	願い通り父大学の家督相続、寄合
	天保12年閏１月	慈徳院（家斉生母）法事勤番被仰付

家から養子を迎え、その子に嗣がせるだけの十分な理由が宇津家にはあった。小田原藩大久保家は譜代の大藩であり、教信の父、大久保忠朝は隠居する直前の元禄十一年二月まで幕府老中を務め、その跡を継いだ兄の大久保加賀守忠増も宝永二（一七〇五）年九月から正徳三（一七一三）年七月まで老中在任、特に宝永五年以後は勝手掛老中を勤めていた。教逵の養子縁組みは、こうした環境の下で行われたのであり本家の権勢を味方にし、その庇護の下に入ることは、宇津家の成り立ちを考えれば重要なことであった。

教逵は家督後まもない享保十六（一七三一）年に浜大手御門番を勤め、同十八年には駿府御加番、元文二（一七三七）年に虎之御門番、寛保三（一七四三）年雉子橋御門番、寛延三（一七五〇）年筋違橋御門番、宝暦十一（一七六一）年に数寄屋橋御門番を勤めるなど、同十三年に病死するまで居屋敷類焼で一時役を退いた時期を除き大番組の諸役を歴任し続けた。

続いて宝暦十三（一七六三）年に三代当主となった教朝は、二代教逵の実子で宇津家としては、はじめて実子嫡男が父の死後家督を相続した。教朝も家督まもない明和三（一七六六）年に父祖伝来の大番組勤役である駿府御加番を勤めている。しかし、ここから後がこれまでと異なり、教朝は翌年勤めを終えて駿河から帰国後、寛政十一（一七九九）年に病気を理由に隠居するまでの三〇有余年、ついに一度も公儀役を勤めなかった。これは初代から二代目当主までの事績と比べると雲泥の差がある。この間、天明六（一七八六）年には知行所村々の水害を理由に幕府から金六百両を拝借したこともあった。後に述べる通り、この頃の宇津家の財政事情は極度の貧窮状態にあったが、それに洪水の被害が拍車を掛けたのであろう。家譜によれば、そうした折も折、寛政十（一七九八）年には、それまで上屋敷を置いていた愛宕下の屋敷を、毛利讃岐守政美（長門国清末）との「相対替え」で芝切通し御掃除町西之久保（現在の港区芝公園三丁目）に転居している。新しい屋敷は現在の港区桜田通り西久保八幡神社の向かい側で、芝給水所公園南側の辺りである。宇津家の衰運急なる状況下での転居、しかも「相対替え」であることから、憶測ではあるが屋敷交換の背景に金銭授受がともなった可能性もある。

つぎの四代目当主教長も実子で、寛政元（一七八九）年すでに将軍御目見えを許されたことは分かっているが、家譜にはいつ家督相続したかさえ記されず、享和三（一八〇三）年六月に病死するまで、およそ一〇数年間、何一つ当主の公的事績が記されていない。旗本として幕府に奉仕する公の勤めを何一つ果たすこともなく四四、五歳で亡くなったが、妻も娶らなかったのである。この後に養子として迎えられたのが五代目当主宇津釩之助《はんのすけ》であった。その履歴には、義父教長について、「養父大学（教長）寄合之節、病気差し重り候処、男子御座なく候」とあり、教長が非役であった上に妻帯もせず、継嗣を持たなかったことが記されている。しかし、幕府御用も勤めず妻帯もしなかったのは、病気だけが理由ではなかったであろう。

大番組に属し大番頭も勤める家格を有しながら、幕府御用も勤められなくなっていた宇津家衰勢の原因は何であろうか。初代から二代めまでの当主のように、要職に就き幕府から支給される役料収入を得られなくなったことが家勢衰退の原因なのか、それとも知行所からの収納減が財政困窮の根本の原因で、そのために宇津家伝統の番役勤めも果たし得なくなったためであろうか。それとも当主の力量不足のしからしむるところであるのか、つまびらかではない。しかし、おそらくは、これらの要因が相互に作用しあって宇津家の衰勢をくいとめられなくなっていたであろうことは、否定し得ない。

いずれにせよ、旗本宇津家がようやく家勢を保ち続けていたのは、二代目当主教遠の時代までだった。その教遠の時代もその後半（宝暦期）になると、そろそろ衰勢の兆候が各方面に現れはじめ、三代四代と代を重ねるごとに衰勢はいよいよ顕著となっていったのである。後に宇津家が作成した報告書が、「古しえ御高四千石余にて、御収納米三千百俵余相納、家数四百有余有之候処、去ル文政度御趣法之始、御収納米拾ヶ年致平均見候処、漸米九百三拾俵余、家数百四拾五軒、夫迚も他領出稼、或は老人子供、或は極難困窮人、今日も凌兼候」と述べるとおり、ほぼ一世紀余の間に宇津家知行所の戸口と租税収納高は、ともに享保期の三分の一まで急減する変化を引き起こしていた。いずれが原因でいずれが結果であるかはともかくとして、宇津家当主の事績に見られた家勢の衰退現象は、知行所内の戸口・租税収納高の急減と併行し、相互に関連して発生していたことがらであったと考えられる(2)。

初代教信の分家独立から百有余年が経過した十九世紀の初頭、享和三（一八〇三）年九月に、宇津家の家督を相続した五代目当主、宇津釩之助は、このように宇津家の衰退が窮まった時期に、親戚筋の旗本大久保忠彦家（甚右衛門、三千石、寄合、永田馬場）から養子に迎えられた。実父の忠彦は小田原藩大久保加賀守忠由の次男で、はじめ弥市と称したが、後に一族の旗本大久保教和の養子となり家督を相続したという。釩之助を養子に出した大久保家は兄の甚右衛門が嗣いだと思われるが詳らかでない。

宇津家が本家大久保家から分家した直後の元禄十二（一六九九）年から、五代目宇津釩之助の時代、そして幕末の嘉永六（一八五三）年に至るまでの約一五〇年余りの期間は、江戸時代中後期の中心を占める重要な時代である。この期間における宇津家知行所三か村の家数・人数・馬数の増減の様子を表1－2に示した。表1－2によれば宇津家知行所三か村の家数・人口は、元禄―享保期にはまだ目立った変化をみせていないが、享保期と文政期を比べると、これが同一の知行所か、同じ三か村の数値かと目を疑わんばかりの激減である。この間、家数は三六％、人数も三三・三％に減少している。

享保期以降実施されるようになった幕府の人口調査を見ると、おしなべて江戸中期の日本の人口はやや停滞的である。しかし、そのなかでも北関東の野州・常陸両国では、一八世紀半ば以降、特に宝暦・明和の頃から家数・人口が急減する現象が現れ、特に天明飢饉後にその傾向に拍車がかかり、寛政・文化年間の領主仕法によっても戸口減少の流れをくいとめることは容易でなかった。化政期から天保期まで減少は続き、ついには享保期の四割台まで落ち込み、「関東農村の荒廃」と称せられる状態となったことが知られている。[3] ところが宇津家知行所三か村の衰退は、こうした常陸・下野両国の一般的傾向を一段と上回る激烈さを示している。

同時に、表1−2から見て取れることがもう一つある。文政五(一八二二)年から嘉永六年に至る約三〇年間の推移を見ると、宇津家知行所ではこの間、家数は約一・二倍に、人数は約一・五倍に増加するなど、顕著な戸口の回復傾向が現れている。荒廃著しい常陸・下野両国で広く見られる天保飢饉時のさらなる減少も、ここでは見られず、ゆるやかではあるが順調な戸口の回復傾向が特徴的に見られる。文政五年以前に見られた減少傾向の激しさと比べ、回復過程の順調さは際立つ好対照をなしている。

表1-2　宇津知行所3か村家数・人数・馬数の推移

	家　数(軒)					人　数(人)			馬数(匹)
	家数	名主	組頭	本百姓	水呑	人数	男	女	
元禄12卯	422	6	13	239	160	—	—	—	218
享保年中	433	—	—	—	—	1915	1067	848	—
文政5年	156	7	9	139	—	749	394	355	65
文政10亥	159	6	12	140	—	769(28)	404	365	65
天保3	164	5	11	147	—	828(1)	420	408	65
天保8	173	5(1)	12(1)	153	—	857(18)	425	432	65
天保13	180	5(1)	13(1)	159	—	963(1)	481	482	65
嘉永6	187	7	13	166	—	1103	568	532	65

註1)各年次の典拠史料は下記の通り。
「元禄12卯年桜町領3か村差出帳」(『全集』第十巻、133頁)、「三か村前々高免御収納米永取調帳」(『全集』第十巻、240頁)、「元文5年宇津家古今雑書集」(『全集』第十巻、71頁)、「文政5午年3か村宗門人別改帳」(『全集』第十一巻、439頁)、「文政10亥桜町領3か村宗門人別改帳」(『全集』第十三巻、1021頁)
2)名主項目の(　)は名主格、組頭項目の(　)は取締役の軒数、人数項目の(　)は、取立百姓または他領からの入百姓数を示す。
3)元禄12卯年と享保年中の「　」は、史料の記載に欠落部分があることを示す。

第三節　宇津家の租税収納高の推移

次に、戸口の減少から衰退現象が顕著に見られた桜町宇津家知行所の十八世紀中葉以降の推移について、比較的よく残されている租税関係資料を用いて、さらに検討を加えてみよう。

表1－3「享保～文政期の宇津家知行所物成勘定推移」は、戸口の激しい減少があった三か村の租税収納高の推移を示している。これによれば、享保年間の宇津家知行所三か村の租税収納高は次のとおりである。田方収納高は米一一五三石二斗六升六合余であった。これを俵数に換算すると、米三一一六俵三斗四升六合余となる。畑方の収納高は、小物成も合わせ、永二〇二貫四四五文と計算され、これを金に換算すると金二〇二両一分二朱と永七〇文となる。享保年間の田方年貢収納高を、米三一〇〇俵余とみることは、後掲表1－4からも裏付けられるから的外れのものではない。

高四千石の宇津家知行所の田高は、約二五〇〇石ほどと概算される。(4) これを仮に物成五つ（五公五民）で試算すれば、田方の年貢収納高は米一二五〇石、これを四斗入り俵に換算すれば、およそ三一二五俵ほどとなる。こうしてみると享保期までの宇津家知行所は、田方でもまだ充分な租税収納力を保持していたことが分かる。同時に享保期にこれと同等の課税がなされていたのだとすれば、

表1-3　享保―文政期　宇津家知行所物成勘定の推移

	享保年中物成勘定	寛政元酉年物成勘定	文化４卯年物成勘定	文政５午年物成勘定
石高	高4109石128			高4000石 内867石743前々荒地引 残高3139石257
反別	5010反8-20			
家数	433軒			156軒
田方	米1153石26628 此俵3116俵34628 （口米共）	米 1273俵035	米 929俵	米254石75 此俵688俵21 但し1俵3斗7入り
畑方	永202貫445 此金202.1.2ト永70 （口永・小物成共）	永 此金174.1.0ト京1.240	永 此金163.3.0ト銀2.4	永127貫917.9 此金127.3.0ト京672
大豆		大豆54俵0054 此金12.2.2ト銭0.036文	大豆54俵005 此金6.2.0ト銀5.2	大豆54俵005
荏		荏9俵589 此金8.0.0ト銭0.337文	荏9俵589 此金6.2.0ト銀5.2	荏9俵589

註　典拠史料は、「三ケ村前々高免御収納米永取調帳」『全集』（第十巻、240頁）、「酉年御物成米金御勘定帳控」『全集』（第十巻、11頁）、「享和三亥―文化五辰年釼之助様御暮方元払差引帳」『全集』（第十巻、59頁）、「文政五午年寄目録控」『全集』（第十巻、838頁）。

（参考）享保６丑年の宇津家知行所

本高487町１反８畝４歩
　内4反6畝19歩　川欠蔵屋敷観音免
残田畑反別486町7反１畝15歩
　田方216町
　畑方270町１反１畝15歩
　　外二3反4畝19歩　川欠
新田畑13町６反６畝27歩　拝領高外
　田方9町8反6畝4歩　田方
　畑方3町8反23歩　畑方

人数1915人
男1067人
女848人

註　「元文五年宇津家古今雑書集」『全集』（第十巻、71頁）。

表1-4　享保11午—明和8卯年の宇津家知行所3か村取米納辻

	享保11午	宝暦13未	明和8卯
東沼村	取米864俵273　当午上納 （名主給引、口米込み）	取米864俵273 内10俵357　宝暦7丑洪水荒地引 162俵12　当未風損用捨引 20俵155　当余荷地用捨引 7俵　来申延米引 1俵1102　巳年洪水荒引 残米662俵2708　当未納辻	取米864俵273 内10俵357　宝暦8寅ヨリ荒地引 1俵11　同12午ヨリ荒地引 117俵179　明和元申荒地引 6俵279　同申物井村越石孫左衛門荒地引 34俵347　同6丑荒地引 12俵3512　同6丑長命寺田地半免引 5俵3296　同5子長命寺下賜免引 52俵0375　同7寅ヨリ荒地引 残米622俵2322 外ニ13俵2694　明和5子ヨリ荒地発返半面等 合米636俵0318　当卯納辻
横田村	取米762俵105　当午上納 （名主給引、口米込み）	取米762俵105 内10俵1454　宝暦7丑洪水荒地引 147俵　当未風損引 12俵122　当余荷地用捨引 7俵　欠落百姓彦助年貢用捨引 9俵　来申延米引 残米576俵0434　当未納辻	取米762俵105 内10俵1454　宝暦4丑ヨリ荒地引 139俵077　明和元申荒地引 9俵246　明和4亥ヨリ荒地引 48俵1654　明和7寅ヨリ荒地引 残米418俵0882 外ニ55俵309　明和5子年ヨリ荒地発返半免等 合米474俵0272　当卯納辻
物井村	取米1474俵211　当午上納 （名主給引、口米込み）	取米1474俵211 内　9俵299　西谷荒地引 8俵2337　宝暦7丑洪水荒地引 244俵177　当未風損用捨引 117俵017　余荷地用捨引 7俵　欠落百姓半右衛門用捨引 9俵　来申延米分 残米1078俵2346　当未納辻	取米1472俵2253 内　9俵299　西谷荒地引 8俵2338　宝暦4丑荒地引 331俵089　明和元申荒地引 16俵065　明和元申百姓孫左衛門荒地引 15俵1163　同6丑百姓孫左衛門荒地引 100俵351　同7寅百姓孫左衛門荒地引 10俵26　当卯日損用捨引 残米979俵193 外ニ30俵0979　明和5子年ヨリ荒地発返半免等 合米1010俵229　当卯納辻
3か村	午取米納辻　3101俵189	未取米納辻　2317俵1488	卯取米納辻　2120俵288

註　典拠史料は、「享保11午東沼村御物成割付帳」（『全集』第十巻、167頁）、「宝暦13未年より明和8卯年迄物成勘定帳」（『全集』第十巻、157頁）

それはかなりの高収奪であったとも推察されるのである。

引き続き表1－3によれば、その後、寛政元（一七八九）年の田方収納高（取米）は一二七三俵三升五合と享保期に比べ四割強（四一％余）まで激減している。畑方収納高（取永）は金一七四両一分と京銭一貫二四〇文となり、これに小物成の大豆金一二両二分二朱余、荏金八両余を合わせて金一九五両余となり、これも享保期に比べ大幅な減少である。だが下落の程度は田方ほど激しいものではない。租税収納高の低落が田方を中心に起きていたことは明らかである。

さらに文化四（一八〇七）年の状況を見ると、田方取米は九二九俵と、またも減少（享保期の三割弱）、畑方取永は金一六三両三分と銀二匁四分、大豆金六両二分と銀五匁二分、荏六両二分と銀五匁二分で、畑永と小物成を合わせて金一七七両前後であるから、ここでもさらに減収が進行している。文政五（一八二二）年には田方取米は、ついに六八八俵余、畑永は一二七両三分となり、これに小物成分の一〇数両を加えても、およそ金一四〇両前後となるから、享保期に比べれば、田方は二割二分まで減り、実に四分の一以下となる。小物成を含む畑方も六割九分まで減少している。このような田畑収納高の減少は、当然宇津家知行所財政に大きく影響を及ぼすものであるが、いったい何時から何が原因で発生したものであろうか。

享保期以降の知行所三か村の田方取米高の変化を詳細に検討するため、次に表1－4「享保十一年～明和八年の三か村取米辻」を作成した。享保十一（一七二六）年の各村の田方取米高から名主給を引き、口米を加えた数値を算出すると、東沼村は米八六四俵二斗七升三合、同じ条件で横田村の取米高は米七六二俵一斗五合、物井村は米一四七四俵二斗一升一合であった。これらをそれから三七年後の宝暦十三（一七六三）年と、四五年後の明和八（一七七一）年の取米高と比べてみると、三か村合わせた数値では宝暦十三年が米二三一七俵一斗四升八合余、享保期に比べ米七八四俵余（二五％余）の減少、明和八年は米九八一俵余（三二％弱）の減少となる。三か村それぞれの村別収納高も軌を一にして減少し、前述した戸口の急減とも相関関係にあるように見られる。

また、表1－4で注目されるのは、三か村の収納高が年を追って減少したということだけではない。享保十一年にはまだ一件もなかった取米「引き」の記載が、宝暦十三年から明和八年にかけて多数現れるようになっていることである。まず宝暦十三年に記載されている取米引きの実態を見ると、それらは「宝暦七丑洪水荒地引」「当未風損引」のように、特定の年に発生した自然災害による「洪水引き」「風損引き」「用捨引き」「延べ米引き」等であり、多分に一過性の性質を持つ臨時の減免措置として記載されているものである。これは種々の減免措置が急速に増加し始めた時期の状況を典型的に示している。

ただ注意すべきは、そのなかに「余荷用捨引き」「欠落百姓用捨引き」「荒地引き」が若干含まれていることである。「余荷」は年貢上納力をなくした者の未納年貢分を他者が身代わり負担して代納（弁納）することである。「欠落百姓」は田畑耕作を放棄して逃亡した者である。「余荷用捨引き」や「欠落百姓用捨引き」は、代納負担者に対する負担軽減措置として登場しているのであるから、これらの「用捨引き」が見られることは、すでにこの時期、知行所三か村にかなりの担税不能者や欠落者が発生していたことを示している。

領主が賦課する租税を、村民が個別に上納しきれない場合、最終的には共同で請負負担する村請制の下では、一部の村民が租税負担能力を失うと、未納分が残りの村民に転嫁されるため、年貢上納の苦難を増加させることになる。後掲の伝聞記録の中にも、宇津家知行所の農民たちが、延享年間に「余荷作」の負担を免れようと訴える行動を起こしたところ、領主である宇津家から厳重に処罰されたことが記されている。(5)

御知行所之儀は土地柄故や、連々人少く困窮致し、亡所同様之姿にまかりなり、凡そ七八十年以前、延享之度、手余り田出来致し難渋つかまつり、すでに友潰れにおよび申すべくきやに付、余荷地作り之儀は御用捨なし下し置かれ、立ち百姓銘々所持の分出精致し作り立て、御百姓相続つかまつりたき段、村々一統願い出て、頭取仁右衛門儀は、身元闕所、その身死罪仰せ付けられ候えども、やむをえざること、潰れ百姓荒れ地いよいよ増し候

「余荷用捨引き」は、「余荷」を強制する領主である宇津家と、負担を拒否しようとする領民との、こうした対抗関係のなかで、「余荷」分の負担をいくぶんか軽減する妥協措置の一つであった。また、「荒地引き」は、耕作不能や担税不能を前提としての減免措置であるが、「当○年用捨引き」のような一過性を残した減免から、「○年より荒地引き」のごとく、より長期にわたり固定化・恒常化

した減免措置へ向けて、知行所村のさらなる疲弊の進行過程で生じてきた現象であった。前表1－4の明和八（一七七一）年の段階では、「引き」の全体量が増大するとともに、「引き」の理由がほとんど「〇年より荒地引き」に一元化し、耕作不能地や担税能力が失われ、事実上、「無主地」化した田畑屋敷の恒常化、固定化が一層進んだことを示している。

一方、明和八年の記録には、「明和五子年より荒地発返半免等」の記載がある。「発返」は「おこしかえし」または「おきかえし」であり、荒地の一部が再開発され耕地として復活していたことを意味する。ただし再開発された土地には、元の「本年貢」を賦課することはできず「半免」、すなわち二分の一の減免措置を施し軽減した上で租税を上納させていたことを示している。急激に荒地が増えて次第に恒常化するとともに、それを少しでも再開発し、一部租税を軽減したうえで少しでも租税収入を確保しようとする試みも続けられていたことが分かる。しかし、そうした努力にもかかわらず、表1－3で見た通り寛政から化政期にかけて宇津家知行所の租税収納高はさらに減少し、一向に立ち直る兆しを見せていなかった。

第四節　宇津家財政の窮乏と負債の累積

十八世紀半ばから十九世紀にかけて、江戸中期から後期にかけて宇津家知行所の村々では戸口が急減し、田畑から納められる年貢収納高も下落し、担税能力を失った荒地化が進行していた。当然のことながら、宇津家財政の情況は極度に悪化していった。荒れ地の起き返しをはじめ、種々対策は講じられていたが効果はあがっていなかった。

宇津家当主が後に、「村柄次第に相衰え候につき、撫育勧農方油断なく世話差し加え候えども、何分立ち戻りがたく、追々収納相減り、家中扶助はもちろん、公務にもかかわり、必至と差し迫り候」と述懐するように、宇津家は家中の者に支給する「扶持」にも窮する状態に陥り、三代目教朝の明和年間以降、旗本としての幕府御用も勤められなくなっていた。宇津家の衰勢は、租税収入の減少にともなう財政の窮迫や知行所三か村の戸口の急減と無関係ではなかった(6)。

表1－5の「享和三年～文化二年物成米金収支勘定」は、五代目宇津釩之助が当主となった享和三（一八〇三）年から文化二（一八〇五）年に至る三年間の宇津家財政収支の概要を示している。この表のもとになる史料がつくられた背景に、宇津家財政難とその改善への努力があったことを示すものと言ってよい。

まず、初年度である享和三年を例として、当時の宇津家知行所の収支の構造を概観してみよう。歳入の状況を見ると、田方取米の外、畑永と小物成の大豆・荏の金納分と、門松代と夫中間給金から成り立っている。この年の田方取米高は、米一四一三俵一斗一合で、前掲表1－3の寛政元（一七八九）年の取米高一二七三俵や文化四（一八〇七）年の米九二九俵に比べて、かなり良好の収税

表1-5　享和3亥—文化2丑年物成米金収支勘定

	項　目	寛政元酉年	寛政12申年	享和3亥年	文化元子年	文化2丑年
物成米金蔵入	田方取米〆 此内払米 （石代納高）	米1273俵0728 米444俵0728 此金139.2.0ト 銭2貫930文	米1190俵35866 米842俵10866 此金280.3.0ト 銀0.433	米1413俵10919 米715俵2075 此金211.1.2ト銀6.77	米1451俵212 米906俵3495 此金212.1.2ト銀3.3	米1176俵12528 米773俵0754 此金188.2.2ト銀6.4
	畑方金　納	金174.1.0ト銭1240文	金191.1.0ト 銀12匁036	金163.3.0ト銀2.4	金163.3.0ト銀2.4	金163.3.0ト銀2.4
	大豆金　納 此内払大豆	大豆54俵 大豆48俵0054 此金12.2.2ト 永003.552銭56文	—	大豆54俵 此金17.1.0ト銀2.3	大豆不作3分2用捨 金6.1.2ト銀4.4	大豆54俵005 此金14.1.2ト銀6.3
	荏　金　納	荏9俵589 此金8.0.0ト銭337文	—	荏9俵589 此金6.2.2ト銀1.7	荏9俵589 此金5.3.2ト銀0.4	荏9俵589 此金4.3.0ト銀1.4
	村方納門松代	—	—	銀7.1 此銭800文	銀7.4 此銭800文	銀7.4 此銭800文
	夫中間給金	—	—	金17.0.0ト銀3.7	金17.0.0ト銀3.6	金17.0.0ト銀3.7
	残米	米828俵0850	米348俵15	米697俵30169	米544俵26295	米403俵04988
	金〆	金333.5.2ト 永3文552 銭4〆563文	金472.0.0ト 銀12匁4636	金416.1.2ト銀0.777	金405.2.2ト銀6.5	金388.3.2ト銀4.8
	残大豆	大豆6俵				
米金蔵出	諸家返済米	米434俵05				
	諸家返済金	金92.2.0				
	郷蔵預米	米20俵				
	公儀御拝借金	金34.1.2ト銭323文				
	公儀国役金上納	金9.1.2ト銭546文				
	公儀御用	—				
	江戸屋敷経費	—				
	当主家内入用	—				

	神仏入用	—				
	惣井名主並村々子育金	米29俵347		米42俵	米47俵	米51俵
	御陣屋中間壱人給扶持	—		金1.1.0ト米4俵17	金1.1.0ト米4俵32	金1.1.0ト米4俵17
	御陣屋詰役人扶持他	—		金13.1.0ト米6俵2	金7.3.0ト米5俵075	
	御陣屋置米	米33俵053				
	桜町勤番雑用	—				金12.1.0ト銀2.5ト米5俵03
米金蔵出	御陣屋入用筆墨紙炭油代	金3.2.0ト銭1192文		金0.3.0ト銀4.8	金0.3.0ト銀5.6	金0.3.0ト銀6.6
	御陣屋施設修復経費	—		金0.0.2ト銀0.897	金0.0.2	金1.3.2ト銀3.3
	村役人給並江戸方扶持米	米308俵		米350俵03	米367俵32	米347俵28
	同入用金	—		金369.1.2ト銀2.897	金384.1.0ト銀7.1	金423.0.2ト銀1.2
	村々開発入用	—		米300俵	米125俵02392	
	村方御趣法貸付金	—			金23.3.0	金52.0.0
	臨時御入用	金2.0.0ト銭264文		金50.2.2ト銀7.47	金55.2.0ト銀7.34	金51.0.2ト銀6.0
	払合（払方〆）			米703俵 金435.2.2ト銀4.801	米549俵33892 金473.3.0ト銀1.34	米408俵28 金542.2.2ト銀4.6
収支差額	赤字欠損			米5俵09831 金19.1.0ト銀0.4044	米5俵07597 金68.0.0ト銀2.34	米5俵23012 金153.2.2ト銀7.3

註　典拠史料は、「享和3―文化5年釼之助様御暮方元払差引帳」（『全集』第十巻、59頁）
「文化6巳年釼之助様御物成米金納辻御入目差引帳」（『全集』第十巻、69頁）

が行われた年であったことが分かる。前掲の表1－4の各時期の取米高と比べると、享保期の取米高三一〇〇余俵の四五％、宝暦十三（一七六三）年の六〇％、明和八（一七七一）年の六七％となり、いずれの年と比べても著しく減収したことは否めない。畑方金納高は、金一六三両三分余で、これに大豆と荏をあわせた小物成金納分を合わせると、金一八七両二分二朱と銀六匁四分となり、享保期の金納高に比べおよそ一五、六両ダウンしているが、田方取米高のような激しい減収はない。この年の歳入には、ほかに門松代と夫中間給金の上納分が加わる。いずれも以前は現物納されていたのをこの頃は金納していた。これも加えると金納の全額は、金二〇四両三分二朱と銀二匁二分となる。

歳入の田方取米高一四一三俵一斗一合のうち、約半数の七一五俵二斗七合五勺が払い米され金二一一両一分二朱と銀六・七七匁に換金されている。これは畑方・小物成等を合わせた全金納高を上回る金額である。この結果、この年の歳入合計は、払い米の残り米六九七俵三斗余と金四一六両一分二朱、銀七分七厘七毛となる。

これに対し歳出は、米のまま支給される分（米方）は、「村役人給並江戸方扶持米」の米三五〇俵三升、「村々開発入用」の米三〇〇俵、「物井村名主並村々子育金」の米四二俵の三つからなる。米方で最大の支払い支給項目である「村役人給並江戸方扶持米」は、宇津家当主の生活費と家中に支給する扶持米に、名主給を少々加えたものである。定例の勘定であり、容易には増減しにくいものである。次に多い「村々開発入用」は、当年実施した荒地再開発のための手当経費であり、毎年かならずあるというものではなく、現に文化二年以降は歳出のなかにこの項目はまったくなくなっている。「物井村名主並村々子育金」は報徳仕法の導入前から行われていた救恤策であり、毎年、五〇俵前後、多い年は七〇俵以上がこのために拠出されていた。ここにも村柄立て直しのための努力の跡が確認されるが、それにもかかわらず知行所戸口の減少はくいとめられなかったのである。

歳出中の金方（貨幣で支払い支給される分）でも、最大は「村役人給並江戸方入用金」で、金三六九両一分二朱と銀二貫八分九厘七毛、その中身は「扶持米」と同様である。次が「臨時御入用」の金五〇両二分二朱と銀七匁四分七厘、これに「御陣屋詰役人扶持他」が続くが、ごく少額である。結果として歳出合計は、米七〇三俵、金四三五両二分二朱と銀四匁八分一毛となる。

この結果、享和三（一八〇三）年の歳入歳出の差額は、米五俵余と金一九両一分余の欠損が生じている。当主の家督相続という出費の多い年であったにもかかわらず、この年の赤字は少額にとどまっている。冒頭述べたようなこの年の作柄の良さが田方取米高を多めに確保できたためか、あるいは養子縁組にともなう、持参金など、記録に残らぬ臨時収入が助けとなったためか、真の事情は分からない。

次に享和三年と比較しながら、翌文化元年と翌々文化二年の収支の構成を見ることにする。取米高は文化元年にはさらに微増したが、好条件は二年とは続かず、文化二年は大きく落ち込んでいる。これに対し畑方・小物成他を合わせた金納分はほとんど変化していない。田方取米高増減の影響は、払い米（売却米）高の増減となって表れている。文化元年は払い米高が九〇六俵三斗四升余と、前年に比べ約二〇〇俵近くも大幅に増加した。ところが、それを換金した金高は前年とほとんど変わらない。豊作で米価が下がったためであろう。文化二年の取米は享和三年に比較し約二四〇俵も減収している。それでも払い米は六〇俵ほど多く確保し、享和三年とさほど変わらぬ売価を得た。

この結果、歳入の合計は、米方が文化元年に約二五〇俵減少、同二年には約三〇〇俵近く減少し、歳出に回す米方に余裕がなくなっている。そのためであろうか、享和三年には三〇〇俵を数えていた「村々開発入用」が文化元年には一二五俵余に急減し、文化二年にはなくなっている。両年とも容易に減らす訳に行かぬ「村役人給並江戸方扶持米」は、ほぼ同額の三五〇俵前後を確保したが、開発扶助の経費として投入する米の余裕はもはや失われていたのである。歳入の金方合計は、払い米を増やしたにもかかわらず減少し、歳出に回す資金の余裕もなくなっている。しかし、歳出に大きな比重を占める「村役人給並江戸方入用金」の額はますます増加し、「村方御趣法貸付金」「村方難渋につき拝借金」などの新たな救恤資金が拠出されたため、歳出に占める金方の支出は、文化元年に約金四〇両、文化二年に約一一〇両増大している。このため歳入歳出の差額は、米方の欠損が五俵余と抑えられていたのに対し、金方の不足は、文化元年には金六八両余、同二年には金一五三両余と大幅に増大し、容易に補填しきれない金額となった。

財政収支の欠損は、宇津家知行所の租税収入が急激にダウンしはじめた十八世紀半ばから発生していたものと推測される。赤字分は当然何らかの方法で補填されなければ、旗本家政の経営上支障をきたすことになる。当然、旗本家の財務を与る用人は資金繰りに奔走せざるをえないが、こうした折に、歳入不足を補い赤字を補填する手段として、旗本がすぐに頼れるのは、江戸で旗本や御家人の蔵米の取扱いを生業としていた札差（蔵宿）であった。かれらは旗本や御家人に代わって蔵米の売り捌きを行い手数料を取り、また、知行所から上納されてくる蔵米を担保にとって金融活動を行い収益を上げていた。旗本が急場を凌ぐため、もっとも気軽に金を借りられる相手であった。しかし、札差も返される補償のない金は貸さないから、かならず担保を求めてくる。借金をする旗本は、次に上納される筈の年貢収納米を担保とする外にこれといった方法を持たない。やむなく翌年の租税収入を担保とするため、知行所の村に先納を命じ、それを担保に前借りをすることになる。

表1－6「天明元年宇津教朝代の江戸京橋因幡町境屋弥兵衛借入金」は、宇津家三代教朝の時代、天明元（一七八一）年に宇津家が江戸京橋因幡町の商人境屋弥兵衛から借り入れていた負債の一覧である。安永九（一七八〇）年の十二月から数回に分けて、知行所の村々が境屋弥兵衛から借金をしている状況が分かる。借り主はすべて知行所の村々であるかのようになっているが、実は村が翌年の年貢米を担保として借金をして、その金を宇津家に先納したものであり、実質は宇津家が境屋から借りたも同じである。右の表を作成する典拠とした「天明元丑年閏五月江戸御借用方控」の表紙には、「江戸京橋因幡町境屋弥兵衛掛り　愛宕下栄寿院共に」との添書があり、第一回の借用時に、宇津家知行所三か村から栄寿院宛に出した次のような

表1-6　天明元丑年宇津教朝代の江戸京橋因幡町境屋弥兵衛借入金

年　月	借　用　金　額	借　主
安永9年12月	金50両	横田・東沼・西物井・下物井村 3か村名主・組頭・百姓代
同	金51両2分ト銀12匁2分	東沼村請小前
同	金51両2分ト銀12匁5分	両下物井村請
安永10年正月	金47両1分	同
同	金47両1分	同
同	金47両1分	東沼村請
同	金47両1分	同
安永10年3月	金52両ト銀14匁	西物井村請
安永10年4月	金50両	横田村請
天明元年4月	金55両	西物井村請
同	金50両	横田村請

註　「天明元午五月江戸御借用方控」『全集』（第Ⅰ巻、30頁）

借用証文が一通、転写されている。

借用申金子之事

一、金五拾両者　　　　但し、文字小判也

右は御寺御祠堂金の内、この度地頭宇津権五郎様より、来秋物成先納仰せ付けられ候えども、できつかまつらず候に付、よんどころなく御世話の儀、御頼み申入れ、四千石の惣村方へ借用申所実正也、（後略）

これによると、現実には宇津権五郎（教朝）から知行所村に先納金が賦課され、その資金を得るため、栄寿院の祠堂金から借り入れようと、口入れ世話を栄寿院院主に申し入れたのであった。この証文が右の借用方控に収録されているのは、境屋弥兵衛が栄寿院祠堂金の有力な金主（出資者）だったからであろう。栄寿院について詳細は不明だが前述の「控」帳の表紙に、「愛宕下」とあることから、まだ当時愛宕下にあった宇津家の上屋敷からも近距離にあり、芝愛宕山（現在の港区愛宕一丁目）周辺に多数あった寺院の一つであると推定される。この控え帳には、借金返済の実態が記されていないため、すべてが独立した借入金であるのか、それとも前にした借金が返済されないまま、借り換えた分を含んで記録されているのか明瞭ではないが、村や年月の違いから、少なくとも境屋が知行所村に数百両の貸付を行っていたことは否定できないであろう。(7)

もう一つ、宇津家三代の教朝が隠居し、四代目教長が家督を相続した頃、寛政十二（一八〇〇）年に宇津家一年間の歳出予算を積算し、当時の宇津家が抱えていた借金とその返済方法について記した帳簿がある。この史料から作成したのが表1－7である。幕府公金である小田原宿助成金の借り入れと返済方法を含め、当時宇津家に負債としてあった全部で、四件の比較的少額の借り入れ金について、それぞれ「借り入れ先」「当中年の返済方入用」「借用金高及び返済方明細」等を記している。そのなかには、前述の境屋弥兵衛と同一の借入先であろうと推定される「境や弥左衛門」からの金二〇〇両の比較的大口の借り入れもある。

この帳簿から当時の宇津家の借り入れ状況を見ると、全体として少額の借金と見えるが、実はほとんどが無利息の年賦返済とされ、しかも従来の返済方法が見直され、新たに寛政九年から五か年計画による少額宛の返済に改められた形跡がある。すなわち、借金した当初の返済計画はすべて既に行き詰まり、やむなく変更せざるをえなくなっていたものと考えられる。

そのなかで境や弥左衛門を金主とする金二〇〇両の借金は、無利二〇か年賦の返済であった。これとても見直された結果であろうが、返済が始まる初年度の寛政七年からまったく返済できない状態であって、ついにこの年、境や側から幕府に訴えられていた。訴訟の末に、宇津家は境やに二人扶持、その後も三人扶持を与えることで何とか和解にこぎ着けたもののようである。その後、寛政九（一七九七）年から改めて年に米二俵宛の返済計画を立てた様子が推定される。しかも宇津家は寛政十年にそれまで愛宕下にあった屋敷から西の久保の屋敷に転居している。屋敷替えが借金返済

表1-7　寛政12申年宇津教長代の借金並びに返済方入用書上

借り入れ先	当申年返済方入用	借用及び返済方明細
小田原宿	当申利息 金11両1分ト銀9匁	小田原宿助成金元利76両
達道	金1分 寛政9巳年より5か年 返済方入用	切金4両2分
芹澤半之助	金1分 寛政9巳年より5か年 返済方入用	借用金高不詳
近江や十左衛門	金1分 寛政9巳年より5か年 返済方入用	借用金高不詳
伊勢や伝之助	金2朱 寛政9巳年より5か年 返済方入用	金45両、 無利10か年返済相定候処
渡邉新右衛門	金2朱 寛政9巳年より5か年 返済方入用	金46両1分、 無利年々3両宛返済の処
尾張や徳兵衛	銀3匁7分5厘 寛政9巳年より5か年 返済方入用	金20両 年々1両2分返済の処
京や清八	金1分 寛政9巳年より5か年 返済方入用	当初借用金高不詳 無利息証書書替、76両 年々4両宛返済の処
綿や権兵衛	金2朱 寛政9巳年より5か年 返済方入用	金62両 年々3両宛返済の処
栄寿寺	金1分 寛政9巳年より5か年 返済方入用	金100両余 年々5両返済の処
萬や勘兵衛	金2朱 寛政9巳年より5か年 返済方入用	金48両 年々3両返済の処
綿や喜兵衛	金2朱 寛政9巳年より5か年 返済方入用	金9両2分 去る寛政7卯年金1両2分ト 銀6匁返済
備前や七郎右衛門	金2分 寛政9巳年より5か年 返済方入用	借用金高不詳 年々6両返済の処
境や弥左衛門	米2俵 寛政9巳年より5か年 返済方入用	金200両、無利20か年賦返済 の処、初年より返済なし 去る寛政7卯年春公訴候 2人扶持支給、同秋3人扶持

註　「寛政十二申年大学様御台所御入用月割中勘」『全集』(第十巻、31頁)。

と無関係ではないと推定できる。この寛政七年から十年に至る前後の時期、宇津家は、知行所からの租税収入もどん底に落ち込み、負債返済の目処も立たず、万策尽き果てた財政破綻の状態にあった。教長はこうした状態から逃れるため、ひたすら病気を「理由に」幕府への出仕を断り続けていたのであった。

註

（1）宇津家歴代当主に関する記述は、すべて「宇津氏略系譜」『全集』第十巻、一頁による。
（2）「宇津家采邑仕法発端及結末ニ係ル要書写」『全集』第十巻、八三三頁。
（3）『栃木県史』（通史編5・近世二、一九八四年三月、栃木県）
（4）「元禄十二年の田畑高反別差出帳」『全集』第十巻、二八八頁。
（5）「文政五午年改正巳年御物成上納帳」『全集』第十巻、二一九頁。
（6）「嘉永元年三月　宇津釩之助書状」『全集』第十巻、八三八頁。
（7）「天明元年五月江戸御借用方控」『全集』第十巻、三〇頁。

第二章　尊徳自家再建期の経営

はじめに

小田原藩から宇津家桜町知行所の立て直し仕法の依頼を受け、取り組みを開始する以前、まだ青年期の金治郎（以下、尊徳と表記）については、富田高慶『報徳記』をはじめとする先人の二宮研究によって、両親の死にともなう兄弟離散、厄介人身分から生家再建に目指し懸命に取り組もうとする青年期の尊徳の姿が印象的に語られてきた。

小考も同様のねらいで、桜町仕法以前、青年時代の尊徳が経験し蓄えていた素養・知識などを明らかにする作業の一環として、尊徳の自家再建へ取り組みの情況を検証して行きたい。ここで用いる史料は、自家の再建に取り組んでいた時期に尊徳自らが記録し続けた二宮家の経営帳簿（『全集』

第十四巻、仕法小田原領）である。同史料は『全集』に収載されておりながら、これまで十分に活用されて来なかった傾きがあるが、桜町以前の尊徳について知るうえでは。他に比類するものがないほど、かけがいのないものである。

二宮尊徳や報徳仕法については、戦前から仕法哲学の研究が進められる一方、戦後は仕法実施地域ごとの社会経済史的な研究が大きく前進したが、両者を本格的に統合する仕事は未だ十分果たされていない。これを克服して行く今後の研究には、新しい発見史料による研究も必要だが、『全集』等を含む既存史料の読み直し、新たな視点からの活用が進められる必要がある。小考はこうしたねらいで『全集』所収の二宮尊徳自家再建期の経営帳簿の再検討を試みる。(1)

第一節　自家再建期の経営帳簿

1　経営帳簿底本の検討

『全集』第十四巻に収載される二宮尊徳の経営帳簿が現れるのは文化二（一八〇五）年からである。尊徳が厄介先の伯父万兵衛宅から自立したのは、文化元年と目されている。経営帳簿の作成そのものが、尊徳の自立、自家再建着手を示す指標とされている。したがって同史料は、尊徳の自家再建を解き明かす最重要史料である。しかし、同史料は全集に所載され、編纂者佐々井信太郎が丹念な解説を付したため、其後あらためてその内容を問い直す研究の対象とされることが少なかった。

享和二（一八〇二）年四月、尊徳の母よし（享年三六歳）が歿し、中陰明け（六月晦日）に遺児である尊徳ら兄弟三人は近隣の親族宅で厄介になるため兄弟離散、長子の尊徳（満一五歳）は生家のある栢山村内の伯父万兵衛家に寄食する。この時の苦難生活は富田高慶『報徳記』で周知の事柄とされてきた。その二年半後の文化二年正月（満一七歳）には、早くも尊徳最初の経営帳簿「日記万覚帳」が作成される。したがって尊徳の厄介人生活はきわめて短期間に終了した。以後、文化末年まで青年尊徳（一七歳から三一歳）の自家再建の営為は経営帳簿の作成とともに続けられ。文政五（一八二二）年に小田原藩から宇津家知行所（以下、桜町領と略す）仕法の委任を請け、任地野州桜町に赴任するまで一見類似した経営帳簿の作成続く。これを表2－1にまとめた。(2)

これらの検討にあたっては史料批判に資するため、表中の経営帳簿のすべての底本にあたり、自筆の当否や経営帳簿としての記載様式を検討した。この時期の二宮家関係者の筆跡確認のため、『全集』第十四巻「はノ五　祖父と両親」収載の史料、①天明二年明性見舞控帳」、②「天明四年祝儀覚控帳」、③「寛政八年参宮覚帳」、④「寛政十二年御仏前備物控」、⑤「天保三年三十三回硯山蒼海信男」についても照合を行った。(3)

この結果、表2－1記載の経営帳簿はすべて尊徳自筆の横帳形式の記録である。表2－1のNo.14とNo.15のところで一線を画したのは後述通り、この前後で経営帳簿は性格を大きく変え、すべてを

表2-1　二宮尊徳家の経営帳簿一覧

No.	年月	齢	表紙オモテ書／署名	表紙ウラ書／署名
1	文化2.1	17	日記万覚帳／ヒ・二宮銀右衛門	金銀出入日記萬覚帳／カ・二宮利右衛門
2	文化3.1	18	算用日記控帳／ヒ・二宮銀右衛門	金銀出入萬覚帳／カ・二宮金治郎
3	文化4.1	19	算用日記控帳／二宮銀右衛門	金銀出入覚帳／二宮金治郎
4	文化5.1	20	歳中萬用控帳／二宮銀右衛門	諸事控帳／二宮金治郎
5	文化6.1	21	歳中萬用控帳／二宮金治郎	金銭出入控帳／銀右衛門
6	文化7.1	22	歳中萬日記控帳／二宮銀右衛門	金銀出入覚帳／二宮銀右衛門
7	文化8.1	23	歳中萬控帳／二宮銀右衛門	金銭出入諸勘定控帳／二宮金治郎
8	文化9.1	24	歳中萬控帳／二宮金治郎	金銀米銭諸勘定帳／二宮銀右衛門
9	文化10.1	25	歳中萬控帳／二宮銀右衛門	記載なし
10	文化11.1	26	歳中萬控帳／二宮金治郎	記載なし
11	文化12.1	27	歳中萬控帳／二宮金治郎	金銀米銭出入控帳／二宮金治郎
12	文化13.1	28	歳中金銀米銭控帳／二宮金治郎	諸雑用日記控帳／記載なし
13	文化14.1	29	金銀米銭出入控帳／ヒ・二宮金治郎	記載なし
14	文化15.1	30	金銀米銭出入控帳／ヒ・二宮金治郎	記載なし
15	文政2.1	31	歳中金銀米銭出入控帳／ヒ・二宮金治郎	記載なし
16	文政3.1	32	①年中金銀米銭出入控帳／カ・二宮金治郎	記載なし／カ・二宮金治郎
			②諸勘定本方控帳／ヒ・二宮金治郎	記載なし
			③弐之勘定控帳／ヒ・服部十郎兵衛内二宮金治郎	記載なし
17	文政4.1	33	①歳中金銀米銭出入控帳／カ・二宮金治郎	記載なし
			②諸勘定口別控帳／カ・二宮金治郎	記載なし
			③諸勘定口別控帳／カ・二宮金治郎	記載なし
18	文政5.1	34	①金銀米銭出入控帳／カ・二宮金治郎	記載なし／カ・二宮金治郎
			②御金並米銭出入控帳／相州足柄上郡大井庄・カ・二宮金治郎	歳中萬控帳／記載なし
	文政5.3		③野州へ引移ノ節田畑売渡証文控帳	
			④歳中金銀出入帳・小田原より道中入用／二宮金治郎	

註1）No.1～No.14の史料は『全集』（第十四巻 仕法小田原領）の其一／「はノ六一家復興期の記録」、No.14～18は同「はノ一〇社会的活動への進出期」に所収。
2）全集は、表紙部分の署名を「金次郎」とする部分もあるが、底本では、帳簿中で略記された部分を別にして、表紙部分の署名はすべて「金治郎」である。
3）表中／の後の署名肩書部分にある「ヒ」は「東栢山村」の、「カ」は「栢山村」の略記。
4）表中の年齢欄には、各年正月時点での尊徳の満年齢を記した。

同様には論じられないからである。全集もこの点を認識した上で解説に、「一家復興に関する期間を、何年までとするかは、種々の案も立て得る」としつつも、「大体に於て文化年間を以て再興期間」とし、年代順に№1から№13までを「はノ六　一家復興期の記録」とし、№14から№18までを「はノ一〇　社会的活動への進出期」と分けて編集している。拙稿もこの編纂趣旨にしたがいつつ、記録の連続性を考慮し、ここでは№1から№14までを「自家再建期の経営帳簿」として一括し論究する。

2　表紙記載の問題

文化二年に始まる経営帳簿は、表紙のオモテ書が中味に関係なく、「日記万覚帳」「算用日記控帳」「歳中萬用控帳」「歳中金銀米銭控帳」「金銀米銭出入控帳」などと激しく変化する。しかも、ウラ表紙にはオモテ書きと異なる表記がなされ、また頻繁に変わる。表紙表題と帳簿の間に相関する関係はないと思われる。

表紙には表題のほか二宮家当主を表すと思われる署名もある。ところが、文化年間の経営帳簿にはオモテとウラの双方で、異なる名義の署名があり、実際の記録者である筈の「金治郎」に統一されない。たとえば文化二年の帳簿のオモテ表紙は「東栢山村　二宮銀右衛門」、ウラ表紙が「栢山村二宮利右衛門」である。すでに生存しない祖父銀右衛門と父親利右衛門の名義が使用されることが注目される。しかもそれが一回限りの偶然ではなく、恒常的に意識して使用されている。これはいまだ充分に検討されていない問題である。特に祖父銀右衛門の名義は文化十一年に終了するまで、オモテ表紙を中心として繰り返し用いられている。ウラ表紙でも文化六（一八〇九）年、同七年、同九年の三か年に使われ、特に文化七年はオモテ・ウラとも銀右衛門の署名が行われる。これに対し実際の記帳者である金治郎の名は、文化三年にウラ表紙で初めて用いられた後、四、五年と続き、文化六年に初めてオモテ表紙の署名として用いられた。翌七年にはオモテ・ウラの双方から消えたが、文化八年に先ずウラ表紙の署名として復活し、文化九年に再度オモテ表紙の署名に復活し、翌十年には再び双方から金治郎名義が消えた後、文化十一年に三度、オモテ表紙に立ち戻り、以後ようやく帳簿上の名義が「金治郎」に固定するに至る。(4)

このように再建過程の二宮家で経営帳簿の名義が長く実の経営主体である尊徳＝「金治郎」ではなく、すでに歿している祖父銀右衛門の名義が使われ続けたことの意義は、再建過程にある百姓経営の問題として軽視できない問題を内包する。

第二節　二宮家の土地売買

1　二宮家の盛衰と土地売買

全集には、二宮家再建期の土地売買の模様を記した記録が収載されている。これから表2－2を作成した。(5)

表2－2には寛延四（一七五一）年から文化末年に至る約六〇年余に生じた二宮家に関する土地売買が記される。表のNo.1から10は尊徳の祖父銀右衛門が当主の時代である。この間一〇回の土地購入が行われ、そのうち九回目安永六（一七七七）年正月の土地購入後の二宮家の所持反別合計は二町三反六畝二二歩（「家株田畑高反別取調帳」記載）で、表上での集計によれば寛延以降に購入集積した反別合計は、九反六畝二〇歩、これに投じられた購入資金合計は、金四七両二朱にのぼる。

祖父銀右衛門は、天明二（一七八二）年の土地購入（No.10）直後に死去し、後を継いだ尊徳の父利右衛門の時代以後、二宮家の衰頽が始まる。表のNo.11から21までに一一回の土地売却が行われる。ただし、父利右衛門は寛政十二年に病歿し、No.11と12の取引は当主利右衛門の時期に売却されたことが確実だが、No.13から16は享和二年四月（尊徳母お好の病没）以前というだけで、年月が特定されないため、父利右衛門生存中か、後家となった母お好の時代か判然としない。No.17から21は母お好の歿した時であり、両親を失った遺児たちでは二宮家の経営は成り立たないことから「右之始末に付、親類立合、為取続請戻田地、並売渡田地相改」め、[6] 一部は元の地主の請け戻し要請に応え、残りも新たに質入れされることになった。それでも売れ残った土地が七反五畝二九歩出た。享和二年四月の土地売却は、直接の売買証文を見ることはできないが、状況から察し潰百姓の所持地分散のため、「親類立合」によって行われたと推定される。表上の集計によれば、No.11から21までに売却された反別は合計一町四反六畝、この売却代金は金四七両三分二朱となる。結果、二宮家に残った土地は七反五畝二九歩（「家株田畑高反別取調帳」記載）であった。[7]

No.22から33は尊徳が伯父万兵衛宅から自立した後に購入したものである。しかし、No.30とNo.33、およびNo.31とNo.32の両者は同一取引の記録であるから、実際の購入回数は一〇回である。表上の集計によれば、この間の購入反別合計は一町一反一畝一二歩、投入した購入資金総額は金四一両三分。この結果、文化年間末の二宮家の所持反別合計は、凡そ一町八反七畝一一歩と推定される。なお、文政段階になると尊徳の土地購入は一段と進むが、その段階の分析は今回の小考の考察外であるので後日を期す。

2　尊徳の土地買い戻し

前述の通り、表2－2のNo.22から33までの土地購入が、尊徳の自家再建の過程を示すものであるが、そのうち「田畑本証文並添書控帳」によって売渡しの本証文（写）が残るものはNo.26・27・28・32・33の五例に過ぎない。ここで注目したいのはNo.26・27・28で、各売主からの売却先がいずれも

表2-2　二宮家の土地売買一覧

土地売買期日	耕地・反別・代金	売主	買主	典拠
1.寛延4.3.4	中河原新田7-06、k4-0-0	四郎兵衛	銀右衛門	売渡証文
2.宝暦8.12	曾我田耕地16-02、k7-1-2	又八	銀右衛門	添証文
（寛延2.12）	（曾我田7-00、k3-2-0）	（岡右衛門）	（又八）	（売渡証文）
3.宝暦9.11	薬師堂耕地4-27、k2-3-0	伊右衛門	銀右衛門	売渡証文
4.宝暦9.11	曾我田耕地、k4-2-0	元左衛門	銀右衛門	添証文
（宝暦2.2）	（曾我田耕地13-20、k4-2-0）	（岡右衛門）	（幸八）	（売渡証文）
5.安永3.12	薬師堂21-01、k10-0-0	三郎左衛門	銀右衛門	売渡証文
6.安永4.ウ12	薬師堂4-18、k7-3-0	金三郎	利右衛門	売渡証文
7.安永5.5	壱町所7-28、k4-0-0	弥六	利右衛門	売渡証文
8.安永6.1	中嶋耕地9-01他見取場 薬師堂耕地5-22 寺ノ下1-22 〆16-15、k4-3-0	勘左衛門	銀右衛門	売渡証文
9.安永6.1	構東1-22 中河原2-25 中河原道上東0-06 〆4-23、k2-0-0	勘左衛門	銀右衛門	売渡証文
安永6.1	二宮家所持反別〆236-22 寛保以降購入惣反別96-20 同上、購入代金〆k47-0-2	銀右衛門所持		「家株田畑高反別取調帳」 表上集計 同上
10.天明2.3	薬師堂2-16、k2-0-0	太兵衛	銀右衛門	売渡証文
11.～天明4.12	二宮家譲渡反別4-18	利右衛門	万兵衛	「家株田畑高反別取調帳」
12.～天明4.12	二宮家譲渡反別3-08、k3-3-2	利右衛門	金三郎	同上
13.～享和2.4	東屋敷下19-00、k7-2-0	—	喜蔵	同上
14.～享和2.4	割河原6-02、k1-2-0	—	所左衛門	同上
15.～享和2.4	曾我田9-23、k2-1-0	—	織右衛門	同上
16.～享和2.4	おかさき10-00、k3-0-0	—	北久保村新七	同上
17.享和2.4	大丸13-11、k8-0-0 仁右衛門新田20-01、k4-0-0 構東7-28、k2-00	親類立会い	喜与八	同上
18.享和2.4	屋敷下28-13、k6-1-0	親類立会い	佐右衛門	同上
19.享和2.4	屋敷下9-10、k2-0-0ト 普請金k1-2-0	親類立会い	岩右衛門	同上
20.享和2.4	屋敷下8-28、k2-0-0	親類立会い	久右衛門	同上
21.享和2.4	屋敷・畑5-08、k4-0-0	親類立会い	淺右衛門	同上
享和2.6	二宮家土地売却反別146-00 売却代金〆k47-3-2 兄弟離散時売り残75-29、大洪水流出、他に少々論所地有	潰株、親類立ち会い管理		表上集計 同上 「家株田畑高反別取調帳」
22.文化3.3.5	薬師堂9-10、k3-2-0	岩右衛門	—	「家株田畑高反別取調帳」同上
23.～文化6.7	中河原道上8-28、k2-0-0	久右衛門	—	同上
24.～文化6.7	薬師堂7-23、k2-1-0	佐右衛門	—	同上
25.～文化6.7	薬師堂新田10-00、k4-0-0	忠左衛門	—	売渡証文

土地売買期日	耕地・反別・代金	売主	買主	典拠
26.文化6.7	割河原10-00、k4-0-0	覚兵衛	*銀右衛門	売渡証文
27.文化6.12	薬師堂耕地2-07、k2-1-0	太兵衛	*銀右衛門	売渡証文
28.文化7.2	薬師堂耕地10-00、	権右衛門	*銀右衛門	「家株田畑高反別取調帳」
	無高芝間10-00、〆20-00			
	k4-2-0ト他普請金k1-0-0、〆k5-2-0			
	無高芝間5-00、k1-2-0ト			同上
	普請金k0-1-0、〆k1-3-0			
	東屋敷7-20、k3-2-0			同上
29.文化7.3		元権右衛門事	—	
	柳ノ町7-17、	淺右衛門		同上(№33に同じ)
30.文化13.4	中曽根堰東7-19	儀右衛門	—	
	〆15-06、k3-0-0			
	道定田15-08、k10-0-0			同上(№32に同じ)
31.文化13.4	(道乗田15-08)、唐干1俵	三郎左衛門	—	添証文
32.文化13.4	道乗田15-08、k10-0-0	(西)忠右衛門	(東)金次郎	売渡証文
(寛政3.2)	中曽根堰東15-06、k3-0-0	(三郎左衛門)	(西忠右衛門)	売渡証文
33.文化13.4		儀右衛門	金次郎	
文化年間末	購入反別〆111-12 購入資金総額〆k41-3-0 所持総反別〆187-11	当初は銀右衛門名義で購入、途中から金次郎名義の購入 尊徳独自の所持管理		いずれも表上集計

註1)典拠の「売渡証文」「添証文」は、「寛保二戊戌年〜天保二辛卯年田畑本証文並添書控帳」『全集』(第十四巻、308頁)から作成。№2・4・32の「添証文」には売買手続きとして売主が事前に購入した際の本証文が添えられる。次行の(売渡証文)がそれを示す。
2)典拠の「家株田畑高反別取調帳」は、『全集』(第十四巻、322頁)。
3)表中の人名は特記したものを除きすべて栢山村の百姓、東西の別がある場合だけそれを略記した。
4)尊徳の祖父銀右衛門は天明2年10月に没し、それ以降は、*銀右衛門としてそれを示した。
5)尊徳の父利右衛門が没するのは、寛政12年9月26日である。
6)「安永6.1」「享和2.6」「文化年間末」欄の反別は、特に出典を記す以外は表上での集計である。

現実の購入者である金治郎（尊徳）ではなく、既に亡くなった祖父「銀右衛門」の名義となっている。他方、No.32・33は実態通り「金次郎」となっている。

文化元（一八〇四）年に自立したとはいえ、分散潰れ状態からの再建であり、土地の購入買い戻しにあたっても、分散の際に質入れ売却の「立合」を行った村役人・親類・証人たちの承認を得なければならず、土地買い戻しをスムーズに運ぶためには、祖父銀右衛門の名義を使用するのが有効であったと推測する。

No.22から25までは買主名義が不明であるが、おそらくここでも「銀右衛門」名義が使用されたと推定する。No.29でも年代からしてまだ「銀右衛門」が使用された可能性が高い。No.30の文化十三年あたりから、ようやく金次郎名義の取引が定例となったのであろうが、これは前章で見た経営帳簿の表紙の署名に「銀右衛門」名義が使用されることが、文化一〇年ころからなくなり、二宮金治郎に統一されるようになることと軌を一にしている。

なお、尊徳の自立後初の土地購入であるNo.22について、「家株田畑高反別取調帳」は次のように記す。(8)

今般請戻候御田地之儀は、去る寛政三辛亥年八月五日大洪水に付、田畑致流失、困窮に罷成、開発行届兼、無余儀地代金弐両、普請金壱両弐分、都合三両弐分に売渡置候間、此度請戻申候

この田地は寛政三（一七九一）年の大洪水による被災後手放した、まさに傾き始めた二宮家を象徴する土地であった。これを買い受けた岩右衛門の土地となった後も、この田地の悲運は続き、「四ヶ年以前、享和二壬戌年六月晦日之洪水にて砂埋」となり、「御用捨中之儀」（年貢減免）の扱いを受けた状況で、文化三年に請け戻されたのである。これを尊徳は手作りせず、小作に出したところ、

致小作置候共、作徳米三俵弐斗相残り、土地共に相励、夫より金子案外致出来、田畑年々受戻し、開運之始、我為には大恩之御田地永久疎にすべからず

小作に出した土地から米三俵弐斗という意外な作徳を得た尊徳は、これこそ自家再興の道筋を開く「開運之始」「大恩之御田地」と述べている。(9)

表2－2の№23から29の文化年間中葉までに、尊徳が「銀右衛門」の名義のもとで買い戻すことができた土地の多くは、こうした性格を多分に有する土地であった。ちなみに、表2－2の№18・19・20と№22・23・24を対照し、二宮家と岩右衛門・久右衛門・佐右衛門との間で売却・請戻しされた土地売買取引を比較するため表2－3を作成した。

質入売却時と請戻し時の反別・代金とを比べるとほとんど差がなく、も

表2-3　二宮家分散前後の土地売買

相手百姓	質入れ（売却）	質地請戻し
岩右衛門	屋敷下9-10 代金、k3-2-0	薬師堂9-10 代金、k3-2-0
久右衛門	屋敷下8-28 代金、k2-0-0	中河原道上8-28 代金、k2-0-0
佐右衛門	屋敷下28-13 代金、k6-1-0	薬師堂、7-23 代金、2-1-0

註　「家株田畑高反別取調帳」から作成。

との代金で買い戻しが済んだことを示しており、これに一部たりとも年貢諸役の減免措置が加われば、結果としては村共同体としての救済・扶助行為であったとみても過言ではない。

第三節　帳簿の記載様式と名義

1　様式の形成と変化

表2―1の№1から14までの経営帳簿の記載内容や記載様式を検討しておきたい。帳簿の内容は、表題同様、種々変化するが、次第にその様式が整序される。

表題に「日記」「万覚」「万控」「金銭出入」「金銀米銭出入」など様々な文字が使用され、元旦から大晦日まで、万の金銭・米穀・年貢諸役・生活用品・贈答品等に関する金銭出入が日順を追って記載される。ただし、初年の文化二（一八〇五）年にはまだ形式が整わず、限られた狭い範囲での貸借関係や、若者組入用などごくわずかな支払の記録に止まる。

文化三年からは日順記載の形式が整えられるが徹底せず、日順にも錯簡が見られる。全般に少額の支出が多く、ところどころに集計のあとがある。日付の下に「かし」「かり」の注記が見られ、貸借関係の発生を知る。ただし、その元利返済を正確に知ることはできない。

文化四年の「算用日記控帳」では、支払の日順記載は記載回数を増し、月末の集計もなされ、次第に形式も整うが、「かし」「かり」「わたし」「とり」「請取」などの注記は甚だあいまいで、正しく集計処理できるかの不安をぬぐい去りえない[10]。一方、日順記載とは別に「かし金覚」「作徳請取覚」「米かい置覚」「利足金銭請取覚」などの仕訳勘定が生まれる。ただ、仕訳勘定の中味に不明な点が多く、仕訳勘定が経営上に占める意味あいを明瞭にしえない。

文化五年も引き続き「作徳米覺」の仕訳勘定が見られ、新たに「売置米覺」「古借金書出覚」「きう金時々かり、こころおぼいちやう」などの新たな勘定が設けられる。これは、尊徳の奉公稼ぎに関わる記載とみられるが、明瞭さを欠いている。

文化六年の帳簿では、日順記載と月別の集計が定型化する一方、「出金覚」「金出し覚」「金請とり覚」「きう金覚」「かしつけ金」「作徳米」「売置米」など小規模の仕訳勘定が設けられるが、いずれの勘定口も分明さを欠く。

文化七年、八年も同じ傾向が進み、仕訳勘定としては、「古借書出覚」「古借し金覚」「当午借し金覚」「入金覚」「小作米覺」「手作覚」「売米覺」「当午種もみ覚」（七年）や「諸役控所」「きう金ノ控所」「古借し金書出所」「当米出入高覚」「小作年貢定控覚」「とり入銭控」「米かし覚」「はん米覺」「米うり覚」「去午作徳米」（八年）など他種類の仕訳勘定が設けられ、金銭貸借・給金・手作り・小作・売米・飯米等の勘定がみられるが、相互の関係は相変わらず明快さを欠いている。なお、「きう金」に関し、尊徳の奉公先が問題になるが、勘定帳に記載される「入湯銭」支出を集計した表2－4と対照する必要がある。前年までほとんどなかった入湯銭が突然急増するのは文化八年からで、その後十二年まで多くの支出が続き、その後はふたたび急減し、ほとんど無くなる。

『全集』の編纂者は、文化九年からの服部家の奉公が背景にあると指摘するが、小田原での奉公は文化八年に始まると考えるのが当を得ている。毎年六〜八月の農繁期の一時期に減少するほかは年中を通して頻繁な入湯があったのは事実であるから、この間、かなり長期にわたる小田原生活があったことを示しており、それが服部家での武家奉公と関連することは当然推測されるところである。

文化九年になると、日順記載のなかに含まれる「かし」「かり」「渡し」「とり」の注記はさらに増加し、いっそう複雑さを増す。半面、仕訳勘定口は減少し、「作徳分」「きう金借覚」「米売覚」が設けられるほかは、「きものぬいちん代」の臨時的勘定がつく

表2-4　尊徳の月別入湯回数と入湯銭

	文化8未年		文化9申年		文化10酉年		文化11戌年		文化12亥年	
月別	湯銭〆	入湯数	湯銭〆	入湯数	湯銭〆	入湯数	湯銭〆	入湯数	湯銭〆	入湯数
正月	—	—	31	6	39	9	32	7	32	8
2	—	—	43	8	36	9	21	5	40	10
(閏2)	—	—	…	…	…	…	…	…	…	…
3	15	3	27	6	25	6	36	9	32	7
4	10	2	19	4	13	3	20	5	4	1
5	14	3	16	4	—	—	8	2	8	2
6	—	—	16	2	5	1	—	—	—	—
7	26	6	—	—	—	—	—	—	—	—
8	24	6	5	1	—	—	20	5	—	—
9	22	5	5	1	5	1	21	5	20	4
10	4	1	34	8	9	2	20	5	—	—
11	33	8	28	7	8	2	24	6	—	—
(閏11)	…	…	…	…	55	11	…	…	…	…
12	48	12	8	2	41	10	24	6	5	1
年計	196	46	268	58	236	54	226	55	141	33

註1) 各年の経営帳簿から集計。
2) 表中の数値の単位は、湯銭は「文」、入湯数は「回」とする。
3) 表中の—は入湯の無いこと、…はその年に閏月の無いことを示す。

られるに止まる。集計処理もいっそう難しさを増す。

文化十年は帳簿末尾の仕訳勘定の一部が、製本時に何かの都合で分割され、文化十一年の帳簿末尾に合綴されている。内容から分冊するだけの必然性は看取されない。ほかは前年の形式を継承するが、仕訳勘定は、「米売借覚」「きう金昼扶持覚」「(かし付)」「村用覚」「(古借覚)」「返金之覚」「戌春より米覺」「掛もの覚」「小作取立覺」など常例的な勘定のほか、「身廻り之諸入用覚」「山之取入覚所」「借金覚」「曾我村用覚」など臨時的勘定が設けられる。このうち「掛もの覚」で二宮家の文化十年の年貢諸役の概略が初めてあきらかになる。

文化十一年、十二年の仕訳勘定は「病中薬之覚」「借入金之覚」「(栢山村　善右衛門)勘定之覚」「(服部家きう金之)覚」(十一年)、「米出覚」「作徳米預之覚」「搗米之覚」「水油之覚」「預り金之覚」「服部様御台所諸勘定之覚」「諸出銭控」「御年貢之覚」「西栢山村出銭覚」「田畑小作付覚」「地代金覚」「借付金之覚」「別所村用覚」「御林代金覚」「借入金覚」「亥取雑石之覚」(十二年)などますます多項目になる　他方、日順記載のなかの「かり」「かし」「とり」「渡し」「預り」の取引と「年貢諸役」負担の記載とが混然一体となって記録され、その整理・集計処理をいっそう困難にする。

文化十三・十四年の両年も同様の傾向は続き、仕訳勘定には、「丑年田植手間」「米かし付覚」「堀之内村彦八分出物」「去御年貢諸出銭控」「種籾之覚」「手作之覚」「小作付覚」「返済利足勘定之覚」「飯米之覚」「肥控覚」「水油之覚」などの他種にわたる仕訳勘定のほか、「権右衛門様勘定」「堀之内村倉蔵殿分」など個人別の仕訳勘定が新設され、そのうちに奉公先の服部家の関係業務が混在するようになる。

文化十五年は、この傾向が特段に進むなかで、日順記載の記録にも、仕訳勘定の記録にも、尊徳の奉公先、服部家の家政にかかわる内容が増え、用人の役割を通して持ち込まれる業務と二宮家の私的取引との区分が入り交じり峻別を困難にしている。この区分けには服部家の経営に関する他の帳簿との厳密な照合による以外にないが、もはや単なる二宮家だけの経営帳簿としての性格は完全に失われたと考えざるをえない。

2　帳簿に使われる銀右衛門名義

文化三年の経営帳簿の末尾に次の借金証文写一通が掲載されている。

借用申金子之事

一　金壱分弐朱ト銭四百八拾四文

右は無據入用に付借用仕處実証に御座候、貴殿入用節は何時成共、私共間違〔無カ〕差上申可候、後日ため証文仍如件

栢山村

文化三年

借主　新右衛門

寅九月一日夜

同　太兵衛

同　武左衛門

幸左衛門殿
銀右衛門殿
卯二月十二日相済申候

過去の貸借ではなく、当年の金融の動きを示す借金証文に金主の一人として、すでに生存していない「銀右衛門」の名儀が使用される。現実には尊徳が行う貸付に祖父銀右衛門の名が使われたことを示すものである。(11) 前章で検討したが、同時期の二宮家の土地購入に銀右衛門名義が用いられていたこととも符合する。

経営帳簿は、二宮家の農業経営の実態を知る情報に乏しいが皆無ではなく、次節でも触れるが、文化三年の帳簿の後半部分に「屋敷分私作　同（米）壱俵　銀右衛門」の記載がある。これは二宮家の零細な手作り規模を示す記録である。ここでも手作り主の名義が「銀右衛門」となっていることに注意を要する。そしてこの頃、二宮家の土地購入が「銀右衛門」名義で行われていたこと、前掲の金融取引の名義でも「銀右衛門」の名が使われていたことを合わせ考え、二宮家の経済行為の多くが、「銀右衛門」名義で行われいたことは想像に難くない。しかも村をはじめとする地域社会が、それを容認していたことも示唆している。帳簿の表紙署名に「東栢山村　二宮銀右衛門」と記されていることはもはや偶然ではなく、再建に向かった二宮家では、少なくとも当座の間は「銀右衛門」の名義で、村社会や地域社会と応対していたと推定できる。

第四節　二宮家の経営の全体像

二宮家の経営帳簿が、日順の金銭出入と仕訳勘定部分から構成されており、それぞれの内部に「かし」「かり」「わたし」「預り」「とり」「請取」などの簡略な記載を混在させ、終始集計処理の困難さをもつことは、前章で繰り返し述べた。しかしながら、右の注記と仕訳勘定を手がかりに、金銭・米穀の出入りの大概を知ることは不可能ではないし、すでに見たように、乏しいとはいえ、農業経営に関わる情報も多少散見することから、集計処理を慎重にしながら、一五年にも及ぼうとする二宮尊徳の自家再建期間を経営帳簿の集計結果から大観しようと考える。以下、①支払・貸借・請取・給金を中心とする金銭出入りと、②手作り・小作・売米・土地購入を中心とする農事の両面から検討を加えることにする。

1　支払・貸借・請取・給金

文化二年から同十五年までの勘定帳から、支払・貸借・請取・給金を中心とする金銭出入りを抽出して集計し、表2－5を作成した。

記載事項を右の項目ごとに区分け集計するにあたって幾多の困難が発生する。「出す」「渡す」「かし」「かり」「貸付」「借付」「預り」などのあいまいな記載の峻別の難しさである。そのたびに前後の記述、他の帳簿との比較対照という気の遠くなる検証作業が際限なく続く。それでも完璧は期し難いが、その作業を通してようやく各項目の金銭米のおよその量を把握できる。

表2－5では、各年の帳簿について年内に取引された総量を集計し、金・銭・米量で示した。現実には貸付・借用の双方に年内の返済分があり、貸付・借用とも前年までになされた古貸・古借部分もある。しかし、それが明確なものばかりではないから、これをすべて厳密を期そうとすると、集計は不可能になる。そこで右の点にはあえて配慮せず、その年の帳簿に計上される金銭米量を単純に加算集計する方法で大概の量を把握することにした。したがって前年までの取引が決済されず、翌年にも重複して貸付計上されたような例もおおいにあると考えなければならない。表2－5に示す数量は、こうした意味でおよその数値といわざるをえない。

さまざまな目的での金銭米を含む「支払」高の数値は文化年間中期まではさほど大きな動きをみせないが、尊徳の小田原での奉公生活が始まる文化七・八・九年頃から急に増加し始める。そして文化十三・十四・十五年頃にピークに達する増加傾向は、もはや通常の民間人の生活のレベルではない。支払のなかに服部家の若党としての業務にかかわるものが混入したためと考える。(12)

次に「貸付」項目を見ると、年によって「当かし」と「古かし」が仕訳されている場合とそれが明確でない場合がある。厳密に単年度ごとの貸付量を把握することはできないが新古の別が明確に示

表2-5　文化2丑～15寅年二宮家の金銭出入の構造

	文化2丑	文化3寅	文化4卯	文化5辰	文化6巳	文化7午	文化8未	文化9申	文化10酉	文化11戌	文化12亥	文化13子	文化14丑	文化15寅
支払〆	k1-1-0 z7.815 y2-06	k0-2-0 z10.862 y1-292	k4-2-0 z15.360 y1-2136	k3-1-0 z16.119 y0-026	z8.846 y3-00	k4-1-2 z9.231 y0-0161	k2-2-2 z23.553 y0-015	k15-3-0 z26.607	k6-0-2 z22.526 g7.7	k13-1-0 z19.717 y13-00	?	k17-0-0 z45.823 y34-325	k39-1-0 z61.429 y15-287	?
当貸〆	k8-1-2	k17-2-0 z1.837	k9-0-0 z2.575 y4-00	k2-0-2 z2.000 y2-20	k16-1-2 z0.444 y2-20	k23-1-2 z1.520 y6-20	k0-3-0 y0-07	k5-1-0 z3.744	k7-0-2 z4.007	k15-1-2 z4.760 y4-04	k11-0-0 z4.397 y1-13	k19-0-2 z3.260 y7-00	k31-0-2 z1.052 y0-30	k36-2-2 z4.073 y14-31
古貸〆				k8-1-0 z0.376 y6-000		k10-0-2 z1.520 y8-000	k21-2-2 z3.039 y6-200		k35-1-0 z5.951 y7-000					
借用〆	k2-0-2 z1.997 y0-060	k0-3-0 z1.862 y0-020	k3-1-0 z2.230	z0.452 肥代	k7-1-0 給金	k4-1-2 z0.400	k3-1-2	k2-3-2 z0.100	k0-3-2 z0.902	k12-0-2	k13-0-2 z2.110	k4-1-2 z0.606	k11-2-2 z0.941 g16.5	k49-1-0 z2.420
請取〆			k0-1-2 z0.759		k7-3-0 z1.644 米代	k4-2-2 z2.209	k0-2-0 z1.790	k3-3-2 z2.646	k3-3-0 z3.052	k5-1-2 z7.771 y6-00	k7-1-0 z11.113 y5-058	k11-2-0 z17.849 y10-25	k31-1-2 z11.677 y3-20	k88-0-2 z26.301 y16-20
給金〆		—	—	k3-0-0 z1.900	—	—	k3-1-2 z1.922 y0-15	k2-1-0 z1.801 y0-290	k5-2-0? z5.350	k3-3-0? z3.435	k3-0-0	—	k0-2-2 z0.284	?
備考	「肥代」に手作可能性	「私作」=手作可能性	手作を善右衛門委託か	手作を善右衛門委託か		手作播種に「作者金治郎是初」	手作停止服部家奉公開始							

註　金は、1両2分2朱を「k1-2-2」と、銭1貫500文を「z1.500」と、銀は7匁5分を「g7.5」と、米2俵2斗2升を「y2-220」と、ただし米2石2斗2升は、「2・22」と、反別は2反3畝15歩を「t23-15」と、日用手間は、一日手間を「h1.0」と、手間代銭164文を「z0.164」と表記する

されている場合はそのまま記すことにした。貸付量も文化中期、七・八年あたりからあきらかに増え始める。この時期、前述した通り、尊徳は小田原での武家奉公を始め、前期の手作りを志した頃とは一線を画すようになる。文化年間後半には、貸付の面からも大きな伸びが現れ、経営に異質な内容が加わってきたことを想像させる。

借用と請取は、文化年間中期を過ぎるまでほとんど変化ないが、十一年以降、増加し、末年に至ってまったく異質な急増を見せる。

帳簿に記載される支払項目の中には、これを近世後期の生活史の観点から研究する貴重な記録が含まれている。ここではそれらに論究する余裕はないが、尊徳の思想形成、後の報徳仕法を考える上で見逃しえない情報を一点だけ整理しておく。表2－6は、近世二年から文政五年

表2-6　経営帳簿に見る尊徳の教養関係支出

年代	教養関係支出摘要（件数）［代金］
文化2	無し
34	句料（8）［銭309］、芝居入用［銭409］
5	俳句師匠謝礼（1）［銭100］、小笠原本［銭19］、実語教［銭90］
6	句料（4）［銭120］、俳句師匠謝礼（4）［銭142］、芝居入用［銭104］
7	句料（12）［銭367］、俳句師匠謝礼（2）［銭168］、年代記［銭28］
8	芝居入用［銭551］、
9	用文章［銭348］、孝経［銭172］、中山記［銭300］
10	句料（3）［銭62］、経典余師（京伝予誌カ）［金2朱］
11	手本紙［銭64］、大学［銭116］、唐詩選［銭232］、実語教［銭80］
12	句料［銭16］、年代記［銭28］、白川記［銭251］
13	句料（2）［銭54］、真書［銭36］、四声古本［銭124］
14	歳代記［銭24］
15	孝経［銭232］
文政2	用文章［銭280］
3	無し
4	江戸本屋［金1分］、四書［金1分2朱］、曾我芝居［銭52］ 大和俗訓3部［銀15匁8分］、書経［金2朱ト銀5匁］
5	四書3組［金3分ト銀6匁5分ト銭736］ 女大学［銭424］

註1）句料には、「評紙」「判銭」「衆儀判」を含む。
　2）各年の経営帳簿から作成。

までの帳簿から抽出した尊徳の文化関係、ことに教養に関わる支出である。和漢古典書籍や往来物・庶民教育書の他に一時期熱中した俳諧に関わる師匠への礼金支出などが特徴的である。(13)

2　手作り・小作ほか

①手作り

帳簿に見る農業関係の情報はけっして多くないことは既に述べた。しかし、文化三年の帳簿の後半部分に「屋敷分私作　同（米）壱俵　銀右衛門」の記載があり、これは二宮家の零細な手作り経営の規模を示す記録であると思われる。手作り主の名義を「銀右衛門」としていることについても前に注意を喚起した。ここで少ない情報ながら、この時期の二宮家の手作り経営に関する記録を表2－7にまとめた。

文化四年、五年、連続して帳簿末尾に、手作りに関する記録がみられる。文化四年には

ここ路飛と津おぼい

一　弐斗　　しら川
一　壱斗　　よ　ど
一　三斗弐升　　ひせん
一　壱斗五升　　八　石

表2-7　寛政12申年宇津教長代の借金並びに返済方入用書上

借り入れ先	当申年返済方入用	借用及び返済方明細
小田原宿	当申利息 金11両1分ト銀9匁	小田原宿助成金元利76両
達道	金1分 寛政9巳年より5か年 返済方入用	切金4両2分
芹澤半之助	金1分 寛政9巳年より5か年 返済方入用	借用金高不詳
近江や十左衛門	金1分 寛政9巳年より5か年 返済方入用	借用金高不詳
伊勢や伝之助	金2朱 寛政9巳年より5か年 返済方入用	金45両、 無利10か年返済相定候処
渡邉新右衛門	金2朱 寛政9巳年より5か年 返済方入用	金46両1分、 無利年々3両宛返済の処
尾張や徳兵衛	銀3匁7分5厘 寛政9巳年より5か年 返済方入用	金20両 年々1両2分返済の処
京や清八	金1分 寛政9巳年より5か年 返済方入用	当初借用金高不詳 無利息証書書替、76両 年々4両宛返済の処
綿や権兵衛	金2朱 寛政9巳年より5か年 返済方入用	金62両 年々3両宛返済の処
栄寿寺	金1分 寛政9巳年より5か年 返済方入用	金100両余 年々5両返済の処
萬や勘兵衛	金2朱 寛政9巳年より5か年 返済方入用	金48両 年々3両返済の処
綿や喜兵衛	金2朱 寛政9巳年より5か年 返済方入用	金9両2分 去る寛政7卯年金1両2分ト 銀6匁返済
備前や七郎右衛門	金2分 寛政9巳年より5か年 返済方入用	借用金高不詳 年々6両返済の処
境や弥左衛門	米2俵 寛政9巳年より5か年 返済方入用	金200両、無利20か年賦返済 の処、初年より返済なし 去る寛政7卯年春公訴候 2人扶持支給、同秋3人扶持

註　「寛政十二申年大学様御台所御入用月割中勘」『全集』（第十巻、31頁）。

一　五升　　　　　　　もち
一　六升　　　　　　ふくとく
一　壱斗七升　　　　伊勢弥六
一　壱斗六升　　　とうぼうし
〆壱石弐斗壱升
　　　　　　　作者　金治郎
　栢山村
　　善右衛門分

とあり、これと同様、文化五年の帳簿の末尾に次の記録がある。

　　こころおぼい
三月二十五日つゝむ
一　四升　　　　　　しん餅
同二十七日水に入るゝ
一　三斗　　　　　　しら川
一　壱斗四升　　　余　伊勢弥六

一　壱斗九升　　内　はち石
一　壱斗八升　　　　ひせん
一　壱斗弐升　　　　よ　と
一　八升　　　　　　ふくとく
一　壱斗六升　　　　とうぼうし
〆壱石弐斗壱升　　作者　金治郎
善右衛門分

三月後半に「水に入るる」とあるのは、いわゆる「たねがし」（浸種）のことで、続く記載はこの年の手作りに関わる品種と播種量の覚と考えられる。末尾の「作者　金治郎」は、二宮家（金治郎）がこの作業の主体であることを意味する。ただ播種量一石二斗は、この時期の二宮家としてはいかにも大きく、仮に反当たりの播種量を一斗としても、作付け一町二反にも及ぶ規模である。当時、田地の請戻しはまだそれほど進んでおらず、二宮家の所持地は文化三年末でも一町歩にも達していない。家族労働力をほとんど持たない尊徳が簡単に手作りできる規模ではない。

残る「善右衛門分」は何か。これを単に水帳上の地主名と見ることもありうるが、当時二宮家にそうした所持地はない。そこでこれを現実の地主と解すれば、尊徳が請作したことになる。その場合、労働力の不足は存在があきらかな貸付相手や、小作人の中から日用人足を確保することになる。

だが、その記録は見えない。「善右衛門分」を単に地主とするだけでなく、実は尊徳への質入れ直小作とも解釈できる。ただ、これでは経営主体が「善右衛門」方になるが「作者　金治郎」の記載と矛盾する。むしろ「善右衛門」の土地を尊徳が預かった上で、耕作の大半を善右衛門や他の百姓に委託し直小作・別小作した可能性がある。文化五年三月中旬から九月半ばにかけて尊徳は帳簿上、善右衛門に対し肥やし代を含む多くの「借り」を計上し、その合計額は「弐両三分ト百文」、さらに年末にかけて金一分二朱ト銭二〇〇文の借金を加えている。この借用と前掲「善右衛門分」の関係をどう理解するか今後慎重な検討を要する。

手作りについては文化七年の帳簿末尾にも次の記載がある。

当午種もみ覚

三月二十三日水入

一　壱升　わせ餅
一　壱升弐合　新　餅
一　六升五合　しら川
一　九升　う　面
一　八升弐合　とうほうし
〆弐斗五升九合

文化七歳午三月吉日　　作者是初
当弐拾四才
二宮金治郎
卯月三日まく

「三月二十三日水入」「卯月三日まく」の記載から文化七年の二宮家の水稲種籾「浸種」「播種」の記録であることは間違いない。「作者是初　当弐拾四才　二宮金治郎」の記載には、尊徳が水稲手作りに本格的に取り組もうとする意欲が感じられる。前年までの手作りが「作者　金治郎」としながらも、「善右衛門」はじめ、他の百姓に多分に依存した委託耕作に近いものであった形跡があるのに対し、「弐斗五升九合」は、身の丈にあった現実性を持った経営規模である。

続く文化八年の帳簿の仕訳勘定「去午（文化七年）作徳米」の末尾に、手作りに関する次のような記載がある。

一　壱俵三斗　　手作
一　餅壱俵半　　同
一　とうほうし二斗八升　　同

これは「餅」と「とうほうし」を含む七年分の米作手作りの収量と解せされる。大略三俵（約一石二斗）であり、およその経営規模を推定できる。前掲文化七年の播種量ともおおよそ符合する規模である。

文化六年から七年にかけて所持地の拡大を進めつつ、他方、その一部で地に足を付けた手作りに取り組もうとする姿勢見せた貴重な記録である。他方、前年までの「善右衛門分」の経営が多少とも一部継続したのか否かの検証は今後とも必要である。

文化年間中期までの二宮家の手作り経営を検討したが、その後文化末年までの帳簿から看取される手作り経営の状況を集計し、表2－8に示した。

文化七年、「作者金治郎是初」として手作りへの意欲を見せた後、帳簿から手作りの記載が一時消滅する。再度記録が現れるのは文化十年で、小作反別を示す記録に続いて、小作とは異質な「二反五畝　元右衛門作」と「壱反歩　辰右衛門作」という記載があり、これも零細な規模の手作り地で、実質は委託耕作の形をとった直小作ないしは別小作であろう。

このように停滞していた二宮家の手作りは、表2－6に見る通り、文化十三・十四年に、にわかに規模を拡大する。[14]播種量は五斗前後、反別で一町一反歩を超える。ただし、文化十三年の手作りからは、「薬師堂　壱反五畝　源蔵作」のような委託耕作的な内容の残存を読み取ることができる。この時期、一時、尊徳は自作経営の復興に意欲を見せたが、家内労働力に欠けるところを、こうした方法で補填することが不可欠であった。

②小作

文化三年の経営帳簿には手作りの状況を示す記録と並び次のような記載がある。

仁右衛門新田分
一　米五俵　　　　浅右衛門
薬師堂分
一　同三俵壱斗　　弥　八
　内壱俵　御蔵納
中新田分
一　同壱俵　　　　要　蔵
かまい彦八分
一　同壱俵　　　　政右衛門
とあちり代
一　同四升　　　　長右衛門

これは同年の二宮家小作経営の内容を示す。「御蔵納」分は年貢の上納分である。これと並記される手作り分を合わせた稲作の収量は一一俵一斗五升で、内二俵六合が年貢上納分とされる。手作りの情報が乏しかったのに比べ、小作に関する記録は文化三年以降、一度も途切れることなく続く。これを表2－8と表2－9にまとめた。

表2－8によれば、文化三年から六年まで、尊徳が自家再建に着手した時期の小作経営では、小作人の数も少なく、収量も一〇俵から一二俵ほどに止まる。反別記載がないので規模を推定するのは簡単ではないが、およそ二反から三反程度に過ぎないと思われる。

文化七年以降は表2－9の通り、小作反別が記されるようになり、特に八年以降、小作人が増え、経営規模があきらかに拡大し始める。八年の小作人は一二人にのぼり、小作反別は一町七反から一町九反に達する。こうした拡大傾向は文化十二年まで続き、それに変化が現れるのは、文化十三年からで、この時期、尊徳が再度、手作りに意欲を見せたことで、小作の拡大が一時ストップする。

以上、手作りと小作を中心に、売米と土地購入を含めた農業

表2-8　尊徳自家再建着手期ノ小作経営

小作人	文化３寅年	文化４卯年	文化５辰年	文化６巳年
淺右衛門	仁右衛門新田y5-00	仁右衛門新田y5-00	— y4-00	
弥八	薬師堂y3-10	薬師堂前y2-10		
三郎左衛門		薬師堂西y1-00	— k0-1-0ト y0-10	— y1-30
平右衛門		薬師堂下y1-00	— y0-25	
要蔵	中新田y1-00	中新田y1-20	— y1-10	
政右衛門	かまい彦八y1-00	かまいy2-10	— y2-00	— y1-15
長右衛門	とあちりy0-04			
権右衛門			— y3-12	— y3-00
万兵衛			— y0-18ト z0.877	— y1-00
圓蔵				— y6-10

註　各年の帳簿から作成。

表2-9　再建復興期二宮家の小作経営

小作人	文化７午年	文化８未年	文化９申年	文化10酉年	文化12亥年	文化13子年	文化14丑年
元右衛門			屋敷4-28 屋敷下3-00 中新川原12-00	上屋敷4-28 屋敷3-00 中新田道上12-00			
金兵衛		屋敷下3-00 屋敷4-00					
権右衛門	新川原18-00 薬師堂10-00	新川原18-00 薬師堂12-00	薬師堂10-00	上川原10-00	薬師堂12-00		
辰右衛門		薬師堂25-00	薬師堂25-00		薬師堂25-00		
半七							薬師堂20-00
三郎左衛門	薬師堂10-00 中川原18-00	薬師堂10-00 薬師堂5-00 屋敷5-00	薬師堂10-00 薬師堂4-00 上川原18-00	薬師堂10-00 薬師堂4-00（畑） 上川原18-00	薬師堂10-00 薬師堂4-00（畑） 上川原18-00	上割河原18-00	
要蔵		中川原8-00				中川原8-00	
金三郎			中川原8-00	中川原8-00	中川原8-00		
治右衛門		中川原10-00					
角右衛門					中川原12-00		
源七		薬師堂10-00	西川原10-00	西川原10-00	西川原10-00（新田）		
淺右衛門			高川原10-00	高川原10-00	屋敷東10-00		
儀右衛門			高川原15-00	高川原15-05	高川原15-05		
圓蔵		高川原10-00					
紋蔵						高川原10-00	
七左衛門							高川原15-00 中曽根20-00 上之横町28-00
又七・善蔵			仁右衛門新田35-00	仁右衛門新田35-00	仁右衛門新田35-00		
（西）惣右衛門		仁右衛門新田15-00					
（西）安五郎		仁右衛門新田7-00					
澤右衛門		仁右衛門新田13-00			屋敷7-27 構井18-00（かまい）		
栄蔵・要蔵			かまい18-00	かまい18-00			
政右衛門	かまへ18-00						
小兵衛		かまい18-00					

註　各年の帳簿から作成。

経営の全容を示すため表2－10を作成した。

売米量は、文化五年以降、文化年間中葉から毎年記載されるようになり、小作が拡大傾向をみせる文化八・九・十年頃から増加傾向を顕著にするが、特に文化十四・十五年には、増加を見せる。これには尊徳が服部家御用を委任されたことにともなう、御蔵米の販売が混入したためであり、そのまま二宮家の経営拡大と見なすわけにはゆかない。

むすびに

文化二年から同十五年にわたる二宮尊徳の自家再建期の経営帳簿から次のことがらを確認できた。

① 全集所収の経営帳簿は、底本調査の結果、生々しい経営実態を記した自筆原本であり、第一次史料として尊徳の自家再建過程を究明する上でまたとない史料である。尊徳の青年期の自筆記録と署名を確認したことで、今後の仕法関係書類の史料批判にあたって、第一次史料と後年の編纂物を区別する一つの基準を得た。

② 二宮家の衰退期、二宮家の田地は村役人・親族の立ち会いのもとで質入れ分散譲渡され、自家再建に着手すると、再び村役人・親族の立ち会い協力のもとで、祖父銀右衛門名義による比較的

表2-10　二宮家の農業経営の構造

	文化2丑	文化3寅	文化4卯	文化5辰	文化6巳	文化7午	文化8未	文化9申	文化10酉	文化11戌	文化12亥	文化13子	文化14丑	文化15寅
手作（播種）		y1-000	y1・21	y1・21	—	y0-259	—	—	—			y0-408	y0-64	
名義		私作銀右衛門	善右衛門分	善右衛門分					元右衛門作 辰右衛門作					
反別		t57-03	t173-00	t173-00					t32-00			t110-00	t190-00	
内荒地														
取米												y36-20		y40-20
小作米	—	y10-140	y13-000	y11-35	y13-150	y18-100	y31-200	y41-250	y38-250		y39-25	y13-00		
金				k0-1-0	k1-0-0									
銭				z0.877										
内上納引	—	y2-006	y3-000	—	y5-100	y6-000	y10-000	y8-333	y11-251		y14-00	y3-00		
不作引		—	—	—	—	y2-250	—	y4-050	y4-150		y2-03			
小作反別		—	—	—	—	t74-00	t173-00	t183-03	t157-28		t192-02	t36-00	t83-00	
内荒地		—	—	—	—	—	t10-00	—	t7-00		t7-00			
売米（俵）				y14-000	y19-200	y3-000	y11-325	y13-000	y35-000	y24-20			y68-20	y28-00
代金				k5-1-0	k1-0-0	k1-3-0							k7-1-0	
代銭				z0.343		z1.311							z20.000	
土地購入		k3-2-0		k2-0-0	*k14-2-0	k10-3-0						k13-0-0		
				z1.251										
		t9-10		t3-28	t38-28	t32-20						t30-14		
年末総反別	t75-29	t85-09	t85-09	t85-09	t124-07	t156-27	t156-27	t156-27	t156-27	t156-27	t156-27	t187-11	t187-11	t187-11
備考	「肥代」に手作可能性	「私作」=手作可能性	手作を善右衛門委託か	手作を善右衛門委託か		手作播種に「作者金治郎是初」	手作停止服部家奉公開始							

註1）金は、1両2分2朱を「k1-2-2」と、銭1貫500文を「z1.500」と、銀は7匁5分を「g7.5」と、米2俵2斗2升を「y2-220」と、ただし米2石2斗2升は、「2・22」と、反別は2反3畝15歩を「t23-15」と、日用手間は、一日手間を「h1.0」と、手間代銭164文を「z0.164」と表記する。
2）表中の*他史料からの注記を示す。
3）手作の推定反別は、実例の反当り播種量（7升）をもとに推計して表記する。

有利な条件で旧田地の請け戻しが行われていた。自家再建に取りかかり、まだ間もない文化年間前半、二宮家の経済行為の多くは祖父銀右衛門名義で行われ、村社会もこれを容認していた。これらの背景には村共同体の相互扶助機能の発現があった。

③　帳簿の記載形式は、日順記載と仕訳勘定を柱に、徐々に記載形式の整備が進むが、終始、当人にしか分からない曖昧さが残り、特に文化年間後半、尊徳が小田原での武家奉公を始めてからは、それに関係する用務が混入して複雑になる。

④　支払・貸借・請取・給金等の金銭勘定は当初は停滞的であるが、文化年間半ばから貸付や請取勘定が伸び始め、少額ながら確実な収入である給金がこれに加わる。各勘定とも後半期にピークを迎えるが、末期の勘定は拡大が異常な水準に達し、そのうちには小田原藩家老服部家の趣法に関わる事項が混入しており、もはや通常の百姓家の経営帳簿とは言えない内容に変貌している。

⑤　経営帳簿の全般にわたり、農事の細部に気を廻らす篤農家的性格は乏しい。所持地と労働力の不足を抱えた手作り経営は当初から低迷し、質地や借地日用や小作の労働力を投入する方法で「耕作委託」の実質拡大を進める工夫も試みられた形跡があるが、ついに停滞を脱却できず、文化末年に至り再度手作り経営の拡大が試みられるが継続できず、再建過程の全期にわたり拡大傾向を維持した小作経営に首座を譲らざるをえない。

⑥　小作経営は再建に着手した当初から始まり、所持地の回復にともない順調に成長する。文化年間の半ばには小作十数人、小作反別二町歩弱、作徳米三〇～四〇俵を擁する経営に成長し、売米

収入が貸付金収入とともに二宮家の経営の支える支柱となった。帳簿記載中、米相場への注意を怠ることはなかった。

残された経営帳簿が示す経営の実態は、この間における尊徳の自家再建の経験そのものであったが、それはまた、彼がその後取り組んだ野州桜町知行所における荒廃・衰微した村落の復興、そして破綻した百姓経営の再建に向けて、欠かせぬ多くの知識・素養を与えるものとなった。

註

(1) 報徳仕法を思想・事業の両面より研究した佐々井信太郎の業績は、『全集』の編纂とともに戦前戦後を貫く古典中の古典である。思想研究の面で戦後に進められた研究も少なくはないが、下程勇吉・加藤仁平・内山稔・岡田博らが、報徳思想確立の経緯に注目し、『全集』の原典批判の必要性を説いたことに注目する。社会経済史的研究は枚挙に暇無しであるが、大藤修・岩本由輝・紺野浩幸の仕事がある。

(2) 表2−1に収載する経営帳簿について『全集』は次のような解説を付す。「翁が伯父の宅より帰宅してからの状況を知るに足る材料は世間に公にせられて居なかった。幸いにも二宮家には翁の青年期に属する書類が、全くの家宝として、他見を許さずとして秘せられてあった。今昭和三年七月十一日の夜、編者は同家を訪問して、この期間の秘書を全部拝借し来り、編輯机上に展巻する悦を与えられた。大風呂敷に包んだ八十二冊の古文書中には、大部分が翁の身辺の記録である。」(『全集』第十四巻、三五七頁)。これは直接は「はノ五　祖父と両親」の解説であるが、小考で取り上げる帳簿「はノ六　一家復興期の記録」と「はの一〇　社会的活動への進出期」の史料にあててはまる。

(3)「はノ五　祖父と両親」に収載される史料中の①「天明二年寅十月十六日　明性見舞控帳」は、尊徳の祖父銀右衛門死去時の記録であり、『全集』解説は「病中の見舞控」と解釈しているが、「せんかう」の受領から葬儀時の覚と見ることも可能である。記帳される人名は同四年の「利右衛門祝儀帳」に近く、「天保三年硯山三十三回蒼海信男」には遠く、天明時の原本と考えられる。この年尊徳はいまだ生まれておらず、状況から推して記帳者は父利右衛門と推定される。②「天明四年辰十二月祝儀覚控帳」は、尊徳の父利右衛門の婚姻祝儀時の記録である。表紙に「二宮利右衛門」の署名があり、底本参照の結果、筆跡も①の史料と一致する。ただし、同史料のウラ表紙に異筆で後筆添書がある。たどたどしい楷書で、「宝暦三癸酉年誕生而天明四甲辰年迄歳三十二才　二宮利右衛門。明和四丁亥年誕生、天明四甲辰年迄歳十八才川久保お好」と記される。『全集』解説は、これを「翁が後年裏書」したとしている。根拠は示されていないが、底本中、後年の史料（たとえば④など）と比較検討した結果、これに異論はない。③「寛政八年辰正月参宮覚帳」には、利右衛門の署名がある。尊徳誕生後、三歳に満たない頃の史料で、全集は父利右衛門参宮時の「花向帳」とする。この年、夏の暴風雨で二宮家の田畑は大被害を受けたが、参宮時には多少のゆとりがあったと推定する。筆跡も利右衛門自筆とみられる。④「寛政十二庚申年九月御仏前備物控」には、表紙に初めて「二宮金治郎」の署名がある。左上部に「二宮利右衛門四拾八歳之時病死仕候」という添書がある。利右衛門死去時の香典帳である。ウラ表紙に「寛政十二年庚申九月二十二日　父二宮利右衛門事」との添書がある。この添書も含め状況からしてすべて尊徳自筆と推定される。時に尊徳は満一三歳であり、年月を特定できる自筆史料の初見である。尊徳の署名は「金次郎」ではなく「金治郎」である。青年期の尊徳の署名は、「金治郎」であった。ただし、崩して略記される場合、「金次郎」との区別がつかない例もなくはない。最後の⑤「天保三壬辰年九月二十六日　三十三回硯山蒼海信男」は、尊徳四五歳のとき父利右衛門の三三回忌の記録である。成立時期からすれば異質な史料であるが、全集はそれを承知で、④の史料の附録として収載した。底本を見ても尊徳の自筆とはいえない。

（4）表紙署名の肩書に「東栢山村」と「栢山村」が見られるのは、栢山村が東西両組に分かれ、二宮家は東組に属していたためであろう。後述するように再建された二宮家には西組に属す耕地もあったが、帳簿上の名義肩書としては「西栢山村」が使用される例はない。

（5）これに使用する『全集』第十四巻所収「はノ四　栢山村家株処分調」の「田畑本証文並添書控帳」と「家株田畑高反別取調帳」の両史料はともに当時の史料にもとづき、前者は天保二年十一月以降、後者は文政五年三月以降に編纂されたものだが、前者は各取引の売渡証文や添証文の写をそのまま収載しているため、売主と買主双方の名義があきらである。

（6）『全集』第十四巻「家株田畑高反別取調帳」三二七頁。

（7）『全集』解説では、この土地を「七反五畝二十二歩」とし、「母を失った三人の孤児を撫育する為に、親族の者共が集まって苗代を作り、同族の助成によって植付草取までも行った所、その六月二十九日の洪水で『不残流出或は瀬と成、又は砂入高臺と罷成、一粒も実法不申』文字通りに途方に暮れてしまった」と伝えている（第十四巻、三〇七頁）。

（8）『全集』解説（三二四頁）は、表2－2№26の覚兵衛からの土地購入について「この地所は翁が始めて買い戻したるもの」とするがこれは編纂者の勘違いであろう。

（9）「家株田畑高反別取調帳」のこの文に続き尊徳は、「東照神君之御制之由、伝え承り候事有之」と述べ、元地主の田地請戻し制度を「東照宮神君」の開かれた制度とする認識を披瀝している。

（10）『全集』掲載の帳簿上には、記録者である尊徳自身が行った集計が「〆○○」と記載されるもののほか、『全集』の編纂者が翻刻過程で行った集計結果が、「加筆」の注記をともないつつ、「〆」「惣〆」などのかたちで記載されている。しかし、記録内容をどう判断し読み解くかが問題であり、自明の事柄として軽々に処理できないから、編纂者が付した集計結果にはよらず、あらためて筆者の判断で別に集計を行った。

(11) この年の帳簿には、同様の貸付があと四件略記される。

(12) 支払のうちには米穀が含まれている。その場合は売米との区別が難しい。「米〇俵　渡し」とあれば、売米なのか、米支給なのか、区別を要する。確証ある手がかりがない場合、前後の記述から判断せざるをえない。

(13) 和漢籍は四書を中心にごく一般的平明なものを主とする。特に桜町仕法に赴く直前に三セットもまとめて購入したのは実践的な目的を有する購入と目される。

(14) 文化十二年以来、服部家趣法に関わっていた尊徳は、同十四年二月、近隣の堀之内村中嶋弥之衛門娘キノと結婚、自家再興を完成させようとした。しかし実際はその年末に、再度の服部家趣法を懇願され、自家手作り拡大への取り組みは短期間に頓挫する（佐々井信太郎『二宮尊徳研究』七一二頁）。

第三章　尊徳の桜町仕法請負に関する諸問題

――仕法受諾に至るまでの経緯――

はじめに

二宮尊徳が、十九世紀前半、疲弊、衰微した各地の住民生活の改善と地域社会の復興を目指した事業と、その手法は「報徳仕法」と呼ばれてきた。幕末に各地に広まった「報徳仕法」は、やがて明治維新を介し、明治・大正にも各地に足跡を残したが、もとより、事業がはじめから「報徳仕法」と称されていた訳ではない。尊徳がはじめて小田原藩大久保家の依頼を受け、下野国芳賀郡の旗本宇津釩之助知行所（桜町知行所）の立て直しに取り組み始めた時、その事業は関係者間で、ただ「御趣法」とのみ称されていた。「御趣法」とは、当領主の「御意向」をもって知行所内に実施される事業を指すだけの呼称であった。

また「報徳仕法」の研究史では、「報徳仕法」に賛同、共鳴した領主たちが、桜町で行われた復興事業を自領内に導入、執行したものを「行政式仕法」の名で呼ぶ一方、民間人が尊徳の指導した事業に共鳴し、個人（家）や村をはじめとする地域社会の集団の意思で、自らの生活圏に導入し、自主的、自治的に運営したものを「結社式仕法」と呼んだ。(1)

この観点からすれば、桜町（旗本宇津家知行所）で執行された事業も、「行政式仕法」の一つであったと見なす向きもあるかと思われるが、前述の通り、桜町で事業が開始されるまで、「報徳仕法」はその名はもとより、その事業実態もまだ存在しなかった。

しかし、それから十数年の歳月を経る過程における尊徳の努力・工夫の結果、桜町知行所内で執行された住民の生活改善、地域社会の復興事業は、関係者からその成果を高く評価され、その独自性を認められるに至り、当時尊徳の掲げていた事業の指導理念が「報徳」とされたことから、事業はいつしか尊徳の「報徳仕法」と称されるようになった。

小論は、小田原藩から「御趣法」の相談依頼を受けた二宮尊徳が、その事業を受諾し、いかにして「報徳仕法」と称される独自性ある事業に結実させていったか、その歴史的経緯を探る作業の第一歩として、尊徳が小田原藩から桜町の旗本宇津家知行所における復興事業の依頼を受けてから、これを正式に引き受けるまでの経緯を検証しようとするものである。(2)

第一節　宇津家桜町知行所と二宮尊徳

1　知行所の現地調査と名主格での登用

ここでは二宮尊徳が小田原藩から宇津家桜町知行所について最初の依頼相談を受けてから、復興事業を正式に引き受けるに至る迄の経緯を検証する作業を開始する。尊徳が事業の準備中に作成した「御知行所三ケ村前々高免御収納米永取調帳」の奥書には、「去る文政四巳年、実地正業取直方見分被仰付、罷越致廻村及見聞候」とあり、尊徳が小田原藩から宇津家桜町知行所の村民生活立て直し方について相談を受け、初めて現地見分に赴いたのは文政四巳年であったことがわかる(3)。このとき実地調査のため桜町に赴いた尊徳が桜町仕法に取り組む様子を記した「野州芳賀郡桜町御用雑用控帳」がある。同記録は巳（文政四年）の八月朔日から未（文政六年）の三月十二日までを記しており、このうち文政六年三月十三日は、尊徳が正式に事業の執行を受諾し一家をあげて桜町に転居、赴任した日である。この「控帳」は尊徳の初めての桜町出張から本格的な赴任に至るまでの全期間を含んでいる(4)。

同記録によれば、尊徳は小田原藩から路用金壱両を受け取り、文政四年八月朔日初めて桜町に赴き、同月二十一日頃に小田原に戻った。このときの現地調査結果にもとづき、桜町知行所立て直し事業について尊徳の最初の見解表明が行われたものと推定される。まもなく小田原藩地方役所から次のような文書が発給された(5)(図2)。なお、当時から小田原藩は尊徳を「金次郎」と称していた。

巳九月二十一日

栢山村

百姓　金次郎

釩之助様御知行所野州真岡村々百姓とも心得方不宜、追々荒地相増し御収納等も相減候ニ付而は難被捨置、今般勝俣小兵衛彼地引越被仰付候処、数年流来候風俗立直しノ儀ニ付、小兵衛壱人ニ而は手も届兼可申哉と、其方儀野州村々立て直し方御用申付候、依之名主格申付、御扶持三人分被下置、右御用ニ付彼地江罷越候節は、帯刀御免被遊候間、出精可相勤候

右於地方

四九×一六センチの剪継紙を用いた補任状は、尊徳が小田原藩に用いられ始めた、もっとも初期段階の目的と処遇を示している。住民の不心得から荒廃が進み、年貢収納も減じたため、放置できなく

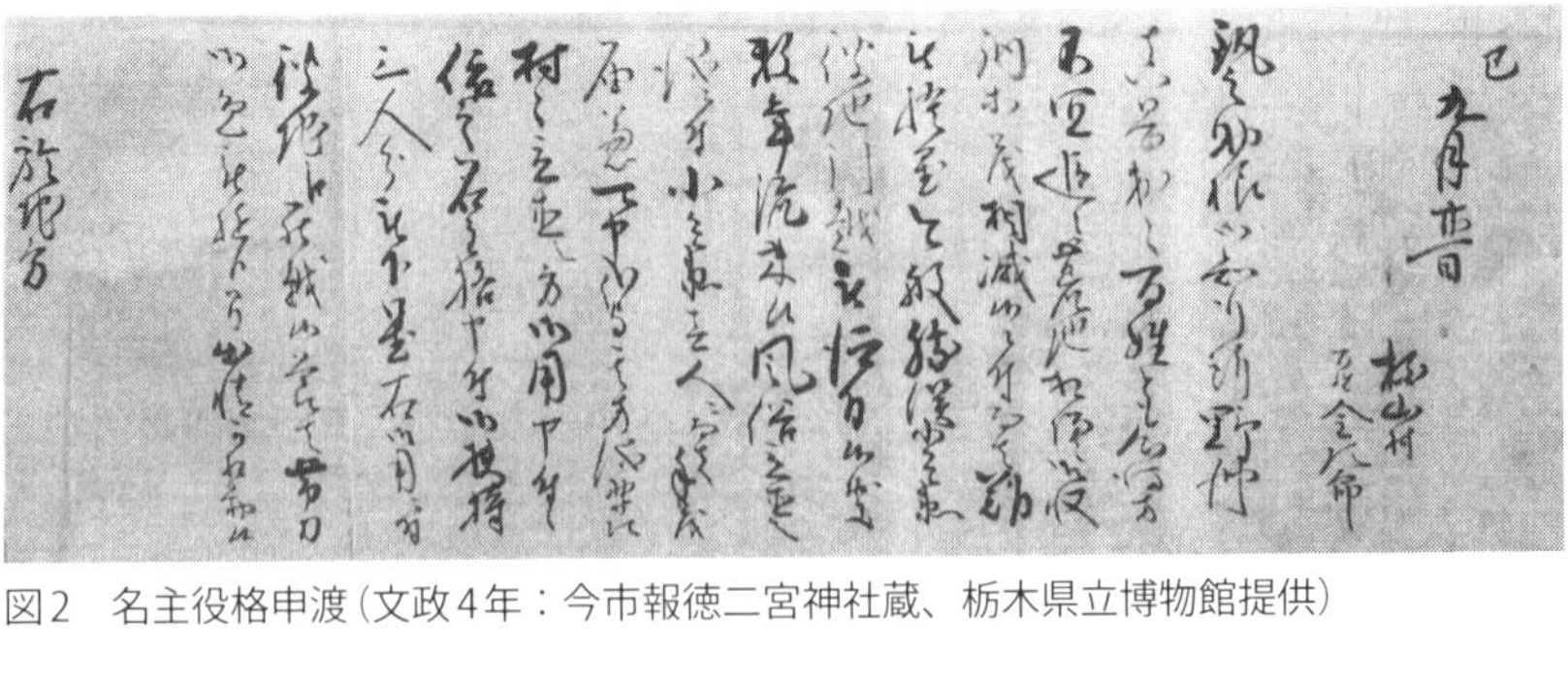

図2　名主役格申渡(文政4年：今市報徳二宮神社蔵、栃木県立博物館提供)

なった桜町知行所の風俗立て直し御用に、すでに小田原藩から現地に派遣されることに決まっている勝俣小兵衛を補佐することが任務で、「名主格、三人扶持、赴任時の帯刀御免」がその処遇である。これによれば通説の「五石二人扶持　小田原藩士分」が誤りであるだけでなく、藩は桜町知行所御用をはじめから尊徳一人に任せるつもりであったとは考えにくい。

しかしながら藩が桜町知行所御用について、深く悩んでいたのもまた事実であった。小田原藩江戸詰め郡奉行で野州御用の統括者でもあった三幣又左衛門が、尊徳を桜町に派遣するにあたって発給した文政四年十月二十日付の「小田原藩郡奉行三幣又左衛門達書」には次の通りある。(6)

一昨年より、御本家におゐては、諸向改正被　仰出、夫々取調候処、其御知行所取扱候役々甚不行届儀共にて、釟之助様へ被対候ては、御迷惑被成候程之始末故、以後之儀御知行所立直り候手段、厚く勘考可致旨蒙　仰、昨年罷越見及ひ候処、（中略）当時之姿にては如何様御世話被進候とも、中々事を遂候期も不相見、不容易段重役中へも申達、釟之助様へも逐一申上候処、深く被御心痛（後略）

「御本家（小田原藩）」では、「一昨年（文政二年）」より「諸向改正」が始まり、調査が行われると「其（桜町）御知行所取扱候役々（担当者）」に「甚不行届儀」があり、宇津家に対しても申し訳ないことをした。以後、桜町知行所立て直しを再検討するよう命じられたので、自らも桜町に赴き現地調査したところ、このままでは到底復興は覚束ないことを確認、そのことを小田原藩の重役や宇津家にも報告したところ、両者とも深く心痛されていたとしている。

文政五年四月二十九日付の「野州御知行所東沼村横田村物井村三ヶ村借用金取調帳」によれば、(7)

> 文政三辰年以来、於御本家に諸向御改正被仰出、当御知行所村々取扱来り候役々、不残転役被仰付、不正之廉々被致糾明候

とあることから、従来からの担当者の不行届が追求され、ほとんど全員の転役が実施されていたことがわかる。百姓身分からの二宮尊徳の登用は、こうした環境のもとで、文政四年九月の「名主格三人扶持」での任用を起点として開始されたものであった。

2　「野州御用」開始

小田原藩に登用された二宮尊徳は、翌十月八日に藩から路金壱分と銭三百文を受け取り、栢山村を発ち出府した。江戸では「野州御用」の打ち合わせを行い、「野州給金弐分」に路金を合わせ金壱両二分と銭八六文を受け取り、宇津家屋敷にも挨拶、金壱分と酒の馳走にあずかり、翌十月二十日に江戸を発ち野州へ下った。尊徳の「野州御用」は準備段階だったとはいえ、支給された手当も最低なものであった。(8)

十月二十三日頃、先に桜町御用担当者となっていた勝俣小兵衛と共に桜町に到着した尊徳は、早速知行所民を集め、江戸から持参した三通の領主布達文書の布告を行った。三通はいずれも尊徳が江戸を出立した「巳十月二十日」付で、勝俣・二宮両人の派遣で、桜町知行所の立て直しを本格化させる趣旨を、領主が知行所民に通達する形式をとっている。(9)

一通目は、文末は「宇津釩之助様御直に、名主組頭百姓惣代之者共へ被　仰渡候、御趣意之趣如此」となっており、宇津家当主の直書である。その要旨を見ると、

当家知行所、累年之困窮漸々衰弊に及び（中略）依之年来本家之預厚恩に（中略）本家よりも猶亦今般出格之世話有之、領分建直之趣法被申含、陣屋詰等相越候間、其方共我等志願之趣、尤之儀と承受候はば、三ヶ村役人共を始、小前末々迄、一同厚申談、百姓之本業を守相励、（中略）競て本業致出精呉候様深頼入事候、尚本業より被付置役々並五左衛門等より可申聞候間、篤と可致承知候（後略）

知行所は疲弊し本家小田原藩に長く助けられて来たが、今回改めて知行所の立て直し方について新たな提案があり陣屋詰めの役人が派遣されることになった。我等（宇津家）の思いを理解して、村役人・小前一同が仕事に精を出してもらいたい。派遣される役人や宇津家家老代田五左衛門の話をよく聞くようにという趣旨である。

二通目の文末には、「右は釩之助様御家老代田五左衛門殿、御勝手取賄方次第等、委曲被申渡候処如此候」とあり、最後に「小田原　二宮金次郎」の署名がある。つまり、宇津家家老の申渡を尊徳が伝達するかたちをとっている。それを要約すると、

御類焼後拾ヶ年に及び候得共、御普請御手当並御乗出御入目共、御入用金無之故、年々御年延に相成候共、最早御年来に付、御出勤無之ては、御公辺向不相済、際限も無之候に付、御普請並御乗出御両様之御入目　御本家様へ御願被成候処、無御余儀御願に付御聞済被遣（中略）、両様にては八百金余之入目（中略）、御趣法に付御陣屋詰勝俣小兵衛、二宮金次郎と申者御貸被進候（後略）

とある。類焼した宇津家江戸屋敷が未だ再建されていないこと、前当主の代以来、資金不足で公儀に出勤できていない現状を顧みて、その改善を図るためには当面金八百両ほどの資金が必要になる。こうした情況に対応して行くため、本家の世話で勝俣・二宮の両名が派遣されることになったとの事情が説明されている。

三通目は、前述の小田原藩江戸詰め郡奉行三弊又左衛門からの達書で、末尾に「委細は勝俣小兵衛、二宮金次郎へ可申談候」とあり、小田原藩の立場から派遣した勝俣・二宮両名の地位にお墨付きを与え、後押しするものであった。

以上三通の達書が布告されたことで、尊徳が加わった桜町知行所の立て直し事業は、新たなる出発の緒についたと言える。しかし、それがどのようなものになるかについては、未だ何も確定したものはなかった。

第二節　尊徳の仕法伺い書提出

1 「伺い書」の提出

文政四年末近くに栢山村に戻った尊徳は、翌正月から四月半ばまで、栢山と小田原と江戸の間を往来する日を送った。前年の調査結果にもとづき、おそらくこの間に作成されたと考えられる文書が残されている。

その一つは、「従文化九壬申　文政四辛巳年迄　拾ヶ年御物成米永共御趣法御土台金平均帳」(以下、「平均帳」)である。表題にある通り、文政四年から過去十か年、桜町知行所三か村が上納した物成米永とそれを十か年平均した結果である。奥書には「右者村柄取直御趣法被　仰出候付」と簡略に作成目的が記され、「文政五壬午年改之、二宮金次郎」の署名がある。(10)

もう一つは、「文政五壬午年正月　御分知宇津釩之助様御知行所三ヶ村荒地起返難村旧復之仕法取行方奉伺候書付」(以下、「伺い書」と略記)であり、表紙の左下に「二宮金次郎」の署名がある。[11]これは尊徳が知行所の立て直しについて、かくあるべきだと考えるところを取りまとめて提出した伺いであり、桜町知行所仕法の成立過程を検証する上では、きわめて重要な史料といえる。しかし、『全集』に収載される同史料を見るかぎり、一部に検討すべき問題点も内包している史料であることも否めない。

この「伺い書」は全体が二つの部分から構成されており、そのうち前半部分は「荒地起返難村旧復之仕法平均御土台取調之事」と「荒地起返難村旧復之仕法入用金産出方之事」の二つからなり、末尾に「文政五午年正月　二宮金次郎」の署名があり、ここまでは特に疑問点はない。注意を要するのは後半部分の「御仕法村永久相続方治定取調之事」である。この文書の末尾に「文政五午年正月

御普請役格二宮金次郎」の署名がある。前年はじめて小田原藩に名主格で登用されたばかりの尊徳に、「御普請役格」の肩書がある筈がない。尊徳が「御普請役格」の肩書を得るのは幕臣に登用された天保十三年以降である。これを『全集』の稿本で確認すると、この史料は作成時の原本ではなく、問題の肩書部分を含め、全体がすべて同一の料紙を用い、同筆で浄書された写本であることがわかる。したがってこれは全集出版時に生じた誤植ではなく、幕臣となった尊徳が過去の仕法に関する報告を行うため写本を作成した時に誤って加筆されており、全集出版時にも史料批判が行われぬまま、そのまま収載されたものと推定される。しかしながら前掲史料にそれ以上意図的な改編が加わった形跡は見て取れない。[12]

そこで次に「伺い書」の個々の部分の内容について検討を加えて行きたい。まず前半の「荒地起返難村旧復之仕法平均御土台取調之事」は、文化九年から文政四年迄十か年の物成米永とその平均額が示され、それをもとに、

天命自然之運数を以規則と為し、当午より来る卯迄、向十ヶ年御定免被成下置候はゞ、年々繰返起返地成熟作次第、立毛相当の御取箇被仰付、余米之分荒地起返、難村旧復之仕法入用金として御渡可被下候、然ば一切御出方に相拘り不申、

と、今後の桜町知行所取り直し仕法の根幹を規定する物成上納について、前述の「平均額」をもって「天命自然之運数」とし、「向十ヶ年御定免」額とする新たな「定免」の提案が為されている。(13) そのうえで今後「年々繰返起返」に勤め、耕地と収穫の改善がなされ、「定免」額を超えて収納できるようになった米永(「余米」)を、「難村旧復之仕法入用金」として活用することを陣屋詰めの仕法担当者に委任されるならば、それ以上に仕法資金の支出を領主に求めることはない、としている。

この「定免」については、次の「荒地起返難村旧復之仕法入用金産出方之事」でも再確認された上で、さらに敷衍して、

前条取調奉伺候通被仰付被下置候はゞ、一切御出方にも相拘不申、土中に埋れ居候無盡之米金

を取増、御知行所之儀は勿論、前後左右何方迄も、急度荒地起返、難村旧復仕候間、此段奉願上候、以上

と述べ、前掲「定免」が採用、維持されるならば、仕法は桜町知行所の立て直しに効果を発揮するだけでなく、領分を超えてどこまでも普遍的に広められるとの尊徳の考えが、早くもこの時から主張されていたことに注目して置きたい。

次に「伺い書」の後半、「御仕法村永久相続方治定取調之事」は、「元禄十二御拝領より享保度至迄」と「文化九壬申年より文政四辛巳年迄十ヶ年平均」の収納辻とその平均額調査結果を示す。両者は桜町知行所成立後のもっとも「高免」と「低免」の両時期を示しており、その両極端を示した上で、その中間を執らねばならぬ理由を次のように述べる。

向後之儀難計候得共、盛衰貧富之両道、暫も邑里を離るゝあたはず、若し収納地利に勝時は、自ら家数人別相減じ、又地利に劣時は、家数人別相増可申候、古より或は富、或は窮し、天自然に取続罷在候平均度を以、御定免被仰付被下置候はゞ、安穏無事に急度永続可仕と奉存候、

「伺い書」の後半で尊徳が主張しようとしていたのは、桜町知行所復興の目標を元禄～享保期の「高免」時代の収納辻とせず、「高免」「低免」の平均値、すなわち「天自然に取続罷在候平均度」を

上限とし、それ以上の重課税は復活すべきでないとするものであった。

2　小田原藩の回答

文政五年正月、尊徳が提出した「伺い書」に対する領主側の反応がどうであったかを示す史料が、全集の本文ではなく冒頭にある解題のなかで紹介されている。(14)

一、拾ヶ年相立ち候上（迄か、引用者）は、御物成米千五俵余、畑方金百二拾七両余並夫中間金拾七両余、其外荏大豆石代金之外、金次郎に為御任、年限中は上納不仕、人別、軒別増等之含に仕候趣に相見申候、

伺いの通り

一、御知行所入用為御任、米二百俵、金五拾両にて金次郎へ為御引受、年々御勘定合等は不申上候、尤、是は御台所より御足米金と心得居候、併、小兵衛も引越居候事故、同人よりなり共、薄々も荒増之処、申上度心組に御座候、

其通り可致候

一、金次郎彼地引越候上は、拾ヶ年相立候迄は、心組之処一々申上等は不仕候、且年限内にて小田原表へ引取等被仰付候ては迷惑仕候間、是等之処、聢と御取極被成下度候、

十ヶ年内にて引取等は被仰付間敷候

右之趣、去午二月二十四日五郎右衛門殿へ相伺候処、御下ケ札にて相済候、

表題もない史料だが、尊徳はまだ桜町に赴任せず、栢山村と小田原、江戸の間を往来しながら仕法方針について調整していた期間であり、日付からすると、この年二度目の江戸滞在中と推定される。正月に尊徳から提出された仕法「伺書」の内容が、在府する代官あるいは「郡奉行」から小田原表の用人五郎右衛門のもとへ報告、伺いを立てられ、その解答が二月下旬に「下げ札」で為されたと考えられる。(15)

これによって確認されたのは次の三点である。

① 尊徳に仕法を委任する十か年の間は、「定免」を維持し、これを超える収納分（余米）は、すべて尊徳に任せ、知行所戸口の増加を進めるために活用する。

② 桜町知行所御用の入用手当として、小田原藩から年に米二百俵、金五拾両を支給するが、その使い方は一任し、特に収支勘定の報告を求めない。

③ 知行所に赴任する尊徳に対して、予定期間の十年以内に小田原に引き戻すことはない。

このうち①は、尊徳が提出した前掲「伺い書」が主として求めていた仕法の根幹に関わる中心課題であるが、次の②③は、その後にさらに追加する形で、尊徳が念を入れて小田原藩の確約を求めた点であったろう。

こうして「伺い書」と「下げ札」を通し、仕法方針をめぐる小田原藩との交渉過程を見ると、すで

に二月下旬の段階で、尊徳が求めていた十か年の「定免」維持がほぼ認められていたことがわかるが、さらに、その発端では勝俣小兵衛を補佐する立場で現地調査に向かった筈の尊徳が、現実には知行所の実態分析から復興の具体策の立案に至るまで全般にわたり現地役人の立場を主導しており、同僚の勝俣小兵衛や上司である小田原藩地方役人も、尊徳の主張をほぼ容認する状態であったことが見てとれる。

第三節　仕法交渉の詰め

1　「仕切書」の交付

前掲文政五年二月の「下げ札」で尊徳の主張が小田原藩によってほぼ確認されたことをさらに裏付けるものに、次の江戸代官発給の文書がある[16]（図3）。

村柄取直十ヶ年御仕切書之写
釩之助様御知行所野州村々立直之儀ニ付、御趣意有之、拾ヶ年之間
彼地引越被仰付、此度引移候ニ付而は左之通

一、当午年より、来ル卯年まで十ヶ年之間、御知行所御物成米永共、去巳年上納辻を以、米千五俵余、畑方金百弐拾七両三歩余、荏大豆石代金並夫中間金十七両余之外は、為御任年限中は上納ニ不及候事、
一、御国役金之儀は、年々被　仰出次第増減可有之候事、
一、御知行所開発入用為御任米弐百俵、金五拾両にて引請、年々御勘定致ニ不及候事、
一、日光道中加助郷人馬有合之外、並江戸表より出役諸入用之儀は別段可相達申候事、
一、彼地江引越、拾ヶ年之間は、心組之次第一々申聞ニ不及候、且年限中、小田原江引取等申付間敷候事、
一、御物成御勘定之儀、十ヶ年之内は、去巳年之上納辻を以、米永其外共年々御勘定可致候、尤荏大豆石代金之儀は、年々相場次第増減可有之候事、
一、格別凶年之年柄は、上納辻制外ニ候事、
右の通相心得、十ヶ年之間、出精可相勤候、以上
文政五午年三月
磯崎丹次郎　印
高田　才治　印
二宮　金次郎　殿
右者御知行所村々之儀、御高四千石有余、凡軒別四百有余有之候処、土地柄不宜故哉、追々潰

百姓致出来、漸百四五拾軒相残、夫迚も危迫之者のみ、今日も凌兼、田畑山林亡所同様相成、何分御捨難被置、数年之間開発、入百姓、人別増、種々御手を盡し被進候得共、立直兼、無余儀昨巳年之上納辻を以、拾ヶ年之間開発手段可致旨、被　仰付おゐてハ、開発料扶持米共被ト置候ニ付、出精次第作り取ニいたし、右之潤を以困窮を免、二男三男までも御百姓取立可申候、尤於　御本家ニも御不如意之御中、御年限中開発御入用米金年々被下置候間、右様厚御仁恵を不致忘却、何様ニも致出精、村柄古ニ立戻、御百姓致相続、第一御収納を以、御公務も被為成候様、弥相励可申候、

午三月　　大久保加賀守内
二宮金次郎　印

東沼村
横田村
物井村
名　主
組　頭中
惣百姓

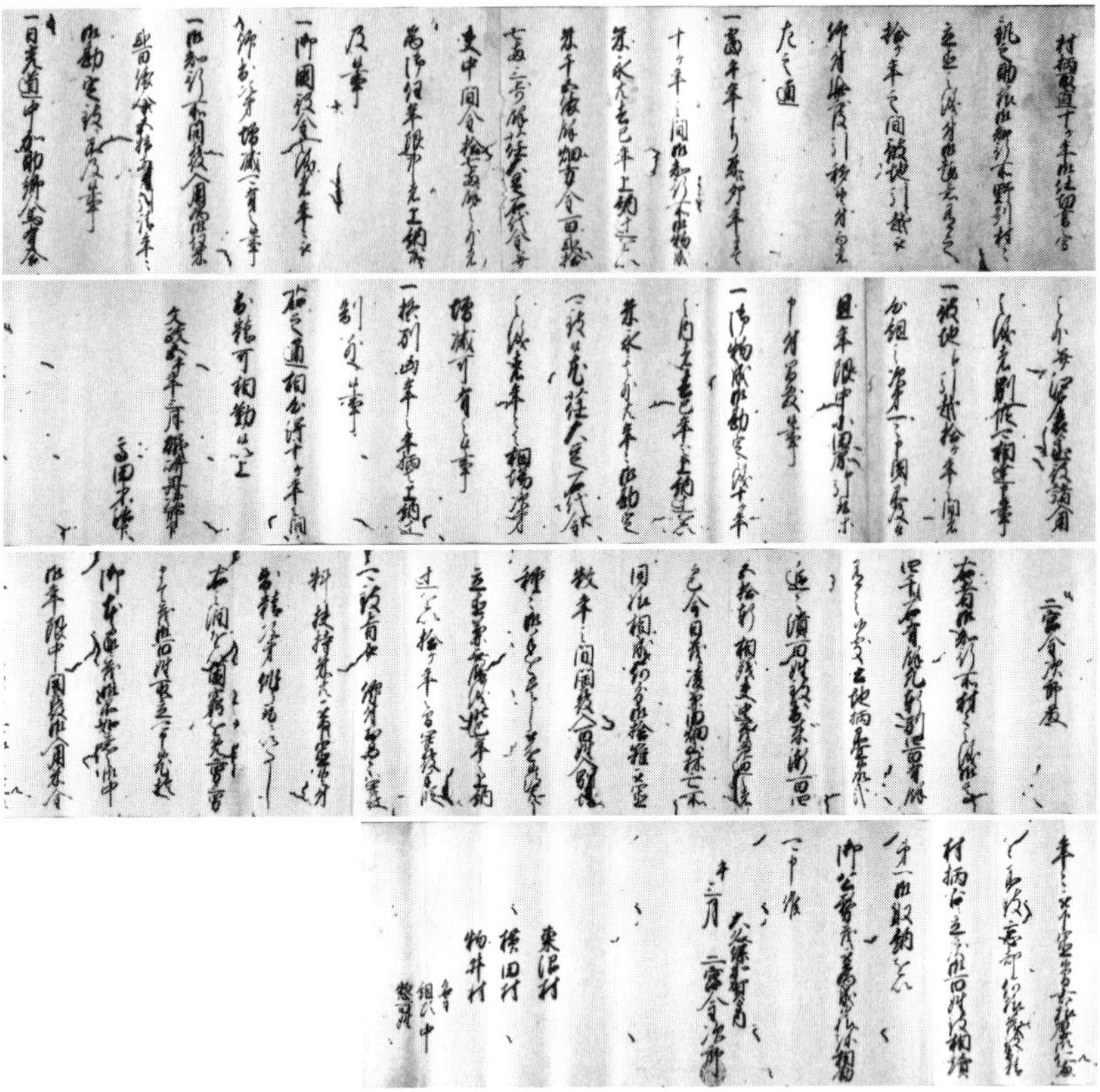

図3　村柄取直十ヶ年御仕切書之写（文政5年：橋本惣平氏蔵、真岡市教育委員会提供）

この史料は、小田原藩が江戸代官磯崎・高田の両名を通じて、桜町知行所の立て直し仕法を十か年契約で二宮金次郎（尊徳）に命じた文書（仕切書）を、尊徳自身が知行所の村役人、惣百姓へ伝達したものである。知行所民に対する尊徳は、「大久保加賀守内」の肩書を用いてはいるものの、小田原藩が仕法を十か年の約束で尊徳に委任する達書が「仕切書」の形式をとったところに、同文書の成立が単なる上意下達ではなく、民間人尊徳との間で小田原藩がとった委託契約の性格が看取される。「仕切書」が締結され、知行所に通達された文政五年三月は、この文書にもとづいて桜町知行所仕法を請け負った尊徳の事実上の開始宣言と見ることもできる。

ただし、この「仕切書」には、前月の「下げ札」の段階にはまだ取り上げられていなかった「御国役金之儀」「日光道中加助郷人馬有合之外、並江戸表より出役諸入用」「格別凶年之年柄は、上納辻制外」などの項目が追加されている。このうち国役金と助郷人馬は公儀役であるから地頭にとって権限を超えるところのある問題だが、凶年の上納辻制外は小田原藩及び仕法の委任を請ける尊徳らが直接対応しなければならない課題である。「下げ札」以後も、小田原藩と尊徳の間で、これらをめぐる交渉が続行されていた経緯を示すものと言わねばならない。

なお、「仕切書」を知行所民に伝える尊徳の伝達書では、「土地柄不宜故哉、追々潰百姓致出来、漸百四五拾軒相残、夫迚も危迫之者のみ、今日も凌兼、田畑山林亡所同様相成、何分御捨難被置、数年之間開発、入百姓、人別増、種々御手を盡し被進候得共、立直兼」と荒廃した知行所の現実と、そこで種々行われて来た立て直し策が効果を上げて来なかった情況が語られ、新たに「開発料扶持米共被下置候ニ付、出精次第作り取ニいたし、右之潤を以困窮を免、二男三男までも御百姓取立可申候」と、新たな施策への意欲が示されている。

翌四月十三日、仕法受諾を決断した尊徳の許に、野州への赴任を促し、手当を給する次の通達が下された[17]（図4）。

午四月十三日

栢山村　金次郎　江

其方儀、釟之助様御知行所江拾ヶ年之内、引越被仰付、在所も引払遠路被申旅用、諸雑費入用も有之旁、彼是不都合之儀ニ可有之、依之金五拾両御手宛被成下候、

これを受けた尊徳は、四日後の四月十七日に仕法準備のため江戸を発ち野州へ向かったが、五月後半に一度栢山村に帰り、八月二十九日に再び栢山村を発ち、江戸からは小田原藩邸からもう一人の桜町陣屋詰め役人武田才兵衛が同行し、二人は九月六日に陣屋に到着した。このときを起点として作成されるようになった「桜町御陣屋日記」が『全集』に収載され

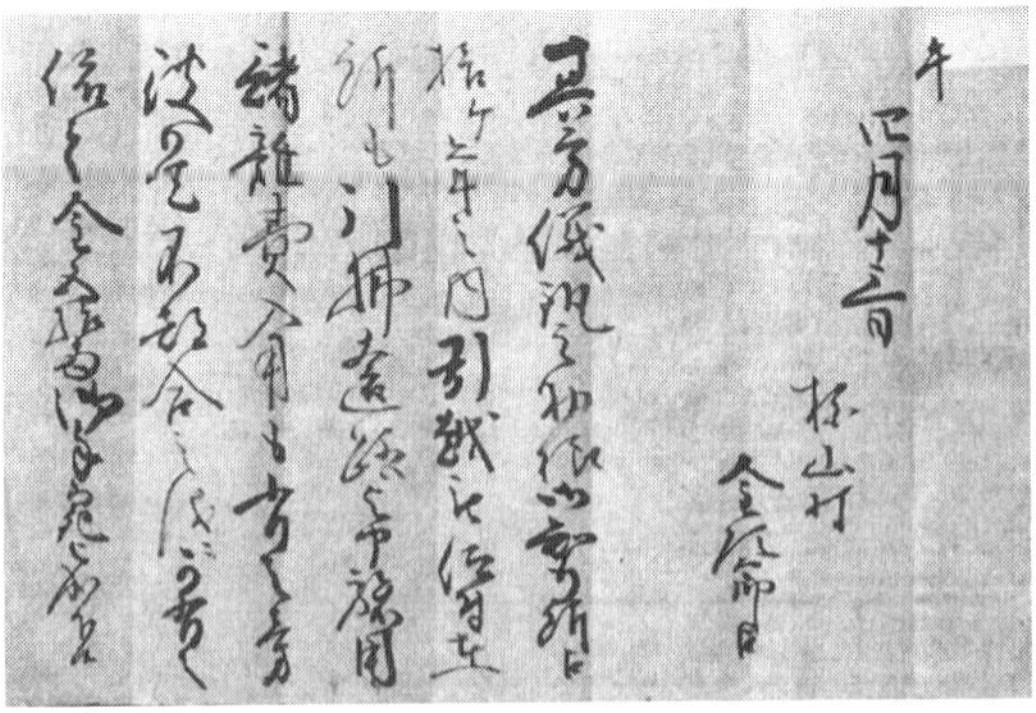

図4　御手当金五十両支給通知（文政5年4月：今市報徳二宮神社蔵、栃木県立博物館提供）

ている。御陣屋日記の作成自体、尊徳の「野州御用」への取り組みが新段階を迎えたことを示している[18]。

2　詰めの交渉

九月末に栢山村に帰省した尊徳は、十一月と十二月にも栢山村—桜町間の往復を繰り返し、年明けにいよいよ一家を挙げ野州へ転居する本格的準備にかかった。その頃、尊徳宛てに発給された文書がある[19]（図5）。差出人の名はないが、内容から見て小田原藩郡方であることは否めない。

文政六年癸未二月二十五日

栢山村　金次郎

其方儀、釼之助御知行所野州桜町江引越しニ付而は、兼而申達候次第も有之通、左之通相心得可申候、

一、野州江家内召連引越ニ付而は、家作其外諸入用有之義ニ付、金五十両達次第被下置候、御扶持米之儀は兼而御手宛も有之候得とも、江戸表も着之上、差支無之

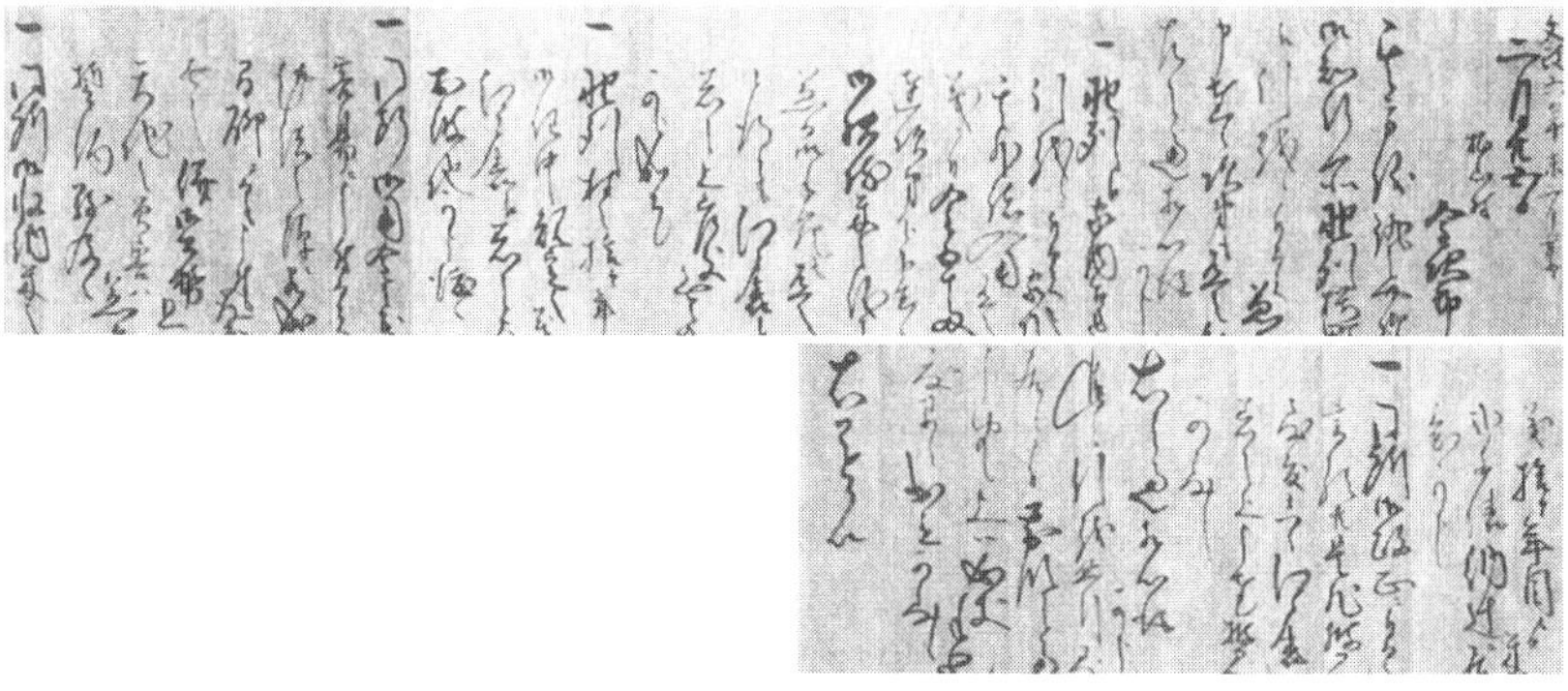

図5　野州桜町へ引越における心得（文政5年4月：今市報徳二宮神社蔵，栃木県立博物館提供）

様可被成下候、
一、野州村々拾ヶ年御任中、規定之儀、江戸表江着之上、於彼地可被申渡候、
一、同断御用金之義、容易ニ申し付而は、趣法之障ニ相成候間、聊ニ而も申付存知無之、併御公務と天地之災害ハ兼而誓約難及候、
一、同所御収納米之儀、拾ヶ年目より米弐千俵、納辻ニ居置可申候、
一、同所御改正ニ付而は、書類共是非披見被致度候ハヽ、江戸表着之上申達候、披見可被致候、
右之通相心得可被申、追々引越延引致居候ニ付、前段之通申聞候上ハ、成丈手廻度、早々出立可被成候、
右懸り以て

文書の発給者がいずれか確定はできないが、小田原藩郡方であることは動かない。尊徳の野州転居が近いことを前提に、五項目にわたって知行所仕法についての心得を申渡している。一項は転赴任にあたっての手宛て支給について、二項は委任期間中、知行所に達すべき規定は江戸で受け取るべきこと。三項は「御用金」は仕法の妨げとなるから賦課しないが、公儀「御公務」と「天地之災害」は確約し難いこと。四項は当面一千俵余とした年貢「収納米」は「拾ヶ年目より米弐千俵」の定免とすること。五項は、知行所改革に関する書類の閲覧は江戸で便宜をはかること、以上である。

右の「心得書」で特に注目すべきは、三、四の項目である。三項は突然降りかかり、仕法の妨げ

にもなる可能性のある問題の取扱方を記している。四項は仕法が委任された十か年以後の新たな「定免」制について、初めて小田原藩の見解を述べたものである。いずれにせよ、尊徳が桜町陣屋に一家を挙げて赴任する直前まで、小田原藩郡方と交渉、調整をはかっていたテーマだったと考えられる。

「心得書」を受け取った尊徳は、三月十三日に栢山村を発ち江戸に向かい、十五日から二十五日まで江戸に滞在、二十六日に江戸を出発、桜町陣屋に二十八日に到着した。このとき、江戸を発つ尊徳に小田原藩及び宇津家から最終的に下されたのが次の布達である。(20)

釩之助様御知行所野州村々立直之儀に付、御趣意有之拾ヶ年之間、彼地引越被仰付、此
　度引移候ては左之通

一、去午年より来ル卯年迄拾ヶ年之間、御知行所御物成米千五俵余、畑方金百弐拾七両三分余、荏大豆石代金并夫中間金拾七両余之外は、為御任年限中不及上納候、

一、御知行所入用、為御任米弐百俵、金五拾両にて引受、年々致勘定不及候、且又右米金は、御台所より御足被成候米金と相心得可申候、

一、彼地へ引越、拾ヶ年之間は心組之次第一々不及申聞候、且年限中小田原へ引越申付間敷候、

一、御物成御勘定之儀、拾ヶ年之内は、昨午年上納辻を以、米永其外共可被致勘定候、尤荏大豆石代金之儀は、時之相場次第増減可有之候、

一、年々割付之儀は、昨午年之通正業を以相渡、尤下ケ札に増減可有之候、右之通相心得拾ヶ年之間出精可相勤候、以上

文政六癸未年三月

磯崎　丹次郎　印

茂盈　花押

高田　才次　印

武正　花押

二宮　金次郎　殿

前書之通、拾ヶ年之間為任置者也

釩之助

教成　花押

この布達（文政六年布達）は、小田原藩の江戸代官二人が実名で連署連判した上に、宇津家当主の奥書が添えられており、前掲「文政五年三月仕切書」を継承するかたちで、尊徳が仕法委任を受けるべく交渉を重ねてきた結果がここに集約、再確認されるものとなっている。ただし、「仕切書」にあった条項がすべて踏襲されたわけではなく、省略されたものがあった点にも注意して置きたい。まず二箇条目、四箇条目にあった国役金、加助郷役についてあるが、これらは公儀役に関わる問題

であるだけに、省かれたのもやむをえない。だが、「仕切書」の七箇条目にあった「格別凶年之年柄は、上納辻制外ニ候事」の条項が省略されたことは、以後の仕法に重大な影響を残す可能性もたらすものであった。

また、わずか一か月前に小田原藩郡方から尊徳宛てに下されていた「文政六年二月野州引越心得申渡」の四箇条目にあった「同所御収納米之義、拾ヶ年目より米弐千俵、納辻ニ居置可申候」の条項も、ここでは姿を消してしまい顧みられていない。交渉過程で一度確認された筈の条項が省略されていることは、小田原藩あるいは宇津家側にこれらの条項を掲げたまま布達を尊徳に与えることを躊躇する意向のあったことを示している。

むすびに

小論は尊徳が文政四年四月に桜町知行所の現地調査を命じられ、初めて野州に向かってから小田原藩及び宇津家との間に進めてきた知行所の復興仕法をめぐる交渉の跡を検証してきた。

この間、依頼主である小田原藩から尊徳が与えられた地位は、文政四年九月二十一日に小田原藩が発給した「野州村々立て直し方御用申付候、依之名主格申付、御扶持三人分被下置、右御用ニ付彼地江罷越候節は、帯刀御免」という申達に止まる。その身分はあくまで「栢山村百姓　金次郎」で、当初の任務は既に桜町陣屋に赴任することが決まっていた小田原藩役人の補佐役程度に見なされていたのではないかと推測される。

しかし、桜町から戻った尊徳は自ら行った現地調査の結果にもとづき、文政五年正月に桜町知行所立て直し計画書（「伺い書」）を取りまとめ提出し、同年三月までに小田原藩からその大筋を容認する「村柄取直十ヶ年御仕切書」を取り付け、自ら桜町知行所三か村に「大久保加賀守内　二宮金次郎」の名で布告することに成功した。小田原藩が交付した文書の宛所は相変わらず「栢山村百姓　金次郎」だったが、それを知行所三か村に通達する際の文書の差出では、自らを「大久保加賀守内　二宮金次郎」とし、桜町の現地役人の間では既に主導権を握りつつあった。

また、小田原藩が発行した右の「御仕切書」の体裁は、旗本が金主との間に「勝手賄い」契約取り結ぶ際、金主に対し契約内容を提示する「議定証文」の形式に酷似し、通常の上意下達文書形式とは異なり、事業の委託（請け負い）契約的意味合いが濃厚なものとなっていた。これらの「伺い書」「御仕切書」に見られた知行所立て直し策は、その後一年ほどの交渉を経て、文政六年二月の「野州引越心得申渡」と同年三月の野州出立直前に尊徳に示された「野州村々立直仰渡」に集約されるが、その内容は、知行主へ仕送りする米金や、金主への借財返済法に重点を置くより、むしろ契約期間中に領主の恣意を抑制することで、桜町仕法を執行する駐在役所（桜町陣屋）、就中、尊徳の自立性を確保することで、住民の生活改善と、荒廃地の再開発に重心を置く桜町知行所復興策の特色を形作った。自家の再建には手腕を発揮しても、未だ知行所支配は未経験であった尊徳が、桜町仕法を請け負う初期段階から、このような自立的立場を確立して臨んで行ったことは注目に値することである。

註

（1）『全集』の編者佐々井信太郎は、報徳仕法の諸様式を考察し、仕法の対象が等しく社会生活における衰貧の事実であるのに対し、仕法の主体はその発動機関がいずこにあるかによって、「行政式」「結社式（自治式）」の二つに分類できるとされた（『二宮尊徳研究』岩波書店、一九二七年）。

（2）拙稿「旗本宇津家知行所仕法の請負について―報徳仕法の歴史的評価の方法をめぐって―」『人文学会紀要』（四〇号、二〇〇八年、国士舘大学文学部）は、桜町仕法では、小田原藩と金次郎が領主と領民の間柄であるにも関わらず、きわめて契約性の濃い関係として処理され、覚書が作成、取り交わされ、しかもその契約内容が、領主の支配の手続きを経て確認、成立した上で、広く領民に告知された事実に注目し、これは資金融通を求める領主が「勝手賄い」を依頼するにあたり、知行所村に金主へ年貢米を引き渡す契約を結ばせ、その文書に自ら裏書き保証を与えた文書手続きの慣習を背景としていたことを指摘した。

（3）『全集』第十巻、二四〇～八頁。「御知行所三ケ村前々高免御収納米永取調帳」の表紙上書には、「文政五壬午年正月改之　二宮金次郎」とあり、調査報告書の出された時期がわかる。

（4）『全集』第十四巻、一〇〇一～三九頁。「野州芳賀郡桜町御用雑用控帳」の表紙上書は、「文化四辛巳年八月吉日より」とあるが、これは写本作成時か、印刷刊行時に「文政四辛巳年」を誤り、翻刻したものであろう。

（5）「巳（文政四年）九月　名主役格申渡」（日光市　今市報徳二宮神社文書、栃木県立博物館・一九九六年四月・企

画展図録『二宮尊徳と報徳仕法』収載）。尊徳が正式に小田原藩大久保家から士分の扱いを受けるのは、文政九年五月で、これは『全集』所収の桜町御陣屋日記に記載があるが、小田原市の佐藤貞子所蔵文書のなかに、「文政九年五月　其方義被召抱、郡奉行支配組徒之格ニ申付、依之御切米五石、御扶持弐人分被下置候」とある。したがって、これ以前の尊徳は基本的にはまだ百姓身分であって、正式に「大久保家御内」とは言えない。

（6）『全集』第十巻、七九二〜三頁。

（7）文政五年四月二十九日「野州御知行所東沼村横田村物井村三ヶ村借用金取調帳」『全集』第十巻、二四九頁。これによれば、当時、知行所三か村から、累積していた借金返済のため、日光山御修復金を新たに借り入れる申請の動きが起きていた。これへの対応のため、文政四年に小田原藩江戸代官磯崎丹次郎が桜町に出張していた。借金計画はその後撤回されたが、この問題の処理過程から尊徳の関与が見られる。彼の行った献策が新たな借金計画を思い止まらせる要因となったと推定される。

（8）「野州芳賀郡桜町御用雑用帳」『全集』第十四巻、一〇〇一〜三九頁。

（9）「文政四巳八月より十月まで　御知行所被仰渡書留」『全集』第十巻、七九〇〜九三頁。この史料の稿本は国会図書館にあるが、『全集』に付された解説にある通り、史料原本の上書は、もともと「御知行所儀定書并被仰渡書留」となっており、末尾に天保四年の議定書が合綴されていたが、『全集』に収載される時に、議定書部分が分割削除され、同時に表紙上書から、儀定書の文字が「見せ消ち」されたものである。

（10）『全集』第十巻、七九七〜八〇三頁。全集所収の仕法関連文書には、幕臣となった尊徳が、幕府勘定方へ提出するため、過去の仕法記録を整理、再編した写本や、それらを合綴した編纂物が稿本とされた例が少なくない。そうした場合、文書の各所に意図せざる改変が加わった可能性がある。この「平均帳」にも、奥書と署名の間に、突然、不自然に古典から以下の二つの引用が加わる。「語曰、殷因於夏禮所損益可知也、周因於殷禮所損益可知也、其或継周者雖百世可知也。」と、「又曰、尊徳性而道問学、致広大而盡精緻、極高明而道中庸、温故而知新、執厚以崇禮。」前者は「論語」為政第二、後者は「中庸」である。きわめて実務的調査書の奥書にわざわざこのような古典引用を添えたことに不自然さを禁じえない。しかし、作成する仕法関連文書の多くに盛んに古典引用することは、天保期半ば以降、特に天保末期からの尊徳文書によく見られる特徴である。「平均帳」の稿本が天保中期以降に作成された写本である可能性がある。

(11)『全集』第十巻、八〇三～六頁。

(12) ただし、稿本後半にある「御仕法村永久相続方治定取調之事」に、写本作成時とはあきらかに異筆である後筆部分が二か所ある。「古語曰、與其有聚斂之臣、寧有盗臣と云り、自己之手柄立而已其儘捨置候はゞ、土地柄故哉、又如元荒地と罷成可申哉も難計候」と「古語曰、民惟邦本、本固邦寧と宣り」の二か所で、前者は「大学」の伝十章から、後者は「書経」の五子之歌からの引用である。『全集』第十巻に続いて所収される「宇津凡之助様御知行所荒地開発窮民撫育難村旧復之趣法御土台帳」は、「従文化九壬申年至文政四辛巳年」の年紀にもかかわらず、内容は文政の知行所仕法開始以来、嘉永年間に至るまでの桜町仕法の全経過を概述する記録である。その冒頭にある記録は「伺書」と同じ原本からの写とみられるが、そこに記された尊徳の署名には、「伺書」にあるような肩書は記されていないが、「伺書」より、さらに多くの古典引用がなされている。

(13) ここで云う「定免」は、通常一般に用いられる意味と異なる。一般に云う定免は、領主が知行所村に賦課する米永額を定額に固定することを指すが、ここでは仕法を引き受けた尊徳が、宇津家に納める米永額は一定に据え置かれるが、尊徳が知行所村から徴収する米永は、毎年実施する毛見によって決定される。

(14)『全集』第十巻解題。この史料稿本は写本であることは、解題の筆者（佐々井信太郎）自身が述べている。おそらく、本文の編集が完了した後に発見されたため、本文に収録できなかったものであろう。

(15) 小田原藩が「下げ札」を付し解答した文書の末尾にある「五郎右衛門殿へ相伺候処」とある「五郎右衛門」は、実は「御家中先祖並親類署」にある小田原詰の勝手方用人石原五郎左衛門であると考えられる。

(16)真岡市東沼　橋本惣平家文書。
(17)日光市　今市報徳二宮神社文書（栃木県立博物館企画展図録所収）。
(18)「従九月至十二月　文政五壬午年日記帳　桜町御陣屋」『全集』第三巻、二頁。
(19)日光市　今市報徳二宮神社文書（栃木県立博物館企画展図録所収）。
(20)同布達は、「宇津凡之助様御知行所荒地開発窮民撫育難村旧復之趣法御土台帳」（『全集』第十巻、八〇六〜一九頁）の中に朱書で挿入されている。また栃木県立博物館企画展図録中に、小田原市の佐藤貞子氏所蔵文書として同様の史料が紹介されている。
(21)旗本勝手賄いについては、末岡照啓「近世における旗本救済策と勝手賄いの特質」『國史学』（一三九号、一九八九・一〇）に詳細な事例紹介と分析がある。

第四章　桜町仕法と報徳思想の成立

――仕法着手の史料論的研究――

はじめに

　報徳仕法は、壮年期の二宮尊徳が小田原藩の依頼を受けて、桜町領（旗本宇津家知行所）仕法に取り組むなかで原型が形づくられた[1]。尊徳はその後も諸家仕法を指導しつつ、幕臣となった晩年、門人の補佐・協力も得てさらに仕法を拡大、思想の体系化を進めた。報徳思想草創期の仕法とその裏付けとなった思想の実態を捉えようとすれば、報徳仕法をはじめから完成されたものとして扱うのではなく、萌芽しまだ間もない時期と、原型の成立期、さらにその後、体系整備の施された時期の状況を峻別しながら、仕法の着手から完成期までを段階を追って検証する必要がある。その過程で尊徳が仕法に取り組む手法や基本精神がどう変化し成長するかを確認することで、仕法と思想の

図6　復元された桜町陣屋（真岡市物井）

成長を促した歴史的契機をあきらかにしてゆく必要がある。

　尊徳が依頼を受け桜町領仕法に着手して行く経緯は、『全集』なかんずく同第三巻所収の桜町陣屋日記などから概ね窺われる。しかし、尊徳が作成した仕法案の中味や小田原藩との具体的交渉の内実はそれだけでは十分に尽されず、『全集』第十巻仕法桜町領（一）「其三　報徳仕法着手」のうち「い　仕法土台の決定」に収録する諸史料の検討を要する。同史料には仕法案の作成、伺書提出、小田原藩との交渉から仕法案の採択、委任という一連の経緯に関する尊徳の取組み方、その背景をなす思想の実態が具体的に記録されており、当該期研究の第一次的史料と云える。(2)

　しかしながら右の「い　仕法土台の決定」所収史料には、使用にあたり注意すべき問題が数多く存在する。従来、その点はあまり検討されて来なかった。小考は前述の目的でこれらの史料を用いるため、その稿本に立ち戻り史料の取扱いを見直した上で、報徳思想成立前後の変化の実相を見極めたい。報徳思想は、仕法着手時には未だ萌芽的であったものが、桜町領仕法を通して成長・進化を遂げ、天保中期にその原型を成立させた。小考は天保中期に成立して間もない報徳思想の原型を仕法着手時の状態と比較し、その間における思想の成長・発展を足跡を見極めることで、晩年さらに体系化を進める前提をあきらかにして置きたい。(3)

第一節　仕法計画の作成準備

『全集』第十巻「其三　報徳仕法着手」のうち「い　仕法土台の決定」は、この節全体の解題「いノ一　桜町領仕法着手に至る事情」を除けば、尊徳が仕法計画案を策定、小田原藩と交渉、藩の承認の取付に至る経緯を記した史料一〇点（いノ二〜十一）を収録する。ここではそのうちの「いノ二〜四」の仕法計画作成準備段階の史料を検討する。

冒頭、編者が「いノ二　御知行所被仰渡書」と題した史料の稿本には、「文政四巳年八月より同年十月まで　御知行所儀定書并被仰渡書留」（傍点筆者、以下同じ）と上書した表紙が付されている。(4)

同史料は全集の解題に、翻刻にあたって稿本原本から天保四年飢饉時の儀定書に関する部分を削除、残りの「被仰渡書留」の部分だけを収録、その際、表紙上書からも「儀定書并」の文字を削除したという。収録史料は、宇津家当主直書、宇津家家老代田五左衛門申渡、小田原藩郡奉行仰渡の三文書からなる。すべて領主側が仕法開始を知行所民へ布達するため発行した文書である。当時これを知行所三か村に伝達する立場にあった二宮尊徳の署名が末尾にあり、「文政四壬巳年十月二十日

小田原　二宮金次郎」と記されている。(5) 自筆署名ならば「金治郎」となるべきところ（尊徳の自筆署名は生涯「金治郎」である）だが、稿本には「金次郎」とあり、筆跡も合わせ見て「いノ二」の史料は稿本そのものが後年別人の手で転写されたもので、その転写時期は、「い　仕法土台の決定」に含まれる他史料の内容も合わせ検討し、天保中期から嘉永期までの間、就中、尊徳が幕臣となって日光領仕法に向かわんとしていた頃と推定される。「い　仕法土台の決定」の項に、仕法着手時の史料として収録されるものの多くが、実は天保〜嘉永期に存在した原本から転写され、幕府勘定方への上申書類として新たに編集上の文飾が一部加えられた史料である可能性が高い。(6)

次の「いノ三　御知行所開発御入用調」について、全集解題は、仕法着手時に尊徳が仕法立案のため作成したものと注記する。稿本表紙には、「従文政四壬巳年十月、至天保八酉年九月　宇津釩之助様御知行所開発御入用取調帳　二宮金次郎」とあり、巻末にも「今般小田原、駿相御領分、極難村々取直方、右同断取行可申旨被仰付候に付、先去る文政四巳年十月より、天保八酉年九月分迄、拾六ヶ年之間御仕法御入用米金、取調見候処如斯御座候以上　天保八丁酉年二月　二宮金次郎」と

あって、本文ではこの間に拠出された「御任せ御入用米」の相場が年々変動する様子を記録しているから、文政四、五年に将来を予測し策定した計画書ではなく、天保八年に尊徳が小田原藩から救急仕法を依頼された際、桜町領仕法の実績を調査し作成したものである。なお、末尾にある「金次郎」の署名や筆跡から見ても自筆書ではない[7]。稿本表紙上書の「至天保八酉年九月」は朱書されており、後年に史料が整理された際の加筆と考えられる。

次に表題「いノ四　御趣法御土台金平均帳」の稿本表紙上書は、「従文化九壬申年　文政四辛巳年迄　拾ヶ年御物成米永共　御趣法御土台金平均帳」となっている。仕法以前十か年の知行所物成米永の実態調査を行い、その平均が米九六二俵二斗五升五合八勺、金一三〇両・永五二六文三分八厘であることをあきらかにした記録であり、これが仕法準備のため行われたことは一目瞭然だが、筆跡や巻末署名「文政五壬午年改之　二宮金次郎」から見て、やはり尊徳自筆書ではなく、当時の調査結果をもとに、後年別人の手で転写された史料と云える。それを傍証するものとして、史料末尾に古典を引用する二行の付記がある[8]。

語曰、殷因於夏禮所損益可知也、周因於殷禮所損益可知也、其或継周者雖百世可知也。
又曰尊徳性而道問學、致廣大而盡精微、極高明而道中庸、温故而知新、敦厚以崇禮。

一行目の「語曰」は、『論語』為政第二（二―三）からの抜粋で、「殷は夏の禮により損益する所知るべし、周は殷の禮により損益する所しるべし、其れ或いは周に継ぐ者、百世と雖も知るべきなりと。」による。また二行目の「又曰」以下は、『中庸』第十五章の「徳性を尊びて問學に道り、廣大を致して精微を盡くし、高明を極めて中庸に道り、故きを温めて新しきを知り、敦厚にして以て禮を崇ぶ。」による。

文政四・五年の仕法着手時に宇津家の年貢収納上限を定める実務的な作業中に、果たしてこのような古典引用を行うものか、また実際に行った場合、小田原藩や宇津家用人との交渉の場において、それが功を奏するものか。前掲「いノ三」が、「其三　報徳仕法着手」時の史料として編集されながら、実際は内容から見て天保後半以降に作成された文書に間違いないこと、そして「いノ四御趣法御土台金平均帳」の稿本じたいが、後年、おそらく天保期以降転写の可能性が高いことを考え合わせれば、この古典引用も天保後半期以降に転写・編集され、加筆された可能性を否定できない。(9)

ここに見た仕法計画策定過程の史料には、後年編集の手が加わった部分が多数あると推定されるが、後述する通り原本を引き継ぐ部分からは、仕法計画立案当時、宇津家年貢収納の上限を定めるにあたり、過去の実績にもとづき合理的に設定する作業が行われていたことを確認できる。

第二節　計画案伺書の提出

次に尊徳が小田原藩に仕法計画の伺書を提出した史料として、「いノ五　桜町領内仕法方案伺書」を検討する。作成目的から着手時の仕法への取り組み方、その背景をなす精神の有りようを端的に示す筈の史料である。(10) 同史料の稿本表紙には、「文政五壬午年正月　御分知宇津釩之助様御知行所三ヶ村荒地起返難村旧復之仕法取行方奉伺候書付　二宮金次郎」と、やはり解説調の長い表題が上書され、作成者尊徳の署名がある。署名は本文中も含め、すべて「金次郎」で、そのうえ末尾の署名には、「文政五午年正月　御普請役格　二宮金次郎」と、文政五年仕法着手時にある筈もない肩書までが付されている。(11) 以上から、この史料稿本は仕法着手時の原本でなく、尊徳の自筆書でもないことがあきらかである。後年、尊徳がすでに幕吏となり「御普請役格」の肩書を持った時期、おそらく嘉永五〜六年頃に作成された写本であると推定する。そこで内容解釈にも、そのことを充分考慮した取扱いを要する。

前述の通り「いノ五」の稿本表紙上書は、「（前略）仕法取行方奉伺候書付」と、一応「伺書」の体裁を凝らしているが、中味は、①「荒地起返難村旧復之仕法平均御土台取調之事」、②「荒地起返難村旧復之仕法入用金産出方之事」、③「御仕法村永久相続方治定取調之事」の三つの文書（いずれも稿本上書、①〜③の番号は阿部が付す）からなり、かならずしも「伺書」の形式が整っているとは云い難い。

このうち①「荒地起返難村旧復之仕法平均御土台取調之事」は、前掲「いノ四」の稿本にある知行所年貢収納高の調査結果を受け略記した後に、過去十か年の平均額、米九六二俵二斗五升五合八勺、金一三〇両・永五二六文三分八厘を算定して、それを「天命自然之運数」と呼び、以後十か年間、宇津家年貢収納の上限と定め、もし上回る年貢収納があれば「仕法入用米金」として尊徳の運用に任せ、その替わり領主にこれ以上の負担はかけないとする原則を表明する。高尚な仁道論や天道人道哲学の開陳はいっさい無い。しかし、それに代えて現実的かつ合理的な方法で上納の上限額（向十ヶ年の定免額）を示し、その条件が受け容れられるならば、「土中に埋れ居候無盡之米金を以、荒地起返取立遣候はば、如何なる難村といへども急度旧復仕候」と、荒地再開発に関する「独創的」思想とその確信が表明される。これは文政五年の仕法着手時から尊徳が、継続可能な「天命自然之運数」である、との意義付けとともに掲げた仕法の大原則であり、尊徳にとってきわめて重要な基本スタンスであった。[12] ただし、この段階では、後年、多用される「分定」「分度」などの用語は未だ使用されず、「天命自然之運数」以上の理念説明もなされていない。

次の②「荒地起返難村旧復之仕法入用金産出方之事」では、①の伺い案が承認され「仕法入用米金」の運用が任せられれば、「土中に埋れ居候無盡之米金を取増、御知行所之儀は勿論、前後左右何方迄も、急度荒地起返、難村旧復仕候」と云い、桜町領の復興はもちろんだが、周辺他領域までも仕法効果を及ぼすことが可能だとの自信と決意が表明される。②の末尾に①にはなかった「文政五

午年正月　二宮金次郎」の署名があり、①と②とを合わせ一文書とする体裁での編集整理が為されていた。[13]

右の文書中、傍線部分には仕法を桜町領内に止め置かず、周辺他領域まで拡大せんとする強い意思が感じ取れる。しかしながら、こうした「仕法の他領拡大」の意欲と姿勢が尊徳のなかに成長して現実的課題と成るのは、じっさいは桜町領仕法が初期十か年の契約期間を終了する天保二年以降であり、文政期にはまだその余裕も必然性もなかった発想である。[14]したがってこの部分にも天保中期以降、転写された際に文飾が加わったと考えざるをえない。

次の③「御仕法村永久相続方治定取調之事」は、尊徳が仕法着手時に、仕法十か年後の達成目標を「永久相続方治定」として示した、とされる史料である。尊徳は目標値を試算するため、まず知行所三か村の「古今盛衰」を考慮し、桜町領成立期の元禄十二年から享保頃の「本免」（米三一一六俵三斗四升六合二勺、金二〇二両一分二朱・永七〇文）と、最近十か年すなわち文化九年から文政四年までの「平均免」（米九六二俵二斗五升五合八勺、金一三〇両二分・永二六文三分八厘）を平均して、米二〇三九俵三斗一合と金一六六両一分二朱・永一一〇文六分八厘を割り出し、これを十年後、仕法完了時の新たな達成目標値とする方法で仕法計画案の根幹を示した。

この目標が達成されれば、宇津家は最近十か年の平均収納高よりも一〇七七俵四升五合二勺、永三五貫九五九文三分一厘の取り増し（増収）となり、知行所民も過去の「本免」（高免）に比べてほぼ同額の減免（軽減）を獲得する。

その後、桜町領仕法は十か年の仕法期間を経て、終了予定の天保二年には、現実に田方上納米二千俵に迫るまでの実績を残し、五か年の延長期間中にほぼ目標を達成する。当時、旗本知行所で行われる勝手賄いが、緊急資金のやりくりや当面の財政収支改善レベルに止まるなかで、桜町領仕法計画案は、文政四、五年の着手時点で、十年後の達成目標をかなり正確に設定する現実性と巧妙さを兼ね備えるものであったことが分かる。立案者の構想力・洞察力の非凡さを認めざるをえない。

仕法計画の達成目標をこうした絶妙の方法で試算した後、尊徳は、さらに③の末尾で

尤向後之儀難計候得共、盛衰貧富之両道、暫も邑里を離るゝ事あたはず、若し収納地利に勝時は、自ら家数人別相減じ、又地利に劣時は、家数人別相増可申候、古より或は富、或は窮し、天自然に取続罷在候平均度を以、御定免被仰付被下置候はゞ、安穏無事に急度永続可仕と奉存候、此段奉願上候、以上

文政五午年正月　　御普請役格

二宮金次郎

と述べている。[16]「天自然に取続罷在候平均度」をもって「定免」とし、上下（領主領民）を満足させる復興目標（米二千俵、金百六、七十両）を設定する桜町領仕法の原理が示されている。

ところで「いノ五」の稿本は、①〜③すべてが同筆同料紙で転写されているが、そのうち③の稿

本だけに、見て直ぐ分かる後筆の挿入箇所が二か所ある。後筆は二つとも「古語曰」で始まる経書からの引用句で、一つは「古語曰、與其有聚斂之臣、寧有盗臣と云り」（傍線箇所は『大学』第六章四）であり、もう一つは「古語曰、民惟邦本、本固邦寧と宣り」（傍線箇所は『書経』五子之歌）である。仕法の関係書類に古典章句の引用が多用されるのは天保期後半から嘉永期にかけてであり、この二つの挿入句とも「いノ五」の文書全体が編集・転写された時期の加筆と考えられる。[17]

さらに、右の二か所の加筆に挟まれるかたちで、次のような文言が挿入されている。

野州芳賀郡東沼村、横田村、物井村之儀は、追々荒地起返、村柄取直仕法成就仕候共、古語曰、與其有聚斂之臣、寧有盗臣と云り、自己之手柄立而已其儘捨置候はば、土地柄故哉、又如元荒地と罷成可申哉も難計候、荒地起返、家小屋致普請、村柄取直方之儀は、僅十ヶ年又は弐拾ヶ年、或は三拾ヶ年、右田畑作立、御年貢諸役高掛物等相納残米穀を以父母妻子眷属を養ひ、子孫永続千代、萬歳無懈怠御百姓相続仕候田畑起返之儀に付、地味之善悪は勿論、取穀多少増減能例、追々御趣意を慕ひ相増候人民、永久相続方治定仕、為致安堵申度奉存候、古語曰、民惟邦本、民惟邦本、本固邦寧と宣り、是非共始終を盡し置申度」（ゴチック部分は前掲の加筆箇所）

これを見ると、傍線aは、知行所三か村の荒地開発がすでに実績を残し、かなりの成果をあげてきたことを前提とする文言と読める。傍線ｂも、仕法の成果があがり尊徳の業績が評価されるようになったことを踏まえての文言と読める。また傍線ｃは、一度あがった成果が手を抜くことで逆戻りすることを強く警戒し、仕法を中途で終わらせる訳には行かぬ、とする天保二年以降、天保中期ならではの尊徳の危機意識が読み取れる。傍線ｄは、当初十か年の契約期間はすでに終わったが、本来、この種の仕法は二十か年、三十か年と継続しなければ真の成就はないという、やはり天保中期以降の尊徳の考え方の特徴が表れている。最後の傍線ｅとｆには、仕法に期待する領民を裏切らぬよう最後まで事業を継続し、仕法成果が永続するまで仕上げするべし、との強い主張がこめられている。

このように読み取れば、右の文章は全体として、桜町領仕法第一期十か年がすでに終了し、仕法の延長・永続策がさかんに議論される段階、すなわち早くても天保二年以降、むしろ仕法が五か年間延長された期間（天保三～七年）以降に、仕法着手時からの経緯を振り返りながら、尊徳が仕法継続の正統性、上下（領主領民）安泰の「永久相続」、さらに仕法は支配の枠組みを超えて他領分でも有効であることについて、自らの見解を示す必要が生じた時点で、それまで保存されてきた史料原本をもとに、加筆・修正の手を加え、編集整理した上で、③の一部に挿入編集されたと考える。そう考えれば、③の稿本上書そのものが「御仕法村永久相続方治定取調之事」とされていることも、末尾の金治郎の署名に「御普請役格」の肩書きが不容易に追加される結果となったことも首肯しうる。

以上の通り、③の文書には後年、多くの加筆・修正が加わった形跡が濃厚である。とすれば、次にもう一つ確認しておくべきことがある。③の史料の眼目でもある仕法十年後の達成目標値の設定についてである。③の史料そのものに後年の文飾の可能性が濃厚とすれば、尊徳が仕法着手時から仕法の到達目標に見せた、非凡さ、構想力、将来への洞察力の評価にもかかわることになる。しかしながら、この点については、尊徳が文政五年に「仕法伺書」を提出した際、前述の二千俵余をおよその達成目標としていた事実が、仕法計画策定最終段階の文政六年二月二十五日に、桜町へ赴任する直前の尊徳に小田原藩郡方が手渡した「相心得可申候」（いわば「桜町勤務心得」）の第四条目に、「一、同所御収納米之義、拾ヶ年目より米弐千俵、納辻ニ居置可申候」と規定していることから、およそ二千俵を仕法計画十ヶ年の達成目標とし、完了後はそれを「定免」額とするとの合意ができつつあった事実が確認できる。(18)

結論を言えば、文政五年の伺書は本来、「天自然に取続罷在候平均度」をもって、宇津家への「上納米金に上限を設定」し、それを「超過する分を仕法運用」することの承認を求めたものであり、合わせて「十か年後の達成目標を納米二千俵定免」の水準に設定しようとしていたことが確認された。(19)

第三節　仕法経過を総括する史料

文政五年正月に伺い（「いノ五」の原本）を立てた結果、採択されたのが「いノ六　趣法土台帳」だと全集は解題している[20]。稿本表紙には、「従文化九壬申年　至文政四辛巳年　宇津凡之助様御知行所荒地開発窮民撫育難村旧復之趣法御土台帳　二宮金次郎」とある。しかし、内容はそれと異なり、年代の違う複数文書を合綴、しかも全体は同筆同料紙で作成され、表紙には「金次郎」とあることから、尊徳の自筆書ではなく、仕法着手よりかなり後年（おそらく嘉永五〜六年、日光神領仕法の受命期）になり、過去のいくつかの文書を素に尊徳の意思で編集され、別人の手で浄書された文書と云える。

「いノ六　趣法土台帳」には、次の①から⑥の六つの文書が合綴されている。稿本に表題や年月記載のあるものはそれを使い、欠けているものには（　）で仮の表題や推定年月を付して左に示した。

①「（文政五年正月）　荒地起返難村旧復之仕法平均御土台取調之事」。②「文政五年正月　荒地起返難村旧復之仕法入用金産出方之事」。③「文政五年正月　御仕法村永久相続方御尋に付取調之事」。④「文政六年三月（二宮金次郎宛小田原藩江戸代官仕法委任仰渡書ならびに追而書）」。⑤「天保八年　荒地起返難村旧復之仕法入用金正業取調之事ならびに追而書」。⑥「天保八年〜嘉永六年二月　難村旧復仕法由来書」。

「いノ六　趣法土台帳」の稿本表紙（「従文化九壬申年　至文政四辛巳年　宇津凡之助様御知行所荒地開発窮民撫育難村旧復之趣法御土台帳」）に、内容がそのままあてはまるのは、①「文政五年正月　荒地起返難村旧復之仕法平均御土台取調之事」だけである。①は前掲「いノ五　桜町領内仕法方案伺書」の①とほぼ同じ内容で、「いノ五」の①の内容を変えずに詳細を尽くす方向で加筆され、一方、「いノ五」①にある文言の一部が削除されたところもある。なお、①には年月日の記載がなく、②の文書と一括取り扱われたことも「いノ五」収録史料と同様である。

つづく②「文政五年正月　荒地起返難村旧復之仕法入用金産出方之事」も「いノ五」の②とほぼ同様の文書で、年貢収納の上限を超す米金の仕法運用を求める伺書であること、その末尾の「文政五午年正月　二宮金次郎」の署名があることも同じだが、その直前に次の長文加筆がある点は注意を要する。[21]

右仕法入用金産出方御尋に付、野拙幼年之時、貧窮に生れ、暮方に差迫り、他之富貴を願ひ、其根元を案ずるに、何れも夏は炎天を凌ぎ、冬は雪霜を頂き、風雨寒暑之憂を不厭、朝より夕迄、田に出、畑に出、耘り耕し、其実法を以て、年々歳々、幾度も繰返し、起返せば、米麦雑穀湧出るが如く富栄へ申候、[a]古しへ天地開闢より今日に至る迄、相開ヶ、家毎銘々安穏無事に相続罷在候神国之大道に基取行、[b]書曰若、稽古帝堯、曰放勲欽明、文思安安、允恭四表、格于上下、克明俊徳、以親九族、九族既睦平章百姓、百姓昭明協和万邦、黎民於変時雍と宣り、[c]経曰、願以此功徳、平等施一切、同発菩提心、往生安楽國と宣り、神儒仏の三道、いづれも自ら行ひ、其功徳を譲り施すの外無之旨治定いたし、無盡開倉積[d]と名付く、荒地壱反歩起返し作立、其実法の半を食ひ、半を譲れば、古語曰[e]、一家有譲一国興譲とかや、年々繰返し起返せば、僅六十年に及て億万の廃地起返り耕土と罷成、米麦雑穀産出し、上王公より下庶人に至迄、安楽自在に罷成、此道盛なる時は富栄へ申候

この加筆箇所のうち傍線aは、「天地開闢」以来「安穏無事」に続いてきた我が国の歴史を「神国之大道」に基づくと位置づける捉え方は、文政後半から天保前半期にかけて鳩ヶ谷三志をはじめする不二孝導師との交流を通じて尊徳の思想となったもので、文政四、五年の仕法着手時にはまだ表明されることのなかった思想であるから、この長文の加筆自体が仕法着手時のものでないことを示唆している。つづく傍線b、c、eは経書類からの引用や神儒仏三道にもとづく「譲徳（徳を譲る）」の思想は、青年期に「孝経」などから学んだ下地があるにせよ、いずれも天保期以降の思想形成過程で尊徳のものとなり、実践的倫理規範として好んで用いられるようになったものである。また、傍線dの「無盡開倉積」は天保中期以降に作成された仕法書であり、初見は天保五年以降であるから、これも文政五年仕法計画伺い時の文書ではない。(22)

次に③の「文政五年正月　御仕法村永久相続方御尋に付取調之事」は、「いノ五」の③とほぼ同趣旨の文書であるが、「いノ五」の③にはまだなかった、次の［1］～［5］の五つの文言が加筆され

ている。

[1] 古語曰、殷因於夏禮所損益可知也、周因於殷禮所損　益可知也、又曰温故知新、と宣り。

[2] 朝より夕迄、田に土塊之如く耘り耕し、肥灰を持運び、田に出、畑に出、蒔仕付作立残穀少き時は、多分之御入用米金を以開発被成下置候、田畑質地は勿論、引受人無御座候間、辨納物に差支、人力盡て魚鳥殺生、小商又生れ出たる家小屋を見捨、他所稼に罷出、初之内は寝ても醒ても飲食を不嗜、故郷之事而已思ひ出し嘆息仕罷在候得共、日を重ね月を経、年去るに及んでは、彼に乗じ、是に流れ、終に自然と本末を失ひ、帰村仕兼、致退陣、家数人別

[3] 仮令天災、水火、病難幾度変化いたし候共、肥たる土地に草の生ずるが如く、隣里、左右、遠近之流民相慕ひ来り、

[4] 人気益相進み、富栄へ、田地不足に罷成、仮令壱反歩に付金壱両、貳両、又は五両、拾両致出金候共、質地無之、田徳輝き、家数、人別自ら相増、全土地之盛衰存亡は、作徳之有無、多少、増減に有之儀に付、

[5] 古語に、用其中於民と宣り、永久萬代

このうち[1]は、第一節「仕法計画の作成準備」に関わる「いノ四」の文書の末尾にあった付記と同様、『論語』為政第二からの引用で、「いノ四」の文書が「文政五壬午年改之　二宮金次郎」の署

名から、後年転写加筆された疑いがあると指摘した通り、これも天保期以降の加筆と考えられる。

［2］は、生家と農事を捨て他所稼ぎに明け暮れ、ついには帰村も農事復帰もできなくなる当時の農民の姿を実態観察にもとづき詳細に加筆している。

［3］［4］は、年貢負担が軽減された時に生ずる効果について述べたものである。

［5］は、『中庸』第二章からの引用で、民政に適切を得ることについて述べたものである。以上「いノ六」の①〜③は、天保期の仕法延長問題が喧しく議論された最中に加筆された「いノ五」①〜③の文書に、さらに大幅な加筆修正を加えたものといえよう。

次の④「文政六年三月（宇津釩之助奥判奥書つき二宮金次郎宛小田原藩江戸代官より仕法委任仰渡書）ならびに追而書」は、尊徳の伺いに対し小田原藩が認可し仕法を委任した文書の写で、「いノ五」の「桜町領内仕法方案伺書」には当然まだなかった文書である。④の前半にある「仕法委任仰渡書」（朱書）は、同様の文書が一度文政五年三月に出されたが、小田原藩と尊徳との交渉はそれだけで終わらず、その後も続行され最終的な詰めが行われた後、尊徳が家族と共に桜町に赴任転住する直前、文政六年三月に宇津家当主釩之助の奥書奥判を添えた文書として再発行されたものの写である。(23)

その後に付けられた長文の追而書には、伺いに回答がなされるまでの経緯について、尊徳の所見が左記の通り記されている。(24)

[a]古しへ神代之昔し、豊芦原を安國と平けたまひしより、今日唯今に至まで、相続罷在候神國之大道に基、右仕法入用金産出方之儀は、開闢以来空敷罷成居候廃地は勿論、多少に限らず[b]荒地起返、米麦取増、年々繰返し取立遣候はば、一切御出方に相拘不申、起返し候段申上候処、逸々　御感被　思召、[c]永久相続方御尋に付、猶亦繰返し取調奉差上候処、委曲御承知被遊

傍線aの、仕法は「神代」以来の「神國之大道」にもとづいて執行される、とする発想は、前述の通り仕法着手時からあったものではなく、文政後半期から天保期にかけて不二孝導師との頻繁な交流を通じて受容、形成されてきたものである。この追而書もそうした経緯を経て形成された思想が加わり編集されたものである。また、傍線bの箇所では、「荒地起返、米麦取増」の成果を運用しさえすれば、そのほかは「一切御出方に相拘不申」、つまりそれ以上に領主へ負担はかけないと申し出たところ、領主側はこれをたいへん好感を持って迎えた、としている。

傍線cは、領主側から「永久相続方」について下問があったため、いろいろ調査し説明した、としている。桜町仕法は文政五年から十か年で当初の計画期間を終了するが、仕法期間の延長や永続方が真剣に議論されたのは、早く見ても天保二年からで、しかも当初、小田原藩は仕法の即時打ちきりの意思が強く、仕法の延長、仕法の永続方を積極的に議論・検討しようとする姿勢を持たなかった。そのため領主側から「永久相続方」を問う姿勢が現れるのは、仕法延長五か年の満了が目前に迫った天保五～六年頃からであった。したがって、この追而書の成立も、これ以前に遡るもの

ではない。同じ追而書の続きには次の文言がある。(24)

國常立尊、天降賜ふ昔に立戻り、見込通存分取計候様被　仰渡候得共、素より極難、薄地、麁田、難場之儀に付、容易に立直り可申見留無御座候に付、乍聊身代限売捌、御土台金に差加、取行候処、天成哉時至候哉、人気益相進み、追々荒地起返、家数人別相増、暮方相整、冥加米永年々相増申候

傍線dに見るような神道的な開闢思想にもとづきながら、仕法の正統性を述べる言説は、前述の通り文政末から天保期を迎えた頃はじめて現れるが、傍線eのように荒地復興と知行所民の生活改善の成果を、尊徳が自ら公然と謳歌・喧伝するのは、仕法打ち切りの是非が激しく議論されていた天保二、三年頃まではありえず、いくら早く見ても天保四、五年以降にはじめて生じたゆとりである。したがってこの追而書も天保中期以降に作成され、「いの六」のなかに取り込まれたと見て誤りない。

つづく⑤の「天保八年　荒地起返難村旧復之仕法入用金正業取調之事ならびに追而書」は見ての通り、文政五年から天保七年まで、当初十か年、さらに延長五か年、合わせて十五か年にわたる桜町領仕法成果の集計であり、「御土台外増」すなわち上納上限の米一〇〇五俵二斗四升九合、金一二七両三分二朱、永四三文九分を越える収納が「仕法入用米金」として運用され、総額米八五四三俵

一斗九升三合、金二二〇両一分二朱、永一〇九文二分四厘に達する実績をあげたことを示している。云うまでもなく集計が可能になる天保八年以後に作成された文書である。

⑤の史料には朱書きの短い注記がある。(26) ⑤の本文に記された「御土台外増」に、「破畑人足」を使い再開発して得た取増し分や、小田原藩主大久保加賀守から下賜された「御手元金」千両を加えて元手とし、天保八年二月から駿相の小田原藩領分で窮民撫育の扶食貸付仕法が実施された経緯が略記されている。大久保侯を故加賀守（天保八年三月九日病没）と記すことから、付記はそれ以前のものではありえない。

その後の追而書には、仕法が順調に進み、年貢収納が着手時に比べ倍増したことから、天保二年大久保侯が日光山往来の折、「於御途中、荒地起返、難村旧復之仕法不容易儀に付、必手戻無之様可致旨繰返し御直に被　仰渡」た、との故事が記され、(27) つづいて小田原藩用人から尊徳に宛てた次の仰渡しが朱書されている。(28)

釟之助様御知行所、立直趣法之儀は、去ル午年より野州桜町御陣屋へ詰切被仰付、当酉年迄拾六ヶ年之間、抛身命出精取計候に付、追々御収納も相増し、御永続相立可申段、畢竟御為第一、厚存込候故之儀と、幾許奇特之至に候、

右に付ては段々深　思召も被成御座候間、金千両其方へ御下ヶ被下置候間、右釟之助様御趣法取候善種を加、御領内へ報徳金貸付之道存分取計、往々　御安堵之道を生じ候様被遊度　其心

得を以て弥出精可相勤候

二月七日

二宮金次郎

右御用人中演舌之

これが天保八年の仰渡しであれば、「当酉年迄拾六ヶ年之間、抛身命出精取計候に付、追々御収納も相増し、御永続相立可申段、畢竟御為第一、厚存込候故之儀と、幾許奇特之至に候」の文言も違和感はない。

また、右の仰渡しの傍線部分で加賀守から小田原藩領内へ「報徳金貸付之道存分取計」を仰せ渡されたことや、前述の追而書の傍線部分に記述された天保二年日光山往来の節、「難村旧復之仕法を「手戻無之様可致」と申し渡されたことは、いずれも大久保忠真が歿した天保八年三月以降、主君の遺言として自らの仕法の正統性を立証する絶対的なよりどころとなり、繰り返し機会あるごとに語られるところとなった。

「いノ六」の最後の⑥「嘉永六年二月（御普請役二宮金次郎難村旧復仕法由来書）」には、最晩年の尊徳が執筆した天保三年から嘉永六年に至る長文の回顧録が付されている。(29) その末尾に朱筆で、

右は今般格別之以　御仁恵、日光　御神領村々荒地起返、難村旧復之仕法取扱被　仰付間、見

込通、御料、私領手廣に取計候様可致旨、阿　伊勢守殿御伺之上、御勘定御奉行松平河内守殿被　仰渡候旨、御勘定　御組頭岡田利喜次郎殿被申渡、追々荒地起返り、米麦、雑穀産出、内外致潤澤、極難貧者一同相助り、積れば永世之御為、万代不朽莫大之　御仁恵、重々冥加至極難有仕合奉存候、其根元は、先主大久保故加賀守様、荒地起返、窮民撫育、難村旧復之仕法存分可取計旨被仰付置、追々実地正業取行候節々要用之分取集、合巻に致置候処、如此御座候、以上

嘉永六癸丑年二月　　　御普請役格　二宮金次郎

とある。ここでは尊徳が日光神領仕法を命ぜられた機会に、桜町領仕法以来の経緯をすべて総括している。「いノ六」のなかに合綴され、この覚書の前に配置された①〜⑤の諸文書も、所詮この長文の回顧録を叙述する前提たるべき参考文献として収集され、編集されたものである。

なお、これらにつづく「いノ七　為政鑑土台帳」「いノ八　三ヶ村収納米平均土台帳」「いノ九　占今盛衰平均土台帳」「いノ一〇　仕方発端及結末に係る書類」「いノ一一　御物成寄目録」の五文書は、どれも、すでに検討してきた「いノ二」から「いノ六」の中味を構成する文書の一部に近似しており、たとえば「いノ八」に加筆して「いノ六」の①が、また「いノ九」は「いノ五」の③を作成する過程での下書き、「いノ一〇」は「いノ六」作成過程での下書きと判断する。また、最後の「いノ一一」は、仕法第一年度、文政五年の物成集計という点では、仕法着手時の実務史料であるが、仕

法方針の作成・決定過程の史料とは云い難い。

むすびに

『全集』第十巻仕法・桜町領（一）「其三・報徳仕法着手」の「い　仕法土台の決定」に収録される「いノ二」～「いノ六」の史料の検討を行った。その結果、これらの史料は文政四年から文政五年にかけ、桜町領仕法の準備・計画立案・仕法伺い・仕法委任仰渡しに関する史料として収録されているが、稿本にもとづく史料批判によれば、実は天保中期以降、嘉永期にかけて幕府勘定方に提出するため転写された際に、おそらくは二宮尊徳自身の意思で一部加筆修正の手が加わり、編集・浄書された史料であることが分かった。

右の史料のうち天保中期以降に行われた変更の対象とならなかった部分からは、二宮尊徳が文政四、五年に仕法に着手した当時の宇津家知行所の地勢や過去の年貢収納の実態にもとづき、現実的、且つ合理的手法で上納可能な年貢水準を比定し、それを上回る収納分を領内復興に運用投下することで、荒村復興の実を揚げようとする独創的な仕法計画案が策定・提案され、しかも、十年後に知行所内の上下「永久相続」を可能とする達成目標として、年貢上納米二千俵「定免」水準を当初から構想・提案していたことも確認できた。

一方、天保中期以降、転写・加筆され、文飾の加わった箇所からは、文政末年以来、尊徳のなかで成長を遂げてきた思想が、「天地開闢」「神国の大道」「天命自然の運数」「往生安楽」などの文言で思想表現されるようになり、仕法の永久相続、仕法の他領拡大を可能にし、仕法を支配の枠組みから相対的に「自律化」させる独自の金融システムとして、「報徳元恕金」（報徳金）の拠出・貸付が構想されるに至ったことが看取された。

検討してきた仕法関連書類のうち、天保中期以降の加筆・変更部分からは、天保五年成立の『二才報徳金毛録』の「報徳訓」をはじめ、当時の協力者である不退堂聖純や若林金悟らの著書にも表れる、「徳」を譲り「徳」を継承発展させる「報徳思想」の言説も見え始めている。しかしながら、尊徳晩年（嘉永三年）に高弟富田高慶が「報徳論」で明確に定義づけ報徳思想の体系化を進めた際、定型化された「分度論」「推譲論」「人道作為論」などに関する用語や理念の中味は、前掲した史料の文言に萌芽的に表れつつあるものの未だ明瞭に表出するには至っていない。

註

（1）旗本宇津家知行所は、元禄十一年に小田原藩から分知し成立した。所領高四千石は、下野国芳賀郡の物井・横田・東沼の三か村（現・真岡市）からなる。物井村桜町に宇津家の在地陣屋が置かれたことから桜町領の通称がある。享保期に四三三軒、一九九人あった戸口は、仕法の開始される文政五年には一五六軒、七四九人まで減少し、農村荒廃が進行し、宇津家財政の窮迫を招いていた。二宮金治郎（当時）が知行所の再建復興に取り組んだ事業は、拠点とした陣屋所在地の名を採り「桜町領仕法」あるいは「桜町仕法」と呼ばれる。

（2）『全集』第十巻、仕法桜町領（一）（七八九―八三九頁）。また、同巻解題には、同巻刊行時に原本整理の過程で発見されたが、間に合わず収録するには至らなかったが、尊徳と小田原藩当局との交渉の内実をよく示す史料が一点紹介されている。なお、小考で採り上げる『全集』所収史料稿本は、基本的には国立国会図書館古典籍資料室の所管となっている。

（3）二宮尊徳が桜町領仕法を小田原藩から依頼され受諾してゆく過程については、拙稿「旗本宇津家知行所仕法の請負について―報徳仕法の歴史的評価の方法をめぐって―」『国士舘大学文学部人文学会紀要』第四〇号（二〇〇八年三月）、本書第三章を参照。また、天保中期における思想形成の実態については、本書第八、九章および拙稿「不退堂聖純著「墾田報徳序」より見た成立期の報徳思想」『国士舘史学』第十七号（二〇一三年三月）を参照。

（4）『全集』第十巻、七九〇～七九三頁。

（5）署名、筆跡の確認はすべて稿本により行った。

（6）収録される史料の稿本の多くに、通常の地方文書にはほとんど見られない長文の表紙上書が付されている。これは一般には原本作成から歳月が過ぎ、第三者に示すにあたり追加説明の必要が生じたためとも見られるが、後年の転写・再編集は桜町領仕法関係書類だけでなく、他の仕法関係史料にも見られる。幕吏に登用された尊徳は、弘化期から嘉永期にかけて日光神領仕法の準備作業に就くが、この際、幕府勘定方に過去の仕法実績を説明するため、仕法資料を収集整理して幾度も提出している。嘉永期に報徳仕法関係書類の大規模な転写作業が行われたのはこのためで、これによって史料がよく整理保存されるとともに、史料に文飾の手が加わる原因ともなった。

（7）『全集』第十巻、七九六頁。

（8）『全集』第十巻、八〇三頁。

(9)これとまったく同じ古典引用を行った事例が、『全集』第十巻所収の「従文化九壬申年　至文政四辛巳年　御物成米永平均御土台帳　二宮金次郎」に見られる。これは「いノ四　御趣法御土台金平均帳」の原本作成のもととなった記録であるが、やはり転写本である。その末尾に同じ章句の引用があり、引用直後の裏表紙に「嘉永五子年十月二十二日御達に付、同月二十七日差出方高橋平作殿へ差上置候所、同六丑年二月二十四日御勘定所より受取申候事」との朱書がある。この史料稿本は、勘定所提出時に転写されたもので、前掲の付記や、小考で採り上げる史料の多くが、この頃、転写、追記された可能性が高い。

(10)『全集』第十巻、八〇三頁。

(11)『全集』第十巻、八〇六頁。全集所収史料に見られるこの肩書は稿本通りであることから、翻刻出版時の誤りではなく、浄書本作成時に誤って加筆されたものであることが分かる。同時に『全集』所収の他の史料にも転写・浄書された史料には、こうした無作為の変更・修正が加わる可能性のあることが分かる。

(12)『全集』第十巻、八〇四頁。

(13)『全集』第十巻、八〇五頁。

(14)天保二年十一月末、近隣の西沼村百姓丈八の斡旋で、川副勝三郎知行所青木村名主以下三七名の百姓が救済仕法を求め、桜町陣屋を訪れたのが他領仕法の先駆けとなった。なお、川副氏の直書が発給され、青木村仕法が開始されるのは天保四年二月である。

(15)桜町領仕法延長五か年の期間中、天保五年に宇津家当主の公儀出仕を可能にする仕法の最終仕上げの方法＝「仕法の永久相続方」をめぐって、尊徳と小田原藩鵜沢作右衛門との間で詰めの協議が行われ、複数案が検討された結果、両者が妥協合意した最終案は、田方年貢の「本免」（約三千百俵）の七分（七割）と云われるが、この数値は、実は尊徳が着手時から主張していた「米二千俵定免」の水準そのものに落ち着く結果となった。この点から見ても尊徳の先見性が一通りでないことが看取される（『全集』第十一巻、一一六七―一一八二頁）。

(16)『全集』第十巻、八〇六頁。
(17)『全集』第十巻、八〇五頁。
(18)本書第三章一〇五―一〇六頁の「野州引越心得」。
(19)尊徳が仕法十年後の達成目標を宇津家上納米二千俵としていたことは、小田原藩郡方が尊徳に与えた「心得申渡し」の内容から確認できるが、但し、文政六年三月に小田原藩から尊徳に与えた仕法委任の仰渡書にはついに記載されておらず、仕法完了期が近づくずと、仕法の打ちきり・延長をめぐる議論のなかで、両者の間で再度議論されねばならなかった。この間、尊徳は文政十一年に小田原藩に提出した辞表のなかでも、その再確認を迫っているが、小田原藩はこれを放置したまま、天保三年からの仕法延長に入り、宇津家の公儀勤め復活が当面の課題となった天保五年前後に、宇津知行所上下の永久相続論議のなかで、再度議論されるところとなった。その際、尊徳はしばしば、「初発御規程之通、貳千俵之御収納差上候得ば」(「〔天保五年九月〕鵜沢、横澤出役取調差出書類」(『全集』第十一巻、一一六七頁)と、米二千俵が文政五年以来の達成目標であったと主張している。
(20)『全集』第十巻、八〇六頁。
(21)『全集』第十巻、八〇八頁。
(22)『全集』第十巻、八〇八頁。「無盡開倉積」は、天保五年成立の不退堂聖純著「墾田報徳序」にその名が表れるのが初見である。天保六、七年の桜町陣屋日記(『全集』第三巻)に、仕法指導を求めて訪問した人々に貸し出された記録もある。拙稿「不退堂聖純著『墾田報徳序』より見た報徳思想」『国士舘史学』(第十七号、二〇一三年三月)。
(23)『全集』第十巻、八一〇頁。
(24)『全集』第十巻、八一一頁。
(25)『全集』第十巻、八一一頁。
(26)『全集』第十巻、八一五頁。

（27）『全集』第十巻、八一五頁。
（28）『全集』第十巻、八一一頁。
（29）『全集』第十巻、八一六―一九頁。この回顧録のなかで尊徳は、天保九年十二月から、小田原藩が領内一円に「報徳仕法」を実施することになったとして、みずからの仕法をはじめて「報徳仕法」と呼称している。

第二部 仕法の展開と打ち切り延長論

第五章　桜町仕法諸施策の展開と住民動向

──仕法着手から出奔事件まで──

はじめに

報徳仕法の祖型が成立する桜町仕法について、早田旅人氏によって研究史と研究課題について優れた整理が行われている。(1) 同氏は大藤修氏や舟橋明宏氏らの問題提起を踏まえ、報徳仕法を民衆の対極に立つ「領主反動」視した旧来の見解から解放し、実施された時代や地域の規定を受けた仕法は、当時の社会が生み出しつつあった多様な民衆を対象とせざるをえず、またそれが報徳仕法の歴史的特質を規定していることをあきらかにした。(2) 小考は、同氏のこの視点を継承しつつ、さらに従来、とかく曖昧になりがちであった諸点、①仕法が実施した多様な諸施策をばらばらにとりあげるのではなく、政策基調も踏まえながら相互に関連させ、総合的に検討すること、②各施策がいかなる住民を対象として実施されたかを、百姓身分と帳外れ者の視点を導入しつつ観察すること、③知行所の住民が仕法の展開にどのように反応し、尊徳はこれにどう対応しようとしていたか、文政十一年の「役儀伺い」、文政十二年の「出奔参籠」事件とその後の措置などを通して考察する。

桜町仕法が実施された旗本宇津釩之助知行所四千石は、下野国芳賀郡の東沼村・物井村・横田村の三か村からなる。但し、横田村は幕領（本領と称す）との相給村、東沼村はそのうちが境・和田両組に分かれ、物井村も桜町・西物井・下物井の三組に分かれているため、史料上あたかも六か村であるかの様相を呈している。かつて桜町仕法を論じた大塚英二氏は、近世中後期の同地域が、北関東特有の激しい農村荒廃状況を呈することから、それが桜町仕法を規定する重要な要件の一つであると指摘した(3)。この指摘通り宇津家知行所の近世中期以降の戸口変化を示す表5－1をみれば、十八世紀の戸口激減が端的に表れ、十九世紀に入ると次第に漸増に転じてはいるものの、仕法が本格開始された文政五（一八二二）年以降の回復スピードは、他の野州農村とくらべてもさほど変わるものでもなく、どちらかといえば緩慢に見える。一方、表5－2に見る年貢収納高の変化は、十八世紀から十九世紀にかけ戸口減少に相関しているが、文政五年以降の年貢収納高の回復傾向は、戸口変化に比してはるかに急なものがあり、住民負担の問題を考慮すれば、戸口の推移だけで単純には論じられない民生回復上の問題があり、その内実を探ろうとすれば、当該期間中の住民の存在形態、仕法をめぐる諸階層の住民動向を詳細に検討する必要がある。

桜町仕法が本格始動した文政五年から尊徳の出奔・成田山参籠事件が惹起した同十一～二年に至

表5-1　宇津家知行所3か村の戸口変化

	家数(軒)					人数(人)		
	家数	名主	組頭	本百姓	水呑	人数	男	女
元禄12年	422	6	6	239	160	—	—	—
享保年中	433	—	—	—	—	1915	1067	848
文政5年	156	7	9	139		749	394	355
文政10年	159	6	12	140		769	404	365
天保3年	164	5	11	147		828	420	408
天保8年	173	5	12	153		857	425	432
天保13年	180	5	13	159		963	481	482
嘉永6年	187	7	13	166		1103	568	532

註　典拠史料は、「元禄12卯年桜町領3か村差出帳」(『全集』第十巻、133頁)、「三か村前々高免御収納米永取調帳」(『全集』第十巻、240頁)、「元文5年宇津家古今雑書集」(『全集』第十巻、71頁)、「文政5午年3か村宗門人別改帳」(『全集』第十一巻、439頁)、「桜町領3か村宗門人別改帳」(『全集』第十三巻、1021頁)。

表5-2　宇津家知行所物成収納高の変化

年次	田方収納	畑方収納
享保11年	米3101俵189	金202.1.2
宝暦13年	米2317俵149	
明和8年	米2120俵288	
寛政元年	米1273俵035	金174.1.0
文化4年	米　929俵	金163.3.0
文政5年	米1326俵123	金127.3.0
文政12年	米1856俵345	金127.3.2
天保6年	米1987俵256	金168.1.3
天保13年	米1911俵183	金152.3.2

註　「三ケ村前々高免御収納米永取調帳」(『全集』第十巻、240頁、「酉年御物成米金御勘定帳扣」(『全集』第十巻、11頁)、「享和三亥—文化五辰年御暮方元払差引帳」(『全集』第十巻、59頁)、「文政五午年寄目録扣」(『全集』第十巻、838頁)、「天保十三年御物成上納帳」『全集』第十三巻、135頁)

る八年間（以下当該期間という）の仕法評価は論者によって少しく異なるところがある。上杉允彦氏は文政十二年を境に仕法を前・後期に分け、うち前期仕法は領主的性格が濃厚であり、そのため領民の抵抗を受け仕法は渋滞したと云い、桜町仕法は前・後期で本質的な違いがあるとする(4)。これを承けた大塚英二氏は、前期仕法は尊徳がまだ本格的な農政家として成長する以前の過程にあり、そこでの農村観察経験がまとめられ、後にはじめて報徳仕法へと結実してゆくとする(5)。これに対し早田旅人氏は、前期桜町仕法を報徳仕法の形成過程とする大塚氏の見解を半ば認めつつ、舟橋明宏氏が後期桜町仕法の実態分析から荒地起返に「破畑」など下層民の労働力を活用したと指摘している点に注目、仕法が対象たる民衆各層をどう編成したかの問題は、前期の仕法形成過程においても重要だとして、下層農民が陣屋詰めの中間奉公に編成されていた事実などにも注目しながら考察した(6)。

小考は、これらの先行する諸成果に学びながら、第一節では、知行所三か村のうち横田村に実例をとりながら、仕法開始後、最初に取り組まれた住民の借財調べと借金の緊急返済仕法について考察する。次に第二節では、文政五年から出奔事件の惹起する文政十二年までの八年間に、仕法のいかなる施策がどのような住民を対象に実施されたか考察する。その際、住民を農民一般に還元したり、あいまいな上層・下層論によるのでなく、村社会における住民存在の基本を規定している条件として、身分（百姓と帳外者）と生業（農業と余業稼ぎ）の二視点から住民の実態把握に努める。ついで第三節では、文政十一年四月に尊徳が、辞職覚悟で提出した「訴状」ともいうべき「役儀伺い」

の内容を、第二節で行った分析結果と対照させつつ、仕法の展開がもたらした知行所村社会の変化と、それに関する尊徳の所見を検討する。最後に第四節では、事件と直後に尊徳がすばやく打ち出した緊急措置について検討し、出奔事件の持つ意味について検討し、小考のまとめとする。

第一節　桜町仕法下の横田村住民

当該期間中、横田村に継続的に在住した住民を能う限りすべてを表5－3に掲げた。そのうち同表No.1～21の住民は、当該期間中の宗門人別改帳（文政五、十の両年）に百姓身分として記載される住民である。あえて住民との呼称を用いる所以は、そのうちに農業外の余業稼ぎを生業とする経営が存在することに意識的に配慮するためで、単に「村民」でもよいのだが、ここでは住民を用いることにした。これに対しNo.22～36は前の宗門人別改帳には記載されず、陣屋日記等の仕法関係書類にだけ姿を見せる、いわゆる帳外れ者である。「非百姓」でもよい筈であるが、生業上の「非農民」との混同を防ぎ、身分呼称であることを明確にした。史料上は「入百姓」「借家」「取立百姓」「新百姓」などの肩書で記される住民である。表5－3にはその初見史料年次を記した。

近世村請制下の村社会においては、領主の別、生業の如何にかかわらず、百姓身分は年貢・諸役の負担者であることからか、村社会の基本的構成要因であり、村社会の再建、知行所の復興を目的とする仕法にとって、その違いは度外視出来ない問題である。住民の土地所持高（反別）あるいは農間渡世（諸稼ぎ）の公式記録を欠く状況のもとで、仕法側が天保期以降に行った「暮方調べ」などから遡及して富農（上層）・貧農（下層）などとと決めてかかる取扱い方よりも、住民の存在の実態に客観的に迫る観察ができると考える。

ただし、帳外れの住民は、宗門人別改帳記載の百姓と異なり、仕法の対象となることで、はじめて記録に登城するのであるから、百姓層ほど正確に在住期間を知ることはできない。この方法です べての帳外れ者を把握したとはいいきれない弱さがある。にもかかわらず横田村だけでも表5－3の通り多くの帳外れ者を確認できる。そのうち№22の入百姓寸平と№26の取立百姓惣右衛門は、文政九～十年の間に仕法によって百姓に取立てられ、両者とも同十年の宗門人別改帳には百姓として記録される。当該期間中はその他に百姓化した住民はいない。

表5－3の当面のねらいは、当該期間中、いかなる施策がどの範囲の住民を対象として実施されたか史料で確認することである。使用する史料は「桜町陣屋日記」「知行所村々荒地起返村柄取直仕法御褒美被下申渡書抜帳」「当座金銭出入帳」などにもとづき当該期間中の諸施策を内容・目的別に、「米金融通」「奇特表彰」「難渋救済」「勧農奨励」「荒田開発」「手間賃支払」などの項目に分け、実施年次、たとえば文政五、六年ならば、それを示す⑤、⑥の記号で示した。しかし、どの施策も単独でよりも他の施策と連携し実施されることが多い。特に米金融通は難渋救済や勧農奨励などの

表5-3 文政5午年～12丑年の横田村住民の動向

住民名と初見年次		借財	証文	諸米金融通	田植	奇特表彰	難渋救済	勧農奨励	荒田開発	手間代払	出訴	備考
1.名主常右衛門	[政5]	○	❺❻	❺❻❼❽❾⑩⓫	○	⑥⑦⑨		❽❾	❺❼⓫	⑤⑦⑧		政12.名主休役願
2.百姓勘治郎	[政5]	○	❺❻	❺❻⑦❽	○	❼⑧		❽	⑦⑧⑪			
3.百姓浅七	[政5]	○	❺⑥	❺⑥⑦⑧	○		⑦⑨⑩⑫	⑤	⑧⑪			
4.百姓庄次郎	[政5]				○	⑤⑥⑦⑨			⑦			
5.百姓金治	[政5]	○	❻	⑤❻❼		⑪			⑪	❼⑨⑫	○	
6.百姓平八	[政5]	○	❺❻	❺❻⑦⑩⑪	○		⑫	⑦	⑦			
7.組頭兵七	[政5]	○		⑧⑩	○	⑥				⑦		政10.組頭退役
8.百姓元右衛門	[政5]	○	❻	❻⑦⑨⑩	○	⑫	⑩		⑦⑧			
9.百姓忠右衛門	[政5]	○		⑩⑪	○	⑤⑦		⑧		⑤		
10.百姓善蔵	[政5]	○		⑩⑫	○	⑧⑨				⑫	◎	
11.百姓文左衛門	[政5]	○	❺❻	❺❻⑦⑧❿	○			⑩	⑦			政6.取締退役
12.百姓利重	[政5]	○	❺❻	❺❻⑦⑧⑫	○		⑫	⑦⑧	⑦	⑫	◎	
13.百姓富蔵	[政5]	○	❺❻	❺❻⑨⑩		⑤⑧			⑦			
14.百姓平蔵	[政5]	○	❻	❻⑦⑧⑨⑩	○			⑦	⑦			
15.百姓新右衛門	[政5]	○	❺❻	❺❻⑦⑧	○	⑦⑧		⑦	⑦			
16.組頭圓蔵	[政5]	○	❺❻	❺❻⑦⑧⑨⑩⑪	○				⑦	⑦⑫		政6.組頭兼取締役
17.百姓政吉	[政5]	○	❺❻	❺❻⑦⑧	○	⑫	⑫		⑦			
18.百姓與八	[政5]	○	❺❻	❺❻⑧⑩	○	⑤⑧		⑦	⑦			
19.百姓早助母たん	[政5]						⑤⑦⑨					政11.以後退転
20.百姓清左衛門	[政5]	○	❻	❻⑦	○	⑤	⑦⑨⑫	⑤	⑦	⑧		
21.百姓八郎	[政5]	○	❺❻	❺❻⑩								
22.入百姓寸平	[政6]			⑧❾❿⑪	○	❼⑩⑪		⑥⑧❾❿⑪	⑥❼⑧⑨⑩⑪	⑫	◎	政9.新百姓、政11.組頭
23.(借家)長右衛門	[政7]			⑦	○				⑦	⑦		政8.以後不詳
24.(借家)徳次郎	[政7]				○				⑦			政8.以後不詳
25.(借家)源兵衛	[政7]			⑦					⑦			政8.以後不詳
26.取立百姓惣右衛門	[政7]							⑩	⑦			政10.新百姓
27.(借家)惣兵衛	[政7]			⑦⑧	○	⑦						政9.以後不詳
28.(入百姓)庄左衛門	[政9]							⑨⑩	⑩			政11.以後不詳
29.入百姓藤兵衛	[政10]			❿⑪			⑪	⑪	❿			政12.以後不詳
30.(入百姓)佐吉	[政10]								⑩			政12.以後不詳

31.借家友蔵	[政11]							⑪		天7.新百姓
32.入百姓弥吉	[政11]				⑫		⑪	⑪		天3.新百姓
33.入百姓藤蔵	[政12]			⑫	⑫			⑫	⑫	天3.新百姓
34.(借家)久米吉	[政12]					⑫		⑫		天1.以後不詳
35.(借家)忠治	[政12]			⑫	⑫				⑫	天1.以後不詳
36.入百姓仲右衛門	[政12]				⑫	⑫				天8.以後不詳

註1)住民名の1～21は、文政5年以来「横田村宗門人別帳」に記載される住民(百姓)を示す。22～36は、人別帳に記載されない帳外者で、記録上は入百姓、取立百姓、借家などと記される住民である。これらの住民を対象として展開した仕法を諸施策の性格を内容分類し、施行年が分かるように⑤～⑫の記号で示した。
2)「借財」欄には、「文政五年三か村借用金取調帳」(『全集』第十巻)から借用米金のあることが確認できたものに○印を付した。
3)「証文」欄には、「文政五・六年御拝借証文書上帳」(『全集』第十巻)から、質地や請人を立てて証文を作成し、米金を拝借した住民を、文政5年分は⑤、文政6年分は⑥で示した。
4)「諸米金融通」欄には、各年の「当座金銭出入帳」等から、時貸・利付・年賦貸を含む各種米金融通の確認できるものを、当該年を示す⑤～⑫の記号で示した。
5)「奇特表彰」「難渋救済」「勧農奨励」「荒田開発」「手間代払」の各欄には、「知行所村々荒地起返村柄取直仕法御褒美被下申渡書き抜き帳上」(『全集』第十巻、1023頁)や各年の「当座金銭出入帳」から、各年の仕法を分類し、当該年を表す⑤～⑫の記号で示した。「手間代払」には、陣屋仲間給金・仕法使い・建築普請・借り払い・木綿織りなどの支払を含む。
6)なお、「田植」は、文政7年の「当申田方植付取調書上帳」(『全集』第十一巻、161頁)から、この年の田方耕作が確認できる住民を、「出訴」は、文政12年2月～3月に御趣法永続歎願のため、江戸に出訴した住民3人を◎で、出訴歎願者の動静を伺うため、同じ頃に出府した百姓金治を○印で示した。

性格を合わせて実施されるのが普通で、まったく単独に利殖目的だけの金融はむしろ少ない。そこで互いに関連する項目がある場合は、それを示すため、前の⑤、⑥を反転させた❺、❻の記号で関連を表すことにした。

表5－3はじめの「借財」欄には、文政五年四月に実施された住民の借財調らべの結果を示した。(7) 借財調らべは尊徳が桜町に赴く直前、文政四年五月に知行所三か村の名主六人が夫食種穀代金八四両三分二朱の拝借を願い出たことに端を発する。これに小田原藩担当役人磯崎丹治郎が緊急措置として村側に「困窮根元内外御取調」、すなわち知行所民の抱えている負債状況調査と返済計画とを差

し出させたところ、村役人らは「近年別て借財相嵩利払に差支」えるとして、日光山内から緊急に金一千両余を拝借し、これを十か年間運用し、その間の利ざやで知行所村々の借財すべてを返済し無借にしたいという「夢」のような実現性の乏しい計画を立て領主に奥印保証を求めてきたという。

中途からこの問題に触れざるをえなくなった尊徳は、村民の計画は「千万無覚束」とし、非現実性とその危険性を批判、代りに先ずは証文無しの貸借や時貸などを省かせ、仕法がかかわることで緊急に返済すべき借金総額六百両余を算定させ、これを三分、そのうちの三分の一はまず前年巳（文政四年）の畑方永納金全額を「被下切」とし、借財返済用に転用する非常措置を講ずる。次の三分の一は村内百姓が自ら質地証文を作成、村民どうしが互いに請人保証し合うことで桜町陣屋から「拝借金」の緊急融資を受ける。それでも返済に窮する時は質物を売却した「積金」から弁納させる。最後の三分の一は「長年高利を貪」る立場にあった貸方（金主）に特別な「勘弁」を要請する、というものであった。

当時、横田村では庄次郎と早助母を除く全員に借金があり、借金総額は八六両三分にのぼっていた。これを表5－4で金主の所在別に真岡町・近隣町村・社寺・村内に別けて示すと、自村内での貸借はわずか一割にも満たず、社寺祠堂金を加えても二割に達しない。これに対し高い比率を示したのは久下田町を含む近隣町村で、これに同地域の中心にある在町真岡を合わせた比率は実に八割を超し、横田村住民がいかに真岡・久下田など在町商人の貸金に依存していたかを示す。個々の借金の中味は不明だが、同地域における在町商人からの金融が高利になる傾向のあるこについては、

表5-4　文政5年4月横田村借財調査

No.	百姓名	借金総額	真岡町	社寺	村内	近隣町村
1	常右衛門	7件、金18.1.2	5件、金10.1.2			2件、金8.0.2
2	勘次郎	3件、金3.0.0	1件、金0.3.0		1件、金1.1.0	1件、金1.0.0
3	浅七	1件、金2.0.0				1件、金2.0.0
4	庄次郎					
5	金治	2件、金2.2.0	1件、金1.2.0			1件、金1.0.0
6	平八	2件、金1.3.0			1件、金0.1.0	1件、金1.2.0
7	兵七	2件、金1.3.2	2件、金1.3.2			
8	元右衛門	2件、金2.1.2				2件、金2.1.2
9	忠右衛門	1件、金2.0.0				
10	善蔵	2件、金2.2.2	1件、金2.0.0		1件、金0.2.2	
11	文左衛門	7件、金6.0.2	1件、金0.3.2	2件、金2.0.0	1件、金0.3.0	2件、金2.3.0
12	利重	5件、金7.0.0	2件、金1.2.0	1件、金1.0.0	1件、金4.2.0	
13	富蔵	4件、金5.0.2	1件、金1.2.0		1件、金0.3.2	2件、金2.3.0
14	平蔵	3件、金3.2.0		1件、金1.0.0		2件、金2.2.0
15	新右衛門	2件、金3.0.0	1件、金1.2.0			1件、金1.2.0
16	圓蔵	5件、金8.2.0	1件、金1.0.0	1件、金1.0.0		3件、金6.2.0
17	政吉	5件、金5.2.2	4件、金4.2.2	1件、金1.0.0		
18	與八	4件、金3.3.2	2件、金1.3.2			2件、金2.0.0
19	早助母たん					
20	清左衛門	3件、金3.0.0				3件、金3.0.0
21	八郎	3件、金4.2.0	1件、金1.0.0			2件、金3.2.0
	一村総計	金86.3.0	金30.1.2	金6.0.0	金8.1.0	金40.2.0
		100%	35.00%	6.90%	9.50%	46.70%

註1)「文政五年四月弐十九日野州御知行所横田村・東沼村・物井村三ケ村借用金取調帳」(『全集』第十巻、249頁)から個人別借金総額とその内訳を所在地別に金主件数とその借金合計額を集計整理した。
2) 上記借用金取調帳記載される久助・竹七・勘左衛門は、既に文政五年の人別帳に無いため省略した。なお、3名の借金合計額は2両2分2朱である。
3) 近隣の社寺祠堂金や各種社堂修復金からの借金は「社寺」に含めたが、村内の社堂修復金は「村内」に加えた。
4) 上記借用金取調帳には総額7俵の借米があるが省略した。
5) 圓蔵・元右衛門・兵七・忠右衛門の4人に合計3両2朱の内金差引額があるが些少なため記載を省略した。

すでに大塚英二氏の研究がある。(8)

しかし、尊徳の提案する畑方上納金の転用や「拝借金」融資による返済は、陣屋の決断次第可能であろうが、村民どうしの請人保証は多分に形式的で、一部に質地や請人保証さえない拝借があり、残りの三分の一を金主の「勘弁」に委ねていることなど、この策さえも実効性を問われる側面があった。しかし、新たな策に切り替えさせた尊徳は、さっそく文政五年から六年にかけて、表5－5に見るような村民相互保証による拝借金融資で借財返済に乗り出した。そのうち庄次郎・早助母の二人は借金なく拝借も行われない。また忠右衛門と善蔵のように借金はあるが、拝借金の融資を受けない例もある。拝借せずとも別な方法での返済が可能とするものもあったのであろう。

表5－3「借財」欄には、当時負債のあった者に◯印を、同じく「証文」欄には質地証文を入れて拝借した者に、その年次を示す⑤⑥の印を付した。ただし、金額はすべて捨象している。結果を表5－3で見ると、借財調べの対象が百姓の枠を出ていないこと。つまり、おそらくはじめから帳外れの住民は視野になく調査対象にもなっておらず、当然ながら拝借による負債返済者もいなかったことを示している。仕法の皮切りに実施された仕法資金による緊急の借財返済策は、このように百姓身分と帳外れ者とでまったく扱いを異にするものであったことを示している。したがってこの点だけを取りあげれば、仕法は中農層以上のみを対象とし、下層は切り捨てるものであったとするような議論がなされる恐れもある。

また、仕法が初発に実施した負債返済を目指す拝借金策でも百姓と帳外れ者とが対称的な扱いを

表5-5　横田村の借財調べと文政5午―6未年の拝借一覧

	百姓人名	文政5午年拝借			文政6未年新規拝借		
		村内拝借	質地反別	請人名	村内拝借	質地反別	請人名
1	名主常右衛門	金8.2.0ト米16.0	8反5畝17歩	―	金8.1.0	6反3畝13歩	―
2	百姓勘次郎	金1.2.0ト米4.0	1反17歩	清左衛門	金1.2.0	1反9畝2歩	清左衛門
3	百姓浅七	米2.2	―	清左衛門	金0.1.2	1反5畝29歩	勘次郎
4	百姓庄次郎	―	―	―	―	―	―
5	百姓金次	米4.0	―	平八	金0.1.2	9畝12歩	平八
					金2.0.0	3反3畝16歩	平八
6	百姓平八	米2.0	―	金次	金0.1.0	1反16歩	金次
7	組頭兵七	―	―	―	―	―	―
8	百姓元右衛門	―	―	―	金1.1.2	1反8畝17歩	忠右衛門
9	百姓忠右衛門	―	―	―	―	―	―
10	百姓善蔵	―	―	―	―	―	―
11	取締文左衛門	金5.0.0	4反1畝4歩	平蔵	金6.0.0	―	平蔵
12	百姓利重	金3.0.0ト米3.0	4反9畝5歩	平蔵・文左衛門	―	―	―
			―				
13	百姓富蔵	金1.0.0	1反3畝18歩	平蔵	―	―	―
14	百姓平蔵	―	―	―	金3.0.0	―	富蔵
					金5.0.0	6反7畝14歩	富蔵
15	百姓新右衛門	米4.0	―	文左衛門	金2.0.0	―	平蔵
					金2.0.0	3反17歩	富蔵
16	組頭圓蔵	金4.0.0	1反8畝14歩	政吉	―	―	―
17	百姓政吉	金4.0.0ト米5.0	5反3畝21歩	圓蔵	―	―	―
18	百姓與八	金3.0.0ト米4.0	3反2畝11歩	圓蔵	―	―	―
19	百姓早助たん	―	―	―	―	―	―
20	百姓八郎	米4.0	―	清左衛門	金0.2.2	1反5畝24歩	勘次郎
21	百姓清左衛門	―	―	―	金0.2.0	2反5畝9歩	勘次郎

註1）史料は、「文政五午年三ヶ村借用金取調帳」（『全集』第十巻、249頁）と文政5、6年の「拝借証文書上帳」『全集』第十巻、1140頁）
2）表中の「金10.1.2」は、金10両1分2朱、「米16.0」は、米16俵を表す。

受けたことは、村請制下における物成・役負担者維持、潰れ百姓発生による手余り荒地・余荷い共潰れの悪循環を断ち切るための緊急措置と理解すべきであろう。桜町仕法が領主仕法（行政式仕法）の枠組み内で実施されていることから起因する問題である。

第二節　米金融通と仕法諸施策の展開

次に表5－3を中心に、当該期間中に実施された「諸米金融通」「奇特表彰」「難渋救済」「勧農奨励」「荒田開発」「手間賃支払」等の諸施策について検討する。前述の通り、桜町で尊徳が実施した金融施策は単純に利殖を目的とするものではなく、いく分かでも奇特表彰・難渋救済・勧農奨励・荒田開発・手間賃支払などのねらいをもった諸施策が互いに連繫し実施されている。むしろ奇特表彰・難渋救済・勧農奨励・荒田開発などの施策が、米金融通・米金「被下切」・手間賃支払などの形式や手段と組み合わされて実施されたみるべきである。勧農奨励の目的で供与される米金が半分は「被下切」、残りが「年賦返済」による貸付という例も多い。金銭出入帳の仕訳勘定からみれば必然的に金融関係の比重が高くなるのも当然である。なお、まえもって一言すれば、当該期間中、報徳金貸付は未だ成立していない。ただし、その前提のひとつたる開発作取に対する報恩システムとしての冥加米上納が始まるに過ぎない。

諸施策の実施状況は、実務の必要上、毎年作成されていた金銭米穀出入帳（以下、出入帳と略す）や各年の桜町陣屋日記、そして後に尊徳自身が諸施策の展開を整理記録した「知行所村々荒地起返村柄取直仕法御褒美被下中渡書き抜き帳」などから看取されるが、出入帳は記載方式が比較的よく整理された文政七、八年を除けば内容の仕訳整理は不十分で、金銭の出入や返済の有無が記載者にしか判別できない例も多く、このため厳密な集計処理による分析には困難をともなう。

そうしたなかで米を除く仕法資金の流れをもっともよく仕訳整理しているのは、仕法が本格的に展開した文政八年の出入帳、すなわち「文政八丁酉年　御趣法御任金出入帳」である。(9)これは全体が「壱番入金部」、「弐番御陣屋入用之事」「参番諸被下金之事」「四番新家作被下金之事」「五番五ヶ年賦金之事」「六番家根替料被下之事」「七番参ヶ年賦之事」「八番川々並道普請之事」「九番御陣屋持ち頼母子講」「拾番小田原大成趣法講」「拾壱番開発に付諸道具買入」「十二番田畑開発被下」「拾三番開発料内渡し」「拾四番利足付貸付金之事」「拾五番融通無利貸付金之事」「拾六番預金利付返済之事」「拾七番借用金利付返済之事」「拾八番無利預り金返済」「十九番廻米御払い米運賃払い方」「弐拾番〆粕干鰯金之事」「弐拾壱番別物入用」「弐拾弐番米買入代金払い方」「弐拾参番御林苗木植え付け買入代」「弐拾四番二宮年中雑用入用」「弐拾五番月々〆出し改め、持ち廻り」の計二五項目に仕訳されている。

すべての仕訳項目が実際に使われてはいないが、「壱番入金部」を除き、支出の部で実際に使用されている項目のうち、仕法施策に深く関わる項目の内容を検討すると、「弐番御陣屋入用之事」は陣屋の建物・屋根・建具等の建築・修繕費をはじめ、業務に関わり購入・消費する物品代、陣屋詰め仲間の給金支払い等を含んでいる。「参番諸被下金之事」は、住民の奇特表彰・難渋救済・勧農奨励・荒田開発等多様なねらいで、住民に下賜された米金その他の経費の流れである。「四番新家作被下金之事」「六番家根替料被下之事」はともに勧農奨励、時に難渋救済の緊急措置として行われた家作普請・家根葺き替え料等の支払、「八番川々並道普請之事」は、用水堀や道普請の材料費ならびに工事手間代の支払、「九番御陣屋持ち頼母子講」「拾番小田原大成趣法講」は各の頼母子・無尽講掛金の支払、「拾壱番開発に付諸道具買入」「十二番田畑開発被下」「拾三番開発料内渡し」はいずれも御趣法開発の推進奨励のための下賜金品と前貸金である。「五番五ヶ年賦金之事」「七番参ヶ年賦之事」の年賦返済と、「拾四番利足付貸付金之事」「拾五番融通無利貸付金之事」が狭義の貸付金である。「拾壱番開発に付諸道具買入」「十九番廻米御払い米運賃払い方」「弐拾番〆粕干鰯金之事」も広義の勧農奨励策として仕法を下支えする諸施策に関連する。これらのうち横田村分だけを抽出したのが表5－6である。

表5－3はこうした各年の出入帳記録や陣屋日記、「知行所村々荒地起返村柄取直仕法御褒美被下中渡書き抜き帳」などの記録を合わせ用いて作成している。また、諸史料から関連記事を抜き書きして、表5－3の仕法諸施策と住民各層の動きを見る参考に資するため表5－7を作成した。

表5－3によれば、仕法開始直後の文政五年から八年にかけて、横田村でも百姓層に対する手厚

表5-6　文政八酉年御趣法御任金出入帳の横田村住民対象施策

区分	横田村関連記事
参番被下金	1/29　宇兵衛（勘次郎悴）に、冬田耕料金1分銭372文 1/30　善蔵・元右衛門・忠右衛門・兵七・新右衛門・永吉・平蔵・源右衛門ら8人に、冬田耕料金1分銭348文ずつ 2/4　寸平に冬田耕料金1分銭348文、圓蔵に、冬田耕料金1分2朱銭524文 2/11　政吉・與八・浅七・利重・安治ら5人に、冬田耕料金1分銭348文ずつ 2/17　林蔵に、冬田耕料金1分銭348文 4/16　政吉・圓蔵・常右衛門・宇兵衛ら4人に、莚織り・冬田耕相済み褒美に農具1丁代銭700文ずつ 6/1　常八に、耕地見回り役済み、酒代2朱 9/8　善蔵に、拝借日限より格別早く返納奇特につき、金2朱銭246文
四番　新家作被下金	3/20　寸平に家作料、冥加米差出候者共へ、金5両
六番　家根替料被下	4/16　宇兵衛に、賃銀1分米2斗
八番　川々道普請	2/29　利重に、谷田川堀普請に、銭300文
十二番　田畑開発料	6/29　横田村に、反別4反9畝13歩、金2両2朱銭695文米2表9升余 10/24　横田村に、畑反別1反4畝14歩、金2分2朱銭226文、米2斗6升余 畑捲り反別5畝11歩、金3分2朱銭37文
十三番　開発料内渡	4/5　寸平へ、金1両 4/15　清左衛門へ、金1分 4/25　寸平へ、金1両
十四番　利足付貸付金	2/16　常右衛門へ、金5両 2/29　利重へ、金2両、祝言金 4/26　平蔵へ、金3分、田植え金 5/5　圓蔵へ、金2分 6/12　圓蔵へ、金1両2分2朱、横田村分 10/14　寸平へ、金5両 10/27　圓蔵へ、金4両 12/21　兵七へ、金3両、圓蔵へ、金2両 12/23　常右衛門へ、金2両、助郷入用に拝借 12/25　政吉へ、金2両、圓蔵引受、平蔵へ、金1両
拾五番　融通無利貸付	4/11　横田村分、金1両、雀宮入用 6/12　宇兵衛へ、金2分、元右衛門へ、銭216文、御鍬代 6/29　常右衛門へ、金1両3分 7/4　西長屋仲間金治へ、金1分銭618文、味噌買入代金 8/28　常右衛門へ、金1両、時貸 9/8　寸平へ、金10両、新米代内渡し 9/15　圓蔵へ、金2分、時貸 9/29　西長屋仲間元右衛門へ、銭3貫500文、袷等 10/3　西長屋仲間元右衛門へ、銭78文、手拭い1筋 10/8　西長屋仲間元右衛門へ、銭200文、御鍬代

註　典拠史料は、「文政八酉年御趣法御任金出入帳」（『全集』第十一巻、185頁）

表5-7　文政5午—12丑年、横田村の表彰・救済・勧農・開発

	村方一統への申渡	奇特表彰	難渋救済	勧農奨励	荒田開発
政5午	4/　質地書入村貸金30両、借財返済入用金15両（年利1割5分）渡 9/9　耕作出精者入札、高札者に農具被下 11/19 旧来開発隠田、書出申渡 12/17 困窮者に養育米被下	9/9　出精者入札にて與八・庄次郎・忠右衛門・富蔵悴農具被下	11/20 欠落百姓早助母たんお救い米1俵被下 12/15 横田村村方助成金30両（年利1割5分）被下置	12/21 三か村一村限屋根替無尽組織、扶持米・賃銀被下	12/14 横田村自力開発地2町3反5畝15歩、米11俵3斗1升上納、1反に米2斗宛開発料被下
政6未	4/6　耕作出精者入札、高札者に農具被下 10/晦 農業手入行届き奇特、村方一統御酒被下	12/28 御用捨・他借無く耕作出精にて庄次郎に御直書・申年作取被仰付		4/6　三か村耕地手入れ行届き奇特、為賞美金子15両被下	10/2　三か村隠田書出、検見無し上納、農具肥代被下
政7申	2/9　極難者に小児養育米1俵宛被下 9/26 来酉日光御参詣御用人馬備え年中より冬田耕作を指示 10/15 三か村に耕地見回り役申渡	7/1　耕作出精人忠右衛門他3人に農具被下 10/15 申年作取・庄次郎御初穂3俵上納	3/7　浅七、農具不足、新鍬代被下 12/29 極難者、百姓林蔵・早助母に米2俵宛被下	5/14～27 百姓新右衛門・平八・與八・平蔵、借家寸平・長右衛門らの屋根替え助成 5/17 平蔵に馬代金2両貸付 10/15 常八に耕地見回り役申付	2/8～7/13 栄吉、借家寸平・長右衛門・徳治郎、源右衛門に開発扶持内渡 10/15 荒田開発、百姓12人、借家5人、冥加米〆15俵2斗上納

政8酉	1/22 参詣中止につき莚1軒20枚織出し申渡、出精者に機具被下 3/20 申冥加米上納者に御酒被下	3/4 改正趣意厚く出精、村役人・耕地見回り役一同御酒被下		1/29～2/11 冬田耕作料被下 3/20 忠右衛門悴久蔵、常右衛門娘縁談に備え積米預け入れ	3/20 借家寸平、多分に開発冥加米上納奇特、家作料金5両被下 4/5～15 清左衛門、借家寸平に開発料内渡
政9戌	7/1 一統へ「田植えは半夏仕舞」たるべき様、申渡 11/22 畑方開発地、一村限取調差出し申渡	11/22 横田村田畑切添え取増分26俵上納奇特、為賞美名主常右衛門に米10俵被下	7/1 三か村鰥寡孤独様の極難者取調、林蔵・早助母・浅七弟清蔵に米被下		10/15 百姓寸平、荒地多分に開発、目貫島皆潰れ地引受開発百姓相続奇持高相応の家作被下 10/29 百姓寸平、冥加米上納
政10亥	11/9 陣屋で不二孝講筵、三か村一統へ聞かせ候		11/8 組頭兵七、大病煩い難儀につき退役願い、	11/7 御取立百姓寸平・惣右衛門、冥加米〆7俵上納	
政11子			2/11 金治、家業出精扶食無し、春～秋毎月米1俵被下	1/28 寸平冥加米上納奇特、農馬被下	6/晦 常右衛門・宇兵衛・常吉・寸平、借家佐吉・弥市・友蔵の荒田開発に手当被下
政12丑	3/22 三か村一統へ御趣法是まで通り継続の旨通達	4/18 寸平・善蔵・平吉、御趣法永続を江戸歎願奇特、諸入用と成田不動尊之御影一幅被下	4/18 林蔵・平八・政吉・借家久米吉ら鰥寡孤独・病難者に米2俵搗麦1俵宛被下		
	4/18 三か村一統に御趣法趣旨を申達	4/29 善蔵・平吉ら御拝借も無く出精、助成金借用無借に被下致	4/18 三か村一統に従来の諸拝借金元利共すべて被下切を申渡		

註　「日記」(『全集』第三巻)、「知行所村々荒地起返村柄取直仕法御褒美被下申渡書き抜き帳上」(『全集』第十巻)、「当座金銭出入帳」(『全集』第三十五巻)から、各年の仕法施策を内容分類して示した。

い米金融通策が、借財返済融資や出精奇特の表彰などの諸施策に合わせ実施されている様子が確認される。しかし、難渋救済、勧農奨励などの諸施策は、まださして活発とは云えない。一方、当初比較的手薄に見えた帳外れの住民に対する施策が文政七、八年頃から荒田開発支援を中心に活発化の動きを示す。

同じ頃、表5－3からは百姓層でも荒田開発が活発であるかのように見えるが、その実態を確かめるため表5－7を参照すると、文政五年十一月に「隠田」書き出しが布告され、翌十二月から前に自力で開発しながら租税負担を回避して「隠田」化してきた田地の洗い出しが命じられ、結果、横田村では二町三反五畝一五歩、三か村中最多の書き出しが行われ、その分の取米量は一一俵三斗余となったことがわかる。[10]「隠田」書き出しは百姓層の負担増を迫るものであったが、前述の通り拝借金を供与し百姓層の負債返済を支援した尊徳は、開発田（隠田）一反に米二斗ずつ開発料を与え断行した。さらに同年、村方の資金融通を支援するため横田村に助成金三十両（年利一割五分）を与え、また住民の屋根葺き替えを支援する目的で無尽講を村単位に組織させ、扶持米や賃銀を補助する施策も打ち出していた。[11]このように文政七・八年の百姓層の「開発」は、実はそのまま新たな開発ではないが、支援救済と負担増加とを表裏一体化して同時執行された施策だった。

一方、文政六、七年以降、帳外れ者である入百姓・借家・取立百姓たちの間で進む荒田開発は、前の「隠田」洗い出しとは性格を異にし、仕法のさまざまな勧奨策に支援されながら進展した再開発（起き返し）の動きと見なし得る。表5－3の「田植」項目欄には、文政八年の「当申田方植付取調帳」に名が記される住民を○印で示した。[12] これはもともと日限までに田植えを終了したことを確認するための調査だから、そこに名前がないから田作りしていないとの断定はできない。とはいえ、横田村ではこの記録に四人（寸平・長右衛門・徳次郎・惣兵衛）の帳外れ住民が居り、また別の荒田開発記録にも五人（寸平・長右衛門・徳次郎・源兵衛・惣右衛門）の帳外れ者がいるのを合わせみれば、当時在住した帳外れ住民のほとんどが田作りに取り組んでいたことを確認できる。[13] しかも表5－3によれば横田村では文政九年以降、さらに多くの帳外れ住民が現れ、かれらを対象とする奇特表彰・難渋救済・勧農奨励・荒田開発・手間賃支払の諸施策が展開して行く事実が見てとれる。

文政五年以降、同十二年までに知行所三か村内で実施された「開発」に関連する諸施策を仕法関係書類から煩雑を厭わずすべて抽出し、村や組を対象とした施策や、開発や土木普請にあたった人足の「はば田」もすべて一件と数え集計すると、表5－8の通り計一〇三件にのぼる。このうち入百姓・新百姓・取立百姓・借家・「はば田」などの帳外れ住民が開発主体となったものが三二件あり、帳外れ者の開発全体に関わる比率は三一％、このほか「三か村一同」あるいは「冥加米差出候者」などの表記のうちにも帳外れ者はいる筈だから、実際はこれより若干高くなる。恵まれぬ条件下で帳外れ住民の関わる開発が全体の三分の一にものぼることは、この時期の開発がかかる階層の持つエネルギーに多分に後押しされ進んでいたことを裏書きしている。仕法はこうした層の力を引き出すことに一定の成果をおさめつつあったというべきであろう。

しかし荒蕪地を開発することは、収量を得て富を増やす半面、開発者の租税負担も増大させるから、住民がそれを押して開発を進めるには、彼らを誘因する要因がなければならない。表5－8の開発事績をみるとそれを推測する手がかりも得られる。文政五年十一月、潰れ同様の百姓式相続を願い出て開発を進めた東沼村の百姓佐兵衛と市左衛門は、その「出精」を賞され家作と農具の支援を受け、開発料米二十俵宛を供与されたが、うち十俵は「被下切」、残り十俵は無利三か年賦の返済条件で貸付られた。(14)佐兵衛は当時二十代半ば、女房と二人暮らし、市左衛門は五十前後で悴と二人暮らし、すでに百姓式を有してはいても二人とも充分に安定した経営とはいえない状況にあった。潰れ同様の手余り地を有利に取得し経営の拡大安定を目指したのであろう。他にも潰れ式相続、手余り地引受を目指し開発を進める例が見られる。

文政五年末から翌年にかけて知行所に入った東沼村丈八と横田村寸平の二人も、荒地開発と共に潰れ式相続と百姓式取立を出願した入百姓である。丈八は近郷西沼村出身で、東沼村谷中坪の潰百姓惣兵衛式の相続による百姓取立を出願し、尊徳もこれを「奇特」とし家作料金二両で支援し、うち一両は被下切、残りを五か年賦で貸し付けた。かれは村境で西沼村越石分の西沼脇を開発する傍ら、綿打ち渡世や干鰯商いも行い、水戸の干鰯商人板屋吉兵衛を桜町陣屋に紹介し、陣屋の指示を受け、東沼村名主弥兵衛と共に干鰯の共同購入の世話をするなど在方の御用商人的表情もみせる。(15)横田村の寸平は越後三島郡の出身で、弟二人を引き連れ開発場で「はば田」「黒鍬」として賃金を稼いでいたが、桜町仕法の様子を見て、自ら百姓への取立を出願し開発地に取り付いた。尊徳は開発賃銀の前貸、開発地の「作取」(鍬下)をもってこれを積極支援した。(16)文政七年、おなじく開発地の

表5-8　仕法期間中の荒田開発・潰式相続・分家取立記録

	年月	村名	住民名	開発事績
1	政5.3.	下物井村	百姓孫右衛門	欠落百姓伯父清治跡式相続、
2	政5.11.	桜町組	桜町文蔵組	茅堤耕地手余り地引受、
3	〃	東沼村	百姓佐兵衛	潰れ同様の百姓式相続、出精開発、家作農具開発料、米20俵御拝借、内10俵被下切、残無利3か年賦
4	〃	東沼村	百姓市左衛門	潰れ同様の百姓式相続、出精開発、家作農具開発料、米20俵御拝借、内10俵被下切、残無利3か年賦
5	政5.12.	桜町組	桜町文蔵組	自力開発年貢上納出願
6	〃	横田村	常右衛門組	自力開発年貢上納、開発料1反につき米2斗
7	〃	東沼村	弥兵衛組	〃
8	〃	〃	和田組	〃
9	〃	下物井村	品右衛門組	〃
10	〃	西物井村	平佐右衛門組	〃
11	〃	東沼村	入百姓丈八	潰れ百姓惣兵衛式相続出願、家作料金2両、内1両被下切、残無利5か年賦、文政8.3.西沼脇越石開発
12	政6.	横田村	入百姓寸平	越後三島郡蓮花寺村から来村、開発百姓取立出願
13	政6.5.	桜町組	はば田善太郎	荒地開発、御賞美米15俵
14	政6.10.	3か村	3か村一同	追々新開発出来、達御聴、御酒下
15	政7.2.	横田村	入百姓寸平	横田村荒地開発請負、金5両1分2朱余と米5俵余被下
16	〃	東沼村	百姓喜太郎	開発賃銭・扶持米受取
17	政7.3.	西物井村	はば田茂七	向原坪善太郎はば田開発、田1反6畝余引受、文政7.9.次男米吉潰れ定右衛門式相続、取立出願、家作料金3両、米2俵
18	〃	桜町組	はば田善太郎	向原坪善太郎はば田、西物井地内請負開発
19	〃	横田村	新百姓徳治郎	開発扶持内渡し
20	政7.	桜町組	百姓勝蔵弟熊蔵	開発田地引受、作徳米積み置く
21	政7.4.	横田村	新百姓長右衛門	開発扶持内渡し
22	政7.5.	横田村	入百姓寸平	新田開発出精、金1両
23	政7.7.	横田村	百姓平八聟源右衛門	新田開発出精、金1分
24	〃	〃	〃忠右衛門	申開発3反5畝余、
25	〃	東沼村	〃喜太郎	開発扶持米受取
26	〃	西物井村	百姓栄蔵	未開発5反6畝、金1分余
27	〃	西物井村	取立百姓澤治	日雇稼ぎから帰村、文政7.10.荒田開発作取出願
28	政7.8.	桜町組	はば田善太郎	荒畑開発、引受出願
29	政7.閏8	桜町組	はば田市左衛門	物井茅堤1反4畝余開発
30	〃	〃	〃善太郎	桜町組佐右衛門持荒れ畑開発、引受出願
31	〃	東沼村	はば田直右衛門	惣左衛門内で所々開発扶持被下
32	政7.9.	下物井村	百姓三郎右衛門はば田	物井片ふた弥助持ち水付畑開発
33	政7.10.	東沼村	名主弥兵衛	御趣法荒田開発当申作取冥加米上納出願、文政11.1.潰れ惣兵衛式取立、娘の分家取立
34	〃	〃	入百姓丈八	西沼脇開発
35	〃	〃	百姓多吉	御趣法荒田開発当申作取冥加米上納出願

	年月	村名	住民名	開発事績
36	〃	〃	組頭喜太郎	〃
37	〃	〃	百姓丹蔵	〃
38	〃	〃	〃彦治郎	〃
39	〃	〃	〃伊八	〃
40	〃	〃	〃金蔵	〃
41	〃	〃	はば田惣左衛門	北田・稲荷田・とうか田開発
42	政7.10.	桜町組	百姓弥五郎	御趣法荒田開発当申作取冥加米上納出願
43	〃	〃	〃伊助	〃
44	〃	〃	〃善蔵	〃
45	〃	〃	〃定七	〃
46	政7.10.	横田村	名主常右衛門	御趣法荒田開発当申作取冥加米上納出願
47	〃	〃	百姓宇兵衛	〃
48	〃	〃	〃庄次郎	〃
49	〃	〃	〃平八	〃
50	〃	〃	〃元右衛門	〃
51	〃	〃	〃利重	〃
52	〃	〃	〃栄吉	〃
53	〃	〃	〃平蔵	〃
54	〃	〃	〃新右衛門	〃
55	〃	〃	組頭圓蔵	〃
56	〃	〃	百姓政吉	〃
57	〃	〃	〃與八	〃
58	〃	〃	入百姓寸平	〃
59	〃	〃	百姓林蔵	〃
60	〃	〃	新百姓長右衛門	〃
61	〃	〃	〃徳治郎	〃
62	〃	〃	〃源兵衛	〃
63	〃	〃	御取立惣右衛門	〃
64	政7.10.	下物井村	百姓嘉六	御趣法荒田開発当申作取冥加米上納出願
65	〃	〃	〃郡蔵	〃
66	〃	〃	〃数右衛門	〃
67	〃	〃	〃弥惣治	〃
68	〃	〃	〃孫右衛門	〃
69	〃	〃	〃文吉	〃
70	〃	〃	〃甚左衛門	〃
71	〃	〃	〃源右衛門	〃
72	〃	〃	〃岸右衛門	〃
73	〃	〃	〃政吉	〃
74	政7.10.	西物井村	百姓弥七	御趣法荒田開発当申作取冥加米上納出願
75	〃	〃	〃源左衛門	〃
76	〃	〃	借家澤治	〃

	年月	村名	住民名	開発事績
77	〃	〃	百姓常八	〃
78	〃	〃	〃伴治	〃
79	〃	〃	〃金右衛門	〃
80	〃	〃	〃利兵衛	〃
81	〃	〃	百姓忠七弟	物井村柿木西通畑開発
82	〃	〃	〃政吉	御趣法荒田開発当申作取冥加米上納出
83	〃	〃	〃岩蔵	〃
84	〃	〃	組頭直兵衛	〃
85	〃	〃	はば田竹次郎	北田・稲荷田・とうか田開発
86	政8.3.	東沼村	入百姓丈八	申越石開発、冥加米上納
87	〃	3か村	冥加米差出候者	去申開発作取被仰付、冥加米差出候者、御酒被下
88	政8.6.	西物井村	名主文右衛門	隣村桑野川越石御趣法開発
89	〃	〃	新百姓清右衛門	桑野川村越石荒畑、御趣法開発
90	〃	〃	百姓清左衛門	桑野川村越石荒畑、御趣法開発
91	政9.10.	横田村	入百姓寸平	目貫島坪引受開発、百姓相続奇特、相応の家作被下
92	政9.12.	東沼村	百姓五郎右衛門	兄の分散田畑請け戻し金15両、取付手当米15俵被下
93	政10.1.	西物井村	百姓政吉	潰式相続以前より田畑引受荒田開発奇特、家作料金10両、取り付き扶食米12俵被下
94	政10.9.	西物井村	入百姓清右衛門	4年以前罷越、荒田開発相続出願、相応家作被下
95	政11.6.	桜町組	百姓常右衛門	田3反5畝余開発賃金1両2分1朱余と米1俵
96	〃	〃	借家孫兵衛	潰れ百姓善太郎田地引受、潰れ百姓半四郎式相続
97	〃	横田村	百姓宇兵衛	開発田9畝13歩、賃金1分2朱余被下
98	〃	〃	〃常吉	開発田3反5畝14歩、賃金1両2分余被下
99	〃	〃	新百姓弥吉	起返田2町4反余共同開発、手当金10両3分2朱と米10俵3斗余被下
100	〃	〃	借家友蔵	共同開発、2町4反余、賃金10両3分余、米10表余被下
101	〃	西物井村	百姓佐吉	開発田3反2畝余、賃金1両3朱余、米1俵1斗余被下
102	政12.4.	東沼村	新百姓作兵衛	新田開発3か年鍬下作取
103	〃	桜町組	百姓藤蔵	潰れ政七式相続、種々手当被下

註　史料は、「知行所村々荒地起返村柄取直仕法御褒美被下申渡書抜帳」(『全集』第十巻、1023頁)、「陣屋日記」(『全集』第三巻)、各年の金銭出入帳(『全集』第十巻、十一巻、三十五巻)。

引受を出願した桜町組の借家勝蔵にも弟熊蔵名義による百姓取立の希望があった。(17)

帳外れ者が荒田開発、開発地引受、潰れ式相続を出願し、百姓式取立を求めるのは、帳外れ者としてできる手間稼ぎ程度の生業の不安定性を払拭できなかったからで、年貢・諸役の負担を覚悟しても高所持から生ずる生活の安定を求める気持ちに動かされたからで、身分の上昇だけを求めたものではなかった。

当時、知行所住民の農間渡世でもっとも目立つのは大工・木挽・車屋（水車屋）などである。大工は下物井村百姓重蔵、西物井村借家茂七、東沼村百姓清七、百姓庄兵衛の四人がいたが、そのうち借家茂七は文政六年に居酒の隠し売り禁止違反で咎めを受けた経験がある。しかし、その翌年には、「はば田」の開発地を引受け、次男米吉が潰れ定右衛門式相続による百姓取立を出願、文政十年の宗門人別改帳では家内三人で百姓式の確認を受けている。(18) このほかにも同じ頃、東沼村名主文右衛門と組頭圓蔵宅に、それぞれ他村から一人ずつ大工職人が逗留している。そのうち圓蔵宅に居た格次（角次）は後に圓蔵家に聟入りしている。大工職は、仕法が勧農奨励や難渋救済の目的でさかんに行った新家作の造成・旧家作の修復業務を請け負い稼ぎとした。仕法役所も所持地を放棄し無断で他領稼ぎに出る住民は厳しく取り締まったが、村内で百姓相続の助けとなる農間稼ぎを行うこと自体を取り締まることはなかった。同じ頃、木挽渡世をしていた者に西物井村百姓栄蔵、横田村借家藤蔵、同じく忠治がいたが、そのうちの借家藤蔵は、「はば田」稼ぎを行う傍ら、仕法の家作支援にともなう木材伐り出し作業の多くを請け負い、後に百姓に取立られている。(19) 車屋は桜町組で百姓の政吉（上の車屋）、弥藤治（下の車屋）、平八（栃井車）の三か所あったが、かれらも農間の渡世者であった。

仕法は開発者が入百姓・借家などの帳外れ者であれ、百姓であれ、荒田開発・手余り荒地の開発をしようとするものならば特に区別することなく支援し、開発地の引受、あるいは潰れ式を相続し百姓式の取立を願う意思が固いとみれば、開発料（米金）や、取付相続のための夫食手当を与え、屋敷地の造成、家作（居宅・灰小屋の建築・修繕）・屋根葺きの支援にも踏み込んだ積極的な世話をした。さらに税の負担増が開発意欲を鈍らせるとみれば開発地分には年季を定めて物成負担を免除する「作取」（鍬下年季）支援を定例化し、必要に応じて年季の延長にも配慮した。

以上、文政五年以来の仕法諸施策の展開と住民の動向を観察してきた。従来、当該期間の仕法を単に仕法の準備期間、あるいは住民の抵抗による仕法の渋滞期間と見る傾きがあったが、いずれも妥当とはいえない。住民抵抗による仕法渋滞期間とする論者は、仕法施策の実態把握を行わず、文政十一年四月に作成された尊徳「役儀伺い」（次章で検討）の言説の一部をそのまま鵜呑みにした傾向がある。

また、仕法が中農層以上を優遇保護し、下層民は見捨てる傾向があるとする評価も適切でないことはすでにあきらかである。もちろん荒田開発に取り組んだ百姓・帳外れ者のすべてが順調に生活を向上させたわけではない。現に横田村では百姓層の大半は養子縁組などで後継者維持に努めつつ経営を維持存続させたが、帳外れ者のなかで期間中に百姓式を得られた者はまだ少なく、わずか一人に止まり、その他の帳外れ者のなかから新たに三人が百姓に取立られるのは、桜町仕法が延長期間に入った天保三年以降である。仕法の下でも後継者を得られず潰れ退転に至った百姓もあるし、帳外れ身分のまま据え置かれながら、「取り付き」相続の手段を模索し続けた借家・入百姓も少なくない。

第三節　仕法の進展と尊徳の「役儀伺い」

文政十二（一八二九）年正月に起きた尊徳の出奔事件は、前触れもなく発生したかに見えるが、実は重要な伏線がある。その八か月以前（文政十一年四月）、尊徳は辞職覚悟の「出訴」とも云える「役儀伺い」を作成、西物井村名主文右衛門に持たせ、大久保・宇津両家の江戸屋敷に提出した。[20]しかし、伺い書は受理されず、結局きちんとした回答は何もなかった。この伺い書は仕法の進行具合と、これへの住民の反応、その他諸般にわたる尊徳の見解を知る上で重要であり、その後に発生する出奔騒ぎの素因を探るにもきわめて貴重な史料である。

右の伺い書は文政十一年四月付であるが、実際提出されたのは五月になってからであった。差出は「野州桜町陣屋内二宮金次郎」、宛所は「釟之助様御知行所御取扱御役人中様」となっており、今、記録として残っているものは宇津家宛の文書だが、仕法の直接の依頼主であり、尊徳と主従の関係にある小田原藩に同様のものが提出されない筈はなく、また実際にそれをうかがわせる記録もある。[21]

同伺いは甚だ長文だが、その要所のみを原文のまま次に掲げる。

三ヶ年目申年（文政七年、注は筆者）、田畑之開発並道川普請少々相始め申候所、旧来惰弱之人気差発、種々様々故障ヶ間敷書付を以願出候儀は、（中略）数年致困窮、人少故、生田畑作立不行届、年々手余りに相成、余荷地詰り、自他共半作相成、致潰百姓候処、此上開発被仰付候ては、弥以村方一統及潰候外有御座間敷候段申出候、（中略）押て致開発候得共、人気相障、願出候通不致開発、其儘差置候得ば、被仰出候御趣意空敷相成恐入候次第に付、御陣屋詰之面々評議仕候得共不致一致、夫々相伺候得共御沙汰無之相流居候、（中略）、酉年（文政八年）関東凶作に付、百姓一統暮方難取続、（中略）御任書にも、格別之年柄は制外と御座候間、高田才治殿立毛出役之節、其段申出候処、相成間敷旨被申聞候、五ヶ年目戌年（文政九年）に相成、（中略）中々以被仰出候御趣意難押立段申出候処、御年限中彼是申出候儀、甚不忠之至、先々及所迄可致出精旨申聞、無處相勤罷在候

文政七年頃から開発が進展すると、その結果生じる負担増を警戒する住民が、いろいろ不満を文

書にして願い出る動きも出てきた。無理に開発をさせても実効性はなく、とはいえ放置すれば仕法趣旨もそこなわれる。対策を陣屋で協議しても話しはまとまらず、やむなく江戸に伺いを立てたが、返事もないまま放置された。去る文政八年は凶作となり、仕法委任時の文書では凶作時は破免とあるから小田原藩にそれを要請したが拒否された。文政九年になりこのままでは仕法趣旨の達成は難しいと願い出たが、仕法中にそのようなことを云うのは「不忠」だと決めつけられ、やむなく止まらざるをえなかった。

これが大意である。

仕法が本格的に進展したかに見えた文政七、八年から「役儀伺い」を提出した文政十一年五月頃までの間に、尊徳自身から見ても知行所内ではこうした矛盾や不満が積り始めていた。しかも問題は住民の怠慢や消極性にあるだけではなく、対応策を協議すべき役所側にもある。文政九年五月には、小田原藩で地方役人の組織改編があった。桜町陣屋詰め役人の人事にも変化が見られた。これまで「野州御用」を尊徳と共に分担、桜町にもたびたび赴任、長期間駐在していた勝股真作・武田才兵衛が江戸勝手方に転任、その機会に尊徳は御組徒格、切米五石二人扶持となり、はじめて士分の扱いを受けたが、以来桜町詰め役人は尊徳一人となり手不足となった。(22) そこで役人の増派を要請すると不慣れで現地の実情も判らない人物が他所と掛け持ちで臨時に短期間だけ交代勤務するような状態になった。後に尊徳と対立したことで知られる豊田正作もその一人である。

従来、この「役儀伺い」は、冒頭部分にある「田畑之開発並道川普請少々相始め申候所、旧来惰弱之人気差発、種々様々故障ヶ間敷書付を以願出候」などの文言から、仕法に対する住民抵抗、仕法の渋滞の根拠とされてきた。しかし、尊徳の真意はそこには無い。むしろ後半の「酉年関東凶作に付、百姓一統暮方難取続、（中略）御任書にも、格別之年柄は制外と御座候間、高田才治殿立毛出役之節、其段申出候処、相成間敷旨被申聞候」という小田原藩の無理解が本来の仕法趣旨に反することの誤りを正そうとするところにある。

「役儀伺い」は、さらに続く文言で小田原から派遣される役人を痛烈に批判するとともに、自ら行なおうとするところの仕法理念について、次のように述べる。

近年国産風にて、御百姓後年之愁を不構、当座之手柄御上様之御為筋を繕立申双、御収納取増事而已相働、我立身出世、御褒美之類を内心に含候仁物にては相成間敷と奉存候、與其有聚斂之臣、寧有盗臣、古寛永年中より、寛文年中迄、右之臣被行候様子、諺にも及承候、（中略）、元禄年中より享保年中迄、甚敷其臣被行候、新田、新畑、屋鋪、立出し、改出共、御割付に沢山相見候、凡百年之間、民を暴、御物成三千俵也、其罪天に通し候哉、直に享保之末より、文政四年に至迄、亦凡百年之間、御両家様之御苦労に掛り、御百姓弐百五拾軒余、人別凡千人余を失、御物成夥敷相減、僅千俵余、畑方金百弐拾七両余、空敷形に相成候、（中略）、依之向後之儀は、古御物成盛衰合四千俵余、其中を取て開発出来之上は御収納高二千俵位被仰付度奉存候、要約すれば、次の通りである。「近年は国産風とか云い領主の増収をはかることばかり、いろいろと申し並べる者が多い。だが後年、領民が負担に苦しまぬ様にと真剣に考える者は少なく、目の前の手柄と出世だけを目的とする風潮がある。過去にもそんな家臣の横行した時代があり、古諺にもそれが残されている。亨保頃まで田畑屋敷の無理な開発があった様子が村に残された割付状からも読み取れる。およそ百年、民を虐げ租税負担を増し物成米を三千俵にも引き上げてきた歴史である。この罪が天に達したのであろう、その後、仕法が開始される直前までの百年間に、およそ家数二百五十軒、人口一千人が失われ、結果として租税収入も激減した（農村荒廃と領主財政の窮乏、筆者注）。こうした歴史的経験を踏まえ、仕法による再開発の達成目標は、収納高二千俵を限度とするのが適切である」というのが仕法受諾時から尊徳が保持しようとしてきた仕法の根本方針であり、仕法の理想でもある。この原則に則り上下（領主・領民）の協力が得られるのでなければ、もはや仕法成就の見込みは立たない、これが伺い（実は訴え）の真意である。[23] ひとり豊田正作の無理解を責めるような片言隻句もない。

つづく部分でも尊徳は言葉を換え品を替え、繰り返し自己の仕法理念を理解させ様と努めている。その主張はつまるところ、「土地相応之為致御収納儀、任天理に就天之理に少しも障無、金銀米銭有合次第、一村致開発候へば一村繁昌仕、一郡致開発候得ば一郡永続仕候」という彼自身の言葉に尽きる。「天理」にもとづき「百姓を取立」、「開発」を行い、「天理」にもとづき「御収納」を課す。ここで云うところの「天理」も前後の文言から「土地相応」で「障り無き」ことを意味するから、過去の歴史を教訓とし農村荒廃の誤りを二度と繰り替えさぬため、苛斂誅求を排し土地生産力に見合う無理のない「百姓取立」「荒地開発」「物成収納」の原則をつらぬく、これが尊徳のいう仕法の根本理念と云える。しかし、この「訴え」に対し、宇津・大久保の両家からは何の返答もなされぬまま約八か月が経過する。

実は文政十一年四月、右の「役儀伺い」を作成する直前、尊徳は小田原藩から二度目の地方機構改変の通知を受けた。この改変でこれまで郡奉行配下にあった野州御用掛は、「大勘定奉行支配下当分野州御知行所取扱」へと改編され、上司に従来の関係者のほとんどがいなくなり、新任者も病気のため着任が遅れ、交渉・伺いを立てる相手もなくなっていた。(24) 度重なる組織改変とそれにともなう人事の不手際は、尊徳の小田原藩との距離感を拡大させていた。役儀伺いが無視され続けたことで、いっそうその感が深まった。

しかも、知行所内では、伺い書にも触れられるような種々の混乱が前後して発生していた。文政九年四月、横田村大杉大明神の祭礼で若者どうしの喧嘩があり、相手方の中嶋坪百姓平八聟源右衛門宅に若者組が押し寄せ打擲を加える事件が発生した。源右衛門がもともと入百姓であったことは、この事件の背後に新旧百姓の対立という問題も内包させていた。(25) 翌五月、尊徳は東沼村の出奔百姓清右衛門（当時、吟味中手錠村預け）を助ける百姓たちが「式相続頼母子講」を組織しようとしたのを支援、(26) 七月には知行所内の極難者、病難者に救済米の支給を行っている。(27) 十二月には西物井村名主役平左衛門が役儀取上閉門の処分を受けた。これに連座し、相名主文右衛門は押し込み、組頭の直兵衛と源左衛門は急度叱り、村役人全員が処分される事件が発生していた。理由は「御収納取増余歩等閑、不束」、つまり再開発の進展で生じた収納増分をきちんと届けて処理せず「等閑」に付した責任が問われたのである。[28] 歳末になると東沼村境組彦治郎が酒狂により「縄掛け宿預け」、同組の百姓幾右衛門は呼び出され尋問を受けた際、「不束」の申し分をしたとして吟味中牢舎を申し付けられ、あわせて横田村百姓重治も不身持ちを理由に「吟味中牢舎」となった。[29]

翌十年四月、前年暮れから牢舎中の幾右衛門が無断で他村稼ぎに出たことが「不束」であるとして押し込み、同時に組一同も過料銭三貫文の処分となった。同月、横田村では百姓金治が「農業専一の心懸け無く惰弱の風俗改めざるは不届き」として「過怠手鎖」を申付けられたが、[30] 秋から冬にかけても東沼村組頭新兵衛が持病再発のため役儀御免出願、東沼名主茂左衛門が眼病を理由に役儀御免、横田村では組頭兵七が病身のため役儀御免、東沼村組頭佐七も病身を理由に役儀御免を願い出た。[31]

こうした村方秩序の混乱は翌十一年まで続き、二月にはまたもや横田村金治が陣屋お勝手で酒の上の喧嘩騒ぎを起こし、[32] 五月には東沼村組頭喜太郎が地元の有力寺院である円林寺に対する「不束」を理由に「慎み」申付けを受ける事件まで発生していた。[33] これが尊徳が「役儀伺い」を提出する直前の弛緩した村方の状況である。

もっともこの間も、仕法がまったく停止していた訳ではない。西物井村百姓政吉は、文政十年初頭から潰百姓伊右衛門式の相続を出願、田畑を引受け開発を進めており、尊徳は取付米十二俵を与え援助した。(34) 物井村では大前用水堰普請が進み、東沼村では東沼村用水普請が始まり、普請用材の伐り出しがさかんに行われていた。(35) 横田村では入百姓寸平の荒田開発が引き続き精力的に行われ、家作の援助も行われていたが、(36) 一方では名主常右衛門他六人が隣村寺内村の秣場で採草したとして訴えられる出入事件も発生、これら多様な事件に適切に対応して行くには尊徳一人の力では足りず、村役人や陣屋詰め役人はもとより、知行所内の総力を結集した体制づくりが必要となっていた。

第四節　出奔をめぐる住民動向と帰陣後の尊徳

尊徳は文政十二年の正月早々、江戸へと云って桜町を出立、ところが江戸屋敷には向かわず、そのまま行方が判らなくなった。尊徳が七日を過ぎても江戸屋敷に出仕せず行方知れずとなったことから、これを不審に思う住民の間から自然発生的に尊徳の動静を心配する動きが現れる。最初に動いたのは東沼村弥兵衛と西物井村文右衛門の二人の名主と、東沼村金蔵、横田村金治、下物井村岸右衛門ら三人の百姓で、彼らは陣屋から添翰を承けて出府し、江戸屋敷で目的を告げたが、一先ずは帰村するよう促され名主弥兵衛一人残して他は帰村した。(38) その後、一か月近くが経過した頃、ただならぬ状況を察知した文右衛門は、再度陣屋の許可を受け出府する。文右衛門は前に尊徳が「役儀伺い」を提出した際、その文書を届ける役も任せられた人物であり、今回も尊徳の行動が仕法の存続に関わる問題を内包することをうすうす知らされていたか、または告げられずとも察知したものと推定する。しかし、文右衛門二度目の出府も成果を上げなかった。

二月後半から、危機感をもって尊徳の帰還と仕法継続とを歎願しようとする住民が出訴のため、ひそかに江戸に登り始める。知らせを受けた桜町陣屋では横田村取締役圓蔵・西物井村名主文右衛門・下物井村組頭宗左衛門ら三人を江戸に派遣、炭屋庄兵衛方（宇津家知行所民の訴訟宿か）に逗留していた出府者十四人（表5－9）に面会し出府の目的を糺すと、「是迄、段々厚御世話にも相成候事故、農用之序御尋申上候、勿論　御上へ対毛頭願ヶ間敷儀無之候（中略）追々帰村仕候」と答えたという。出府した住民たちは、その後、帰還前に宇津家屋敷に出向き、仕法継続の歎願を行い、三月十八日に帰村した。同日、宇津家の家臣横山周平らも桜町に着任、「先達て江戸表へ出府致候拾四人之者共、於西久保様（宇津家）思召被成御座、御聞届に相成候」という宇津家の意向も同時に知行所へ伝えられ、翌十九日には横田村取締役圓蔵と西物井村名主文右衛門も帰村、小前の者たちの願い通り、金次郎の仕法を継続するとの大久保・宇津両家の意思が正式に知行所に伝えられた。(39)

事件の帰趨を決する結果となった住民の江戸出訴だが、これにはいくつか顕著な特徴が見られる。第一は、出訴者十四人中、西物井村から半数近い六人が参加したのに比べ、下物井村からはわずか一人、陣屋所在地である桜町組からはゼロ、横田村から三人、知行所最大の村である東沼村は

表5-9　文政12年御趣法永続歎願出府百姓

出訴者名	村と身分	不二孝	出訴者事績
1.岸右衛門	下物井村 百姓	○	・政6.12.耕作出精奇特、賞美に御直書・御用捨作取被仰付、政7.10.当申1か年開発作取、政9.3.夜、不二孝講筵開催
2.惣右衛門	西物井村 百姓		・政6.3.御趣法屋根替え無尽落札、米金拝借
3.弥七	西物井村 百姓	○	・政7.10.御趣法荒田開発、作取、政8.7.老母引受分家相続出願、出精奇特、御褒美に新家作被下
4.宇兵衛（傳右衛門）	西物井村 百姓	○	・政5.9.耕作出精入札壱番札、鍬被下、政6.12.御拝借金皆済奇特、鍬被下、政9.10.夕方、井上右行招聘不二孝開催
5.伴治	西物井村 百姓	○	・政5.9.耕作出精入札弐番札、鎌被下、政7.10.当申1か年開発田作取被仰付、政10.10.武州鳩ヶ谷三志招聘、知行所3か村済度
6.金右衛門	西物井村 百姓	○	・政7.7.日雇稼立戻り出精奇特、米被下、政7.10.御趣法荒田開発、田方作取、
7.清右衛門	西物井村 入百姓	○	・政7.3.新屋敷畑買取、政8.6.桑野川村越石御趣法荒田開発、政10.9.荒田開発・百姓御取立出願奇特、高相応家作被下、政11.8.不二孝講筵に参加
8.善蔵	横田村 百姓		・政9.5.当4月大杉囃之節若者口論取扱手本、御賞美金3両被下
9.平吉（父利重）	横田村 百姓		・政7.10.御趣法荒田開発田方作取
10.寸平	横田村 入百姓		・政6.来村、開発百姓御取立出願、政7.2.横田村荒田開発請負、政9.10.家作被下、政11.1.冥加米上納奇特農馬被下、
11.丈八（惣兵衛）	東沼村境組 入百姓		・政5.12.潰惣兵衛式相続取立出願、家作料2両拝借、内1両被下切、残無利5か年賦、政7.5.干鰯買入交渉、政7.10.西沼脇開発 ・政7.7.村方五右衛門田地引受、拝借金借用
12.善兵衛	東沼村和田組 百姓		・政5.9.耕作出精入札壱番札、政5.11.潰同様百姓式相続、家作農具料米20俵拝借、内10俵被下切、残3か年賦
13.市左衛門	東沼村境組 百姓		・政5.9.9.耕作出精入札壱番札、鍬被下、政5.11.潰同様の百姓式相続、開発出精、農具料米10俵被下切、10俵3か年賦返済で拝借
14.佐兵衛	東沼村和田組 百姓		

註　「文政十二年陣屋日記」（『全集』第三巻）。

両組含めても四人というように、村ごとの参加人員の構成に大きな偏りがあること。第二に、村役人の参加がまったくないこと。第三に、入百姓で最近、新百姓に取り立てられたばかりの者が少なくも三人（西物井村清右衛門、横田村寸平、東沼村丈八）いること。第四に、鳩ヶ谷三志の率いる不二孝仲間が六人（岸右衛門、弥七、宇兵衛、伴治、金右衛門、清右衛門）いること。岸右衛門（下物井村）を除く他の五人はいずれも西物井村百姓であること。第五に、参加者のほとんどが、仕法にもとづく開発に取り組み、出精表彰、褒美米金下賜、開発田作取、家作支援などの恩恵に浴した経験の持ち主であることとである。

この人員構成と前述の経緯とを合わせ考えれば、出訴は知行所村々一同が協議し意思統一をはかり正式に惣代を立てたものでないことは明瞭である。そうしたなかで、人々を糾合するファクターとなったものが自ずから見えてくる。一つは西物井村、二つに不二孝仲間、三つに入百姓、四つに仕法への共感である。これらすべての要素を兼備する人物として西物井村清右衛門がいる。清右衛門は下総国豊田郡出身の入百姓で、文政七年に西物井村で新屋敷畑を金二分で買い取り入植した。これを世話したのが同村百姓金兵衛であったが、金兵衛は江戸出訴十四人の一人傳右衛門隠居で、文政七年二月、自宅で不二孝心眼講を開催、知行所内に不二孝を普及させた草分け的存在である。清右衛門入植当時は、名主平左衛門は役儀の責任を問われ押し込み逼塞の状態にあり、その穴を埋めて金兵衛が耕地見廻り役などの勤めを果たしていた。文政九年には下妻村から不二孝指導者井上右行（兵右衛門）を招き、同伴して桜町陣屋に尊徳を訪問、名主文右衛門宅で不二孝講筵を開き、これに尊徳も同席している。

この清右衛門が文政十年九月、出身地立ち退き時の問題で出入りを生じた際、扱い人となって世話し無事内済させたのが下物井村百姓岸右衛門であった。岸右衛門も、文政六年十二月に耕作出精の村内手本として表彰され御用捨「作取」を許された経験を持ち、其後もしばしば表彰支援の対象とされてきた。文政九年三月には、不二孝講筵を自宅で開催、これにも尊徳が同席している。また、十四人中ではないが、直前まで尊徳の行動に関心を寄せ、気を揉んでいた西物井村名主文右衛門もその一人である。自ら隣村桑野川との越石分荒地の再開発を行い、不二孝仲間の有力な一員でもあり、出訴者のほとんどと個人的なつながりを有している。さらに重要なことは「役儀伺い」を江戸屋敷に届ける任務を尊徳から託された経験を持っていることである。また出訴者中に干鰯商いに精通し在郷商人的性格を併せ持つ東沼村の入百姓丈八がいたことも看過できない。金肥取引や不二孝仲間とのつながりは、下総・常陸・武蔵方面への情報網を確保し、事件への対応を容易にすることに寄与した筈である。

つぎに、桜町に帰還した尊徳が、事件直後にとった行動を検討してみよう。尊徳は四月十八日、陣屋に三か村住民を召集し、文政五年仕法開始時に発せられた宇津家当主直書・小田原藩郡奉行三幣又左衛門申渡・宇津家家老代田五左衛門申渡の三通をあらためて読み聞かせた。仕法の原点を想起させ、初心に立ち戻り出精すべきことを説き聞かせるためであったことは云うまでもない。ここでさらに注目すべきは、この時、合わせて昨年、尊徳が領主側に提出した「役儀伺い」全文を読み聞かせていたことである。[40] 尊徳が仕法着手以来、仕法諸施策の基礎に据えてきた仕法の根本理念、すなわち、過去の歴史に学び、農村荒廃の誤りを二度と繰り替えさないため苛斂誅求を排し、土地生産力に見合った「百姓取立」と「荒地開発」に徹し、無理のない「物成収納」の原則をつらぬくということ、これが尊徳の考える仕法の根本理念であることは前述の通りである。「役儀伺い」の読み聞かせは、尊徳が職を賭してこの理念を貫こうとしてきたことを特に理解させようとしたものと云える。

それだけではない。続いて尊徳は、まず最初に十四人の出訴者について、「釼之助様より被仰含候趣、其外役々より被申渡候御収納古に復し、御百姓永続之道、是非押立度段、江戸御掛り迄願出之段、不一通奇特に候」と、功績を認め、その骨折りを慰労するため、「永代繁昌可致ため成田不動尊之御影壱幅宛差遣」し、出府の際の逗留費用として岸右衛門に金一両三分、平吉に金三分、他の十二人には金一両ずつを下賜した。つづいて出訴者そのものではないが、「名主組頭取締之者、御趣法為願、致出府候付、路用」として、西物井村名主文右衛門に金一両三分一朱、東沼村名主弥兵衛には金一両三分、また、飛脚連絡係などで役割を果たした三人、則ち東沼村金蔵（金二分一朱）、横田村金治（金二分）、物井村佐吉（銭二貫文）にも路用金が下賜された。注目されるのは、上記表彰とは別に「横田村新百姓」として藤蔵・弥吉の二人が、「拾四人之者共、江戸表願出候付、安否を伺度、共に罷出」た、として金一分ずつ路用を下賜されている点である。[41] 表5－3でも判るように、二人とも横田村に入植しまだ間もない住人で、仕法によって家作の支援を受けつつ、木挽き渡世などで暮らしを立てながら荒田開発にとりかかってい者たちである。住民の出訴を案じ、仕法が中断されないことを願って取った行動が尊徳の目にとまったのであろう。

つづいて尊徳は、出奔中、知行所民がそれぞれどう行動したかの取り調べを行う。そのうえで住民一人びとりの「心組み」を問い質す尋問を開始する。尋問の結果、表彰された者もいないではないが、逆に罰せられた者の数も多い。物井村桜町組百姓藤蔵・政吉、東沼村百姓五郎右衛門・作兵衛、下物井村百姓甚左衛門の五人はその例に入る。藤蔵・政吉の二人が四月に提出した口書を次に掲げる。(42)

御知行所物井村百姓藤蔵・政吉奉申上候、去る午年　御本家様より　村方取直、出格之御趣法被仰付、潰式或は潰同様之式を相続致候に付、材木代種々御手当を以家作仕、其外百姓取付手段米・田畑開発料被下置、猶又厚　御理解被仰聞致得度、不自由之儀無之、農業仕罷在候處、近頃御趣法之廉相緩み、永続之道無覚束、朝夕御心配被遊、昨年中も御願書御認め被遊、度々御読為聞被下、其後江戸両御屋敷様へ御差出被成候儀も承知致候得は、当年は我等共人先に進み御願申上、上下安泰之道可奉盡候處、其儘差置、村方にては追々願出候者も御座候中、不行届儀御申訳無御座候、尤御勤番豊田正作様より厳敷御取糺も被仰付、願ヶ間敷儀急度御差留被成、其御威光に任、私欲勝手に相流、一向勘弁も不致、等閑に致置候處、御帰村被遊、心組之次第御尋に預り、誠に恐入当惑至極仕、御上様へは勿論、村方へ対し、大高長百姓式を相

続致、第一厚恩を忘却仕候段、一言之申訳無御座候、右に付何程之御過怠被仰付候共、村為に相成候儀は、少も違背仕間敷、以後之儀は御改正之廉急度相守り、捨身命昼夜相励、村方永続致し候様世話仕度奉存候、（後略）

文面から次の様な点が確認できる。①二人は仕法によって百姓相続、家作・開発などの支援を受けて、不自由なく暮らしてきた。②近頃は御趣法の進行が遅延し、仕法と百姓暮らしの改善が続くか心配になってきた。③（尊徳も）昨年は願書（前掲の「役儀伺い書」）を作成し、住民にしばしば読み聞かせたうえで、江戸の大久保・宇津両家に提出した、と聞いている。④今年こそ（恩恵を受けてきた）我々が先立って仕法の充実を請願すべきところ放置してしまった。⑤他村では江戸へ出訴する者もいる中で、陣屋（豊田正作）から差し止められたのをいいことに等閑にしてしまった。⑥（尊徳が戻り）この間の存念を問い質され申し訳無く困惑している。⑦罪滅ぼしにいかなる役を申し付けられても勤めるつもりでいる。⑧今後は仕法の趣旨をよく守り、身命を抛って仕法のため努力する。口書は、まさにこれまでの怠慢についての反省文と今後、出精努力することの誓約書である。

これは藤蔵・政吉の例であるが、同様の口書が五郎右衛門・作兵衛・甚左衛門からも出され、一か月に一人宛の過怠役を仕法中、村柄の改善ができる迄、勤めるよう誓約している。

同様の趣旨での過怠役は、一か月に半人宛の割で物井村小次郎、下物井村孫右衛門らにも科せられた。また、物井村百姓三右衛門悴平重（金五両）や横田村名主常右衛門悴太兵衛（金十四両）のように罰金を科せられた例もある。提出された口書の文面には、同一の雛形にそって作文されたと推定できる共通の文言がいくつも見られる。住民が自発的に書いたかは疑問がある。しかし、これらの文書から尊徳のねらいが、仕法の根本理念をよく呑み込ませたうえで、今後は仕法の継続推進に積極的に協力することを誓約させるところにあったことが読み取れる。「役儀伺い」そして「出奔参籠」事件は、住民の抵抗にあった尊徳が、突発的に引き起こした事件ではなく、住民と領主側の優柔不断さを払拭する目的で周到に準備し、しかも職を辞する覚悟も持ったうえで断行した行動であった。

出奔参籠事件は、住民の抵抗を受けて仕法の原則や手法を転換するきっかけとなったのではなく、着手時からの方針を堅持しつつ、仕法に領主と住民のさらなる協力を引き出す環境を整備するものとなった。

住民の尋問・賞罰に多忙をきわめていた最中、尊徳が併行して実施した施策であるにもかかわらず、これまでほとんど見逃されてきたものがある。従来の村方組合組織とは別に、百姓どうし一対一の関係で難渋者を救済援助すると同時に、「不束之儀」ある場合は取締る「後見」役の任務を、各村の長百姓層に命じたものである。表5－10に横田村での事例を示したが。それぞれの事由により難渋する百姓五人（常吉以下）を「後見」する任務を長百姓層で生活に比較的ゆとりのありそうな庄次郎以下五人に命じている。後見役を命じられた五人には、直前、この間の等閑・怠慢を責める、

表5-10　文政12丑年5月、横田村の後見関係

後見役	後見対象	後見役と後見対象者の事跡	
1．百姓庄次郎	百姓常吉	政12.4.19	常吉親浅七、極難渋、
		政12.4.27	浅七病死、常吉長病
		政12.5.3	庄次郎、村長に似合わぬ所行、不束至極、過料
2．百姓忠右衛門	百姓宇兵衛	政10-11	宇兵衛、百姓傳右衛門家聟入
		政12.4.	宇兵衛、村内百姓5人で暮らし立ち行き候様出精する誓約書提出
		政12.5.3	忠右衛門、村長に似合わぬ所行、不束至極、過料
3．百姓元右衛門	百姓善蔵	政12.2-3	善蔵、御趣法永続歎願のため出府
		政12.4.	善蔵、村内百姓5人で暮らし立ち行き候様出精する誓約書提出
		政12.5.3	元右衛門、村長に似合わぬ所行不束、過料
4．組頭圓蔵	百姓與八	政11.1.29	與八悴丑松、不束之儀有り、過料銭3貫文
		政12.4.	與八、村内百姓5人で暮らし立ち行き候様出精する誓約書提出
		政12.5.1	圓蔵、行き届かざるを詫び、陣屋詰め趣法精励の誓約書提出
		天1.11.	與八長男嘉兵衛、長病、極難
5．新百姓寸平	百姓平蔵	政11.5.	平蔵聟平重夫婦欠落、平蔵等閑、過料銭3貫文悴源蔵家督（14歳）
		政12.1.20	寸平、組頭役落札を迷惑として断る
		政12.2-3	寸平、御趣法永続歎願のため出府
		政12.4.	寸平、小前百姓17人から郷例違反として訴えられ、詫びを入れ、郷例に随う誓約書提出

註　「文政十二己丑年日記帳」（『全集』第三巻、172頁）

次の過料申渡が行われている。(43)

横田村百姓　元右衛門
忠右衛門
庄次郎

其方共村方之模様　御上様之御暮向何様御捨難被置、去る午年御本家様より村柄取直、御収納古に復し、上下安泰に被遊度、出格之御趣法被仰出、田畑開発道橋用水路、或は人別増種々御手当被下置候處、近頃其廉を慕ひ村方にては、江戸両御屋敷様へ願出、御趣意を押立申度、抛身命丹精を盡し候者有之中、旧弊を不改、私欲勝手に相流、村長之身柄に似合わぬ所行、不束至極候、依之金弐分宛過料申付候

過料の申渡を受けた三人には、そのうえで次のように「後見」申渡が行われた。(44)

横田村百姓
元右衛門

其方共兼々承知致居候村柄取直し永続之ため、出格之御趣法被仰出、種々御救御用捨被下置、他村は追々立直り候處、其村に限り行届兼候者有之、依て極難之百姓善蔵へ、万事取締之ため

後見を申付候間、耕作之仕方、或は夫食之手当、猶又悪習を取糺、善廉有之におゐては、早々申出何様にも取立可遣候

むすびに

尋問に続く賞罰の裁定を忙しく行う傍ら、尊徳は桜町仕法に一区切り付ける重要施策を打ち出す[45]。第一は、従来知行所民に施してきた諸拝借米金の元利残額のすべてを「被下切」（債務免除）とすること。第二に、知行所民から年利一割五分で預かってきた米金のすべてを差し戻すこと。第三に、百姓・新百姓にかかわらず、次男・三男の分家をしようとする者にはかならず家作の支援をすること。尊徳は、これらの施策と合わせ、これまで知行所内で渋滞していたトラブルも片付け、一路仕法の仕上げに向かう。

初期十か年計画で開始された桜町仕法の残余二か年と、その間にクローズアップされた仕法打ち切り・延長問題、そして曲折を経て天保七年まで延長継続された五か年を含む、桜町仕法の後半期については、小考を引き継ぐ別稿で取りあげることにする。

註

（1）早田旅人「日本近世史研究のなかの二宮尊徳・報徳仕法」『ＩＮＳＡ国際二宮尊徳思想学会』（二〇一三・三）。なかんずく桜町仕法については、「初期報徳仕法の展開―桜町前期　仕法における百姓政策を中心に―」『民衆史研究』五三―六〇（一九九七・〇五）

（2）大藤修「関東農村の荒廃と尊徳仕法」『史料館研究紀要』（14、一九八二）。舟橋明宏「村再建にみる『村人』の知恵」『新しい近世史』（四　村落の変容と地域社会、新人物往来社、一九九六年）。

（3）大塚英二「近世後期北関東における小農再建と報徳金融の特質」『日本史研究』（二六三号、一九八四・〇七）。

（4）上杉允彦「報徳思想の成立―桜町仕法を中心として」『栃木県史研究』（第十四号、一九七七年十二月）。

（5）大塚英二、前掲註3論文。

（6）舟橋明宏「村再建にみる「村人」の知恵」『新しい近世史』（四　村落の変容と地域社会、新人物往来社、一九九六年）。早田旅人前掲註1論文。

（7）「御知行所三ヶ村借用金取調帳」『全集』第十巻、二四九頁。

（8）大塚英二、前掲論文。

（9）「文政八年正月御趣法御任金出入帳」『全集』第十一巻、一八五―一七四頁。なお、米方は、「文政八年御趣法御任米出入扣帳」や「御任米壱人限り口取り」（いずれも『全集』第十一巻、三〇〇―一六頁）があるが、仕訳帳としては十分ではない。

（10）「文政五年日記」『全集』第三巻、六―一〇頁。

（11）「文政五年日記」『全集』第三巻、一〇―一一頁。

（12）「文政七年当申田方植付取調書上帳」『全集』第十一巻、一六一頁。

（13）「文政七年日記」『全集』第三巻、四五頁。

(14)「宇津釩之助殿御知行所村々村柄取直仕法御褒美被下申渡書抜帳」『全集』第十巻、一〇二六頁。

(15)「宇津釩之助殿御知行所村々村柄取直仕法御褒美被下申渡書抜帳」『全集』第十巻、一〇二七頁。「文政七年日記」『全集』第三十五巻、二九一頁。

(16)「文政九年日記」『全集』第三巻、八八頁。

(17)「文政九年日記」『全集』第三巻、八二頁。

(18)「文政七年田畑反別扣帳」『全集』第十一巻、一三頁。「文政七年御役所入用帳」『全集』第十一巻、六頁。「文政七年三ヶ村被下金扣帳」『全集』第十一巻、三四頁。

(19)「文政十二年当座金出入帳」『全集』第十一巻、七九一頁。「文政十三年当座金銀米銭出入帳」『全集』第十一巻、八五二頁。

(20)このときの「役儀伺い」控と思われる文書写「以書付奉申上候」が、天保五年に仕法締め括り交渉のため桜町を訪れた小田原藩の御趣法掛・鵜沢作右衛門に尊徳から示され、鵜沢が江戸へ持ち帰り、小田原藩に提出した報告書のなかに添付された(「天保五年九月御趣法取調(中略)出役之上御上屋敷へ差出候書類一件留」『全集』第十一巻、一一七〇頁)。

(21)「近頃御趣法之廉相緩み、永続之道無覚束、朝夕御心配被遊、昨年中御願書御認め被遊、度々御読為聞被下、其後江戸両御屋敷様へ御差出被成候儀も承知致候得は、」も「文政十二年四月　物井村百姓藤蔵・政吉誓約書」『全集』第三巻、一九一頁。

(22)「文政九年陣屋日記」『全集』第三巻、七四頁。

(23)本書第四章では、尊徳が文政五年正月に小田原藩に提出した仕法伺い書の内容を検討した。ここでは、『全集』第十巻収録の関連史料は天保後半~嘉永期の転写本であり、史料批判を要するが、直前十か年の物成収納高の平均額算定、「定免」とすること、仕法十一か年目以降の物成米達成目標を約二千俵とすることで、「天命自然之運数」

をもって苛斂誅求を防ぎ、土地生産力に相応する「御取箇」とすることが、仕法当初から不動の根本原則であったことをあきらかにした。論者によってはこの「役儀伺い」中にある「先御趣法御取立百姓、一夜の内、軒別拾三軒、人別八拾余人引払、…」を当該期間中に起きた事実として受け止め、仕法が住民の激しい抵抗に直面した根拠と考えている向きもあるが、当該期間中、それを裏づける記録はない。

(24)「文政十一年日記」『全集』第三巻、一六八頁。
(25)「文政九年日記」『全集』第三巻、七二頁。
(26)「文政九年五月乍恐以書付奉願上候」『全集』第三巻、七五頁。
(27)「文政九年日記」『全集』第三巻、八六頁。
(28)「文政九年陣屋日記」『全集』第三巻、九二頁。
(29)「文政九年陣屋日記」『全集』第三巻、一〇二頁。
(30)「文政十年陣屋日記」『全集』第三巻、一一七―八頁。
(31)「文政十年陣屋日記」『全集』第三巻、一二一―三五頁。
(32)「文政十一年陣屋日記」『全集』第三巻、一四一頁。
(33)「文政十一年陣屋日記」『全集』第三巻、一五二頁。
(34)「文政十年陣屋日記」『全集』第三巻、一〇五頁。
(35)「文政十年陣屋日記」『全集』第三巻、一一四頁。
(36)「文政十年金銀米銭出入扣帳」『全集』第十一巻、五七八頁。」
(37)「差上申済口証文之事」『文政十一年御知行所書類扣』『全集』第十一巻、九七三頁。
(38)「文政十二年陣屋日記」『全集』第三巻、一七四頁。
(39)「文政十二年陣屋日記」『全集』第三巻、一七六―八頁。

(40)「文政十二年陣屋日記」『全集』第三巻、一八六頁。
(41)「文政十二年陣屋日記」『全集』第三巻、一八六頁。
(42)「文政十二年陣屋日記」『全集』第三巻、一九一頁。
(43)「文政十二年陣屋日記」『全集』第三巻、二〇五頁。
(44)「文政十二年陣屋日記」『全集』第三巻、二〇五頁。
(45)「文政十二年陣屋日記」『全集』第三巻、一八八頁。

第六章　仕法打ち切り延長論と住民訴願

——桜町仕法の再建過程——

はじめに

二宮金次郎が主導した桜町仕法（旗本宇津家知行所復興事業）を論ずる最大の課題は、その過程において何故、報徳仕法とその基本理念である報徳思想が成立するのか、という点に集約される。桜町仕法は、一般に金次郎の出奔・成田参籠事件を境に前後二期に分けて考察されているが、当初十か年計画で開始された前期仕法は、いまだ仕法の形成途上にあり、金次郎が出奔事件から復帰する後期仕法の段階になり、はじめて充分な要件を整えた報徳仕法が成立すると考えられてきた(1)。幕末期に多方面に展開した報徳仕法を体系的に研究された早田旅人氏も、報徳仕法の特色と成功の要因を当時の社会が産み出した地主・商人・職人・日雇など多様な生業を営む諸階層を仕法に編成・

組織できたところにあるとし、前期仕法ではいまだ萌芽的であったこの特色が、後期仕法になって整備された報徳金融とあいまって報徳仕法を成立させるとしている(2)。

この指摘は報徳仕法の特色を見る上で重要であり、誤りではないが、後期仕法段階における報徳仕法成立の意義を、前期仕法の段階から続く百姓編成の延長・拡充の観点から採り上げるだけでは、幕末期に数ある改革仕法のなかで、報徳仕法が担った役割の独自性、仕法計画に見る特色ある構造をあきらかにするには充分でないと考える(3)。

金次郎が主導した改革仕法の歴史的意義は、領主仕法の一環に組み込まれて出発しながら、その過程で領主仕法そのものを著しく変容させ、住民を主体とする自立的生活改善・向上の取り組みを、種々の方法・レベルから引き出し組織的に編成するとともに、その運動を支え推進する独自の理念を樹立するまでに至った点にこそある。この点で報徳仕法は、近世近代移行期の日本が生み出したもっとも特色ある民衆の自立的生活改善運動、就中、民衆思想の一つでもあったと言える。

桜町仕法には、そもそも仕法着手の初期段階から、領主財政の再建と住民の生活改善という二つの課題が相即不離、相矛盾する課題として併存していた。増収を期待し自らの経費支出を嫌う領主と、年貢負担増を忌避し自家の相続と生活向上を追及する住民との対立構図は、仕法過程でしばしば露わになる。それにもかかわらず、前期仕法がかなりの成果をあげながら、いよいよ仕法期限を迎えた後期仕法の段階は、この難問解決はもはや回避も先延ばしもできない課題として立ちふさがることになった。

そこで桜町後期仕法の考察は、かかる課題に対し金次郎が、いかなる方策を廻らし立ち向かおうとしたかを抜きに論じても、まったく無意味と言わねばならない。報徳金融システムや住民諸階層の編成論なども、所詮かかる問題の一環として論じられるべき事柄である。

小考は、この問題を解明するうえで避けては通れぬ一階梯として、出奔事件からの復帰直後に、金次郎と桜町役所が仕法再建のため取り組んだ諸施策を検討する。当時仕法役所が仕法の再建と推進に取り組んだ諸施策から、後期仕法に向かう基本構想のありかたを解明してゆきたい。

第一節　仕法の再建と迫る仕法期限

1　住民の存念調査と賞罰お救い措置

文政十二（一八二九）年正月四日に江戸へ向かうと云って桜町を出た金次郎は、その後、所在不明、出奔状態となり、三か月余り経過した四月八日、漸く桜町に帰還する。(4)この出奔成田山参籠事件そのものは広く知られていても、出奔の裏に隠された金次郎の意図、帰還直後に金次郎が取り組んだ仕法再建の取り組みは、あまり真剣に考察されることなく、つづく後期仕法との関連でも論じられることはほとんどなかった。ここでは、後期仕法展開の前提として、金次郎が復帰直後に桜町役所で行った賞罰お救い措置の実態をあきらかにし、仕法再建に向けて金次郎の意図したところを考察して行く。

出奔中の金次郎の消息は現在でも不詳の点が多いが、その後の経緯から見て真実行方知れずの状態は正月〜二月の二か月余で、三月になるとまもなく滞在地もおよそは知られるようになり、限られた人々の間では緊密に連絡しあっていたと推測される。三月半ばにはすでに復帰を見通した動きが各方面で始まり、仕法継続歎願に出府した住民が江戸から戻る三月十八日には、金次郎に協力的な横山司右平が宇津家から再度桜町御用掛となって赴任。何かと折り合いの悪かった小田原藩の豊田正作を急ぎ江戸へ召喚する通達が桜町に届いた。三月二十二日には、大久保・宇津両家が住民の歎願を容認し、金次郎に是迄通り仕法継続を命じる布告が出された。小田原藩も郡奉行を田村弥五兵衛に、代官は矢野筈右衛門に交代させ、田村には特に「御上（宇津家）御暮向き御用」取扱いを命じた。(5)これらの経緯から金次郎が出奔に身を挺してまで求めていた事柄の見当もおよそ推測できる。

桜町役所に戻った金次郎は領主の理解はある程度得られたと考え、すぐさま仕法の再建に取りかかる。帰還当日の四月八日、知行所民全員を集め仕法着手時の領主仰渡と、昨年、自らが辞職覚悟で領主側に提出した「役儀伺い」の全文をあらためて読み聞かせ、住民を仕法の初心に立ち帰らせようとした。その後若干の準備期間を経た同月十八日、仕法が七年間実施してきた各種「御趣法貸付金」の未返済分すべてを「不残被下切」とする思い切った措置を断行した。おそらく帰還前から、この日のあることを期して熟慮してきた事柄であろう。(6)

　さらに同日、不在中、知行所住民のとった所行調査結果を基にした広汎な賞罰お救い措置を一斉に実施した。その全容を表6−1に示す。そのうち長百姓格でゆとりがあるのに仕法を等閑にしたとの事由で過料金を科され、村内極難者の後見を命じられた■印の事例のみ五月に追加実施されたが、他はすべて十八日に一斉発令された。対象者はほとんどすべて百姓身分だが、文政五年仕法開始後に「新百姓」に取り立てられた者を対象とする事例が九件ある。しかし、措置内容に身分による差別は一切無く、各区分ごとの措置は事由も含め、ほぼ一律に実施されている。

　措置の総件数は五三件であるが、一人で二件の措置対象となった者が一一名（内二名が新百姓）いるので、賞罰お救いの措置

表6-1　金次郎帰陣後、知行所住民への賞・罰・お救い措置件数

区分		賞・罰・お救い措置とその事由	西物井	桜町組	下物井	横田村	東沼境	同和田	小計	
賞	○	・御趣法継続歎願のため江戸出訴につき路用金と成田不動尊像を下さる	5 (1)		1	2 (1)	2	2	12 (2)	17 (4)
	◎	・御趣法継続歎願支援のため出府につき路用金を下賜さる	2			1 (2)	2		5 (2)	
罰	●	・御厚恩を忘却、御趣法を等閑にしたとして存念を質され詫状、過怠役	1	5	2	2		1 (1)	11 (1)	16 (2)
	■	・御趣法を等閑、所行不束、過料金を科され、極難百姓の後見を命ぜらる	1			4 (1)			5 (1)	
救い	①	・村内のゆとりある百姓から世話、後見を受けるよう命じられる		(1)		5		(1)	5 (2)	20 (4)
	②	・老いて子無く幼少にて親無く、極難渋につき米・搗き麦を下賜さる	2	3	2 (1)		1	1	9 (1)	
	③	・困窮につき扶持米または家作を下さる		1				1	2	
	④	・百姓6名共同で助成米45俵余を下賜され、永続の為取扱を命ぜられる	4 (1)						4 (1)	
合計			15 (2)	9 (1)	5 (1)	14 (4)	5	5 (2)	53 (10)	

註1）典拠史料は、「文政十二己丑年日記牒桜町御陣屋」（『全集』第三巻、187～205頁）。
　2）件数のうち、「新百姓」（仕法着手の文政5年にはまだ百姓でなく、その後に百姓化した住民）が対象となった件数は（　）で内数として示した。

表6-2　物井村三組（西物井・桜町・下物井）住民の賞・罰・お救い措置と仕法開始以来の事跡

組	措置	区分	身分	住民名	[初見]	仕法開始以来の事跡
西物井	賞	○	百姓	惣右衛門	[政5]	[政6] 屋根替無盡落鬮、米2斗金1分被下、
		○	百姓	祐吉	[政5]	[政7] 荒田開発田方作取、[政8] 弟弥七分家相続奇特、褒美に家作、新家取立被下、不二孝仲間
		○	百姓	傳右衛門	[政5]	[政5] 耕作出精入札壱番札、鍬下賜、[政6] 拝借金不残返済奇特、鍬下賜、[政9] 不二孝講筵開催
		○	百姓	伴治	[政5]	[政5] 耕作出精入札弐番札、鎌下賜、[政7] 開発田作取、[政11] 小谷三志宇都宮講筵同行
		○	百姓	金右衛門	[政5]	[政5] 極々難渋米1俵金1分被下、[政7] 耕作出精奇特、米1俵被下、荒田開発田方作取、[政11] 小谷三志宇都宮講筵に伴治と共に金次郎に同行。不二孝仲間
		○	入百姓	清右衛門	[政7]	[政8] 隣村桑野川越石開発、[政10] 出所地村との出入り、下物井岸右衛門扱いにて解決、[政10] 荒田開発、相続出願、奇特、高相応の家作被下、[政11] 宇都宮の不二孝講筵に同行
		◎	名主	文右衛門	[政5]	[政8] 隣村桑野川開発、[政9] 自宅で不二孝講筵開催、荒田開発取り増し等閑、役儀不束押込み
		◎	百姓	佐吉	[政5]	[政5] 極々難渋米1俵金1分下賜、[政7] 長病夫食差し支え米1俵被下、[政9] 凶作下、鰥寡孤独 お救い米1俵下賜、政11開発田3反2畝余下賜
	罰	●■	組頭	七郎次	[政5]	実父、桜町名主文蔵、[政6] 耕作出精拝借金不残返済、奇特、褒美に鍬下賜、政9入札組頭役
	救い	②	百姓	辰蔵	[政5]	[政5-7] 数度にわたり、利付貸付金ほか諸拝借金を拝借、
		②	百姓	岩蔵	[政5]	[政6] 耕作出精拝借金不残返済奇特、鍬下賜、[政7] 日雇い稼ぎ止め、耕作出精奇特、米1俵下賜 荒田開発田方作取、[政9] 凶作下鰥寡孤独お救い米1俵下賜
		④	百姓	祐吉	[政5]	前出の通り
		④	百姓	傳右衛門	[政5]	前出の通り
		④	百姓	伴治	[政5]	前出の通り
		④	百姓	金右衛門	[政5]	前出の通り
		④	入百姓	清右衛門	[政7]	前出の通り
桜町	罰	●	百姓	三右衛門	[政5]	[政7] 耕地見廻り役1人扶持、[政8] 次男分家備え奇特、預米3俵下賜
		●	百姓	藤蔵	[政5]	[政12] 祖父・父代潰れ式相続、種々御手当被下置候
		●	百姓	政吉	[政5]	[政6] 身分慎み村内手本、御直書1通、[政7] 開発田作取、[政9] 潰式相続
		●	組頭	忠治	[政5]	[政7] 惣家別道普請壱番早出、入札で組頭、[政9] 前年増減無く上納奇特
		●	百姓	小治郎	[政5]	[政7] 家作料、米1斗金2朱下賜、[政12] 潰式相続家作取り付き手当下賜
	救い	②	百姓	市左衛門	[政5]	[政7] はば田として荒田開発、[政9] 凶作下、鰥寡孤独お救い米1俵被下
		②	百姓	藤太	[政5]	[政5] 自力屋根替え奇特扶持米・賃銀被下、[政6] 耕作出精拝借金不残返済褒美鍬下賜、[政9] 凶作下鰥寡孤独、お救い米1俵下賜
		②	百姓	常七	[政5]	[政6] 耕作出精拝借金不残返済褒美鍬下賜、[政7] 暮方極々難渋、取続米2俵被下
		②	新百姓	惣蔵	[政10]	[政10] 帰村出願
		③	名主	直右衛門	[政5]	[政5-7] 数度にわたり各種拝借金借用

組	措置	区分	身分	住民名	[初見]	仕法開始以来の事跡
下物井	賞	○	百姓	岸右衛門	[政5]	[政6] 耕作出精手本奇特、賞美御直書1通下賜、[政7] 冬田耕作料被下、開発作取、[政9] 不二孝講筵開催、金次郎も出席、[政10] 西物井入百姓清右衛門出所村出入り扱い解決
下物井	罰	●	百姓	孫右衛門	[政5]	[政7] 屋根替え扶持米1斗金2朱下賜、荒田開発田方作取、[政10] 甥に家督譲渡、御百姓新規取立1軒出願
		●	百姓	甚左衛門	[政5]	[政6] 耕作出精手本奇特、賞美御直書1通、御用捨作取、[政7] 出精入札高札鍬代、冬田耕作料被下、耕地見廻り役扶持被下、[政10] 自力1軒取立奇特、褒美金10両、夫食米15俵被下
	救い	②	百姓	浪吉	[政5]	[政5] 住居不能、家作料下賜、[政6-7] 夫食米3俵拝借、[政9] 鰥寡孤独お救い米2俵被下
		②	百姓	政吉	[政5]	[政5] 極々難渋、米1俵金1分被下、住居不能家作料金1分下賜、[政7] 荒田開発田方作取
		②	新百姓	鐵次郎	[政12]	不詳

註1) 住民欄に付した「身分」は「文政5年宗門人別帳」に百姓として記載の在る住民を「百姓」、同帳にまだ記載されていかった者が、文政12年4月までに「入百姓」「借家」「取立百姓」「分家」「新百姓」などの呼称で表れた場合はその呼称で表記した。[政5] は、それらの初見年次を示す。
2) 区分欄に付した○◎●■①②③④などの印は、前掲表1において、賞・罰・お救い措置の内訳区分として用いた事例に随う。

を受けた住民数は全部で四二名（戸）である。当時の知行所三か村の住民総戸数は、百姓・新百姓・借家等を合わせ、およそ一六〇名（戸）であるから、住民全体の二五・七%、約四分の一の住民が何らかの措置対象とされた。賞・罰・お救いの比は、二一件・一八件・二三件で大幅な片寄りは無い。

表6－2は知行所三か村のうち物井村三組（西物井・桜町・下物井）の住民を対象とする三三件の事例を賞罰お救い区分ごとに示した。いかなる住民が賞罰お救いの対象となったか、個々の事例を村ごとに見て行くことにする。

表の摘要欄は各住民の仕法開始後の事跡を示す。三三件中、西物井関係者が一七件、うち賞を受けた者が八件、その内の六件が江戸出訴者（うち一件は入百姓）である。しかもそのうち四名が不二孝関係者であった。[7] 西物井は知行所三か村六組中、仕法継続歎願の出訴者をもっとも多く出した。また、出訴に直接参加してはいないが、支援する行動をとった名主文右衛門と百姓佐吉の二人がおり、文右衛門も不二孝信者であった。賞の対象とされた八名は、名主文右衛門も含め富裕者ではなく、「極難救済」の対象となった経験を持つ佐吉をはじめ、どちらかといえば中層以下の住民だが、仕法開始後に開発・耕作出精などの奇特表彰や、家作普請、分家取立、開発地作取・相続などで桜町役所の支援を受けた経験者である。

お救い区分では、鰥寡孤独に類する事由で、辰蔵・岩蔵の二人がお救い措置の恩恵を受けたほか、江戸出訴者六名のうち百姓祐吉・傳右衛門・伴治・金右衛門、入百姓清右衛門の五名が、共同で助成米四五俵余を預けられ、各自の「永続」のため運用することを任せられている。「お救い」に区分したが、半ば慈恵的助成措置とみることもできる。

罰の区分は組頭七郎次一人で、「種々御高恩蒙り多分之金子拝借、農間商仕候処、仕法等閑、江戸歎願不致」という事由で、「私欲を捨て御長屋詰切趣法勤候」と誓約したうえに、「式別れ」（分家筋の意）の安五郎の「取立世話」を命じられている。

次の桜町組には一〇件の事例があるが、賞の対象は一件も無く、代わりに仕法の恩恵を蒙りながら「御厚恩を忘却した」として、存念を質され詫状を提出、以前の下賜金迄取上げられた者、過怠役を科せられた者、爾後は自家を妻子に委ね、自分は役所の長屋に詰切りとなって仕法に精励する誓約を行った者など、「処罰」的な措置を受けた事例が五件、ほかに鰥寡孤独のお救い措置が五件あった。最後の下物井組では、江戸出訴者の一人である百姓岸右衛門が唯一、賞の対象となったが、前二組と同様、罰とお救いの事例が少しある。

表6―3は、横田村と東沼村二組（境組・和田組）の賞罰お救いである。全部で三〇件のうち横田村の事例が一八件と過半を占める。この村の受賞対象者は六件、うち御趣法継続歎願出訴者が三件、内一件が入百姓寸平だが、寸平は文政六年に越後国から弟二人とともに入植した入百姓で、再開発に大きな成果を上げ、文政九年から新百姓に取り立てられ、同十一年に入札で組頭に選出された。しかしこれを固辞したため、逆に村内出入りを生じた。残りの三件は、百姓金治と入百姓弥吉・藤蔵の二名で、いずれも出訴には参加していないが、それを側面から支援する行動が認められた。うち弥吉は当時まだ百姓取立を受けていなかった。賞を受けた住民の半数を入百姓が占めるのは特色であるとともに、文政五年の仕法着手以来、入植を積極的に受け入れ再開発を促してきた仕法の成果の反映ともみられる。

これに比らべ処罰の区分には、村役人と旧百姓、合わせて七名が名を連ねる。名主常右衛門と組頭圓蔵が、ともに「御厚恩忘却、御趣法等閑」の責任を問われ、以後自家を妻子に委ね仕法に献身する誓約を迫られた。さらに村内富裕者の百姓庄次郎・元右衛門・忠右衛門の三名は、「長百姓」ともいうべき立場で「御趣法等閑」の「罪」を問われ、過料金を科せられ、村内「極難百姓」の後見を命じられた。当時自家そのものが潰れ同様の危機に瀕していた常右衛門は別として、右の組頭圓蔵と、元入百姓で当時は組頭でもあった寸平も、それぞれに極難者の後見を命じられた。横田村では右の措置の実施直前に、受賞対象者六名を除く残りのほぼ全員（名主・組頭を含め十八名）が、

表6-3　横田村・東沼村両組（境・和田組）住民の賞・罰・お救い措置と仕法開始以来の事跡

組	措置	区分	身分	住民名	［初見］	仕法開始以来の事跡
横田	賞	○	百姓	善蔵	［政5］	［政8］拝借金早期返済、［政9］若者口論取扱にて賞美、［政10］金2両拝借
		○	百姓	利重	［政5］	［政7］荒田開発作取、［政8］冬田耕作料下賜、祝言入用金2両借用、［政10］利重・悴平吉真岡に一年季奉公
		○	入百姓	寸平	［政6］	［政6］開発出願、開発金内渡、［政7］開発請負金5両米5俵半下賜、開発作取、［政8］冬田耕作料、家作料下賜 ［政9］干鰯・馬代金拝借、新百姓取立、百姓相続奇特に付高相応の家作下賜、［政11］入札にて組頭選出
		◎	百姓	金治	［政5］	［政7］役所長屋仲間勤務、新堰普請請負、喧嘩口論御咎め、［政8］申し諭し内々下賜金
		◎	入百姓	弥吉	［政11］	［政11］種芋1俵下賜、開発手宛賃銀10両、米10俵下賜、
		◎	入百姓	藤蔵	［政12］	［政11］不二孝小谷三志講筵出席金次郎に同行、［政12］新百姓取立
	罰	●	名主	常右衛門	［政5］	［政10-11］悴太兵衛と共にしばしば多額の拝借金、［政12］借財嵩み役儀勤め難くして休役願い、
		●	組頭	圓蔵	［政5］	［政6］組頭兼取締役、［政7］役所長屋仲間勤務、利付拝借金借用、荒田開発田方作取、取締役給米下賜、［政8］冬田耕作料下賜、［政10］屋敷山竹木代金内渡、［政11］干鰯代金拝借
		■	百姓	庄次郎	［政5］	［政5］農業出精入札2番札鎌2枚下賜、［政6］出精入札高札金1両下賜、政6本免上納金3分下賜、耕作 出精手本奇特御直書1通、御用捨作取、［政7］開発作取、［政9］入札1番札鍬鎌下賜、
		■	百姓	元右衛門	［政5］	［政7］荒田開発田方作取、［政8］冬田耕作料下賜、［政9］耕地見廻り役給米内渡、［政9-10］拝借金数度拝借、
		■	百姓	忠右衛門	［政5］	［政5］出精入札3番札鎌被下、［政6］居酒売御咎、［政7］出精入札壱番札鍬下賜、悴に米1俵下賜、［政8］冬田耕作料下賜、悴久蔵分家備え奇特、入用時迄米2俵預かり、［政10-11］拝借金数度拝借
		■	組頭	圓蔵	［政5］	前出の通り
		■	組頭	寸平	［政6］	前出の通り ［政11］組頭選出されるも固辞し村内出入り、［天4］生国へ帰国
	救い	⑤	百姓	勘治郎	［政5］	［政7］次男宇兵衛家督、数度米拝借、父子睦まじく手本奇特褒美米被下、開発作取、［政8］冬田耕作料下
		⑤	百姓	浅七	［政5］	賜政6飯米無く日用取、田植え助成、［政7］鍬鎌被下、［政9］極難、鰥寡孤独お救い米1俵下賜、［政10］極難お救い
		⑤	百姓	善蔵	［政5］	前出の通り
		⑤	百姓	與八	［政5］	［政5］農業出精入札壱番札鍬被下、［政7］家作料金1分米1斗下賜、荒田開発田方作取、［政8］冬田耕作料下賜 ［政9］入札2番札鎌2枚被下、［政10］馬代金拝借
		⑤	百姓	平蔵	［政5］	［政7］家作料米1斗金2朱下賜、荒田開発田方作取、［政8］冬田耕作料下賜、［政9］本屋馬屋普請賃銀下賜
境組	賞	○	百姓	丈八	［政5］	［政5］入百姓、潰式相続出願奇特、家作料1両下賜、［政7］水戸干鰯買入交渉、西沼脇越石開発、冥加米上納
		○	百姓	市左衛門	［政5］	元入百姓、［政5］耕作出精入札壱番札鍬下賜、潰式相続出精に付家作・農具料10俵下賜、［政9］出奔精右衛門相続頼母子講開催申請
		◎	名主	弥兵衛	［政5］	［政6］農業出精、米麦蕎麦献納満足表彰、［政7］荒田開発田方作取、冥加米上納、［政7］取締役給米2俵下賜 ［政9］御趣法以来開発取り増し分17俵上納、賞美米10俵下賜

組	措置	区分	身分	住民名	［初見］	仕法開始以来の事跡
境組	賞	◎	百姓	金蔵	［政5］	［政6］耕作出精村内手本奇特、御賞美御直書1通下賜、御用捨作取、［政7］酒隠売御咎め、過料銭3貫文、耕地見廻り役1人扶持下賜、荒田開発作取
	救い	②	百姓	丈八	［政5］	前出の通り
和田組	賞	○	分家	善兵衛	［政7］	［政7］百姓仁兵衛聟、村方五右衛門田地引受分家独立
		○	百姓	佐兵衛	［政5］	元入百姓、［政5］耕作出精入札壱番札、鍬下賜、潰式相続出精に付家作・農具料10俵下賜、［政9］元名主五右衛門遣い込み金弁納、出奔清右衛門相続頼母子講開催申請、
	罰	●	百姓	五右衛門	［政5］	［政7］借財嵩み役儀取上、［政9］弟五郎右衛門、極々難渋、奉公稼ぎ借金追々返済、米被下置候、
		●	百姓	作兵衛	［政11］	［政12］潰れ式相続、家作・取り付き手当金被下、開発鍬下作取
	救い	②	百姓	庄七	［政5］	［政6］農業出精拝借金不残返納奇特、賞美鍬下賜、［政9］鰥寡孤独お救い米1俵下賜、
		②	百姓	清右衛門	［政5］	［政9］家内召し連れ出奔、市左衛門・佐兵衛らが相続頼母子講開催、
		③	百姓	五郎右衛門	［政5］	兄五右衛門の借財引受返済、出精奇特に付、分散田取り戻し・家作・取付手当て米被下

註1）住民欄に付した「身分」は「文政5年宗門人別帳」に百姓として記載の在る住民を「百姓」、同帳にまだ記載されていなかった者が、文政12年4月までに「入百姓」「借家」「取立百姓」「分家」「新百姓」などの呼称で表れた場合はその呼称で表記した。［政5］は、それらの初見年次を示す。
2）区分欄に付した○◎●■①②③④などの印は、前掲表1において、賞・罰・お救い措置の内訳区分として用いた事例に随う。なお⑤は、■で示した後見人の後見対象者であることを示す。

　今般御帰村被遊、御尋預一言之御申訳無御座候、是迄逸々不行届段御用捨可被下置候はば、以後何様之御過怠被仰付候共、少も違背仕間敷候

との誓約書を兼ねた詫び状を桜町役所に提出していた。まさに村民ひとりびとりの存念が質されたうえで、前掲の処置が下されたものと云えよう(8)。

　つづく東沼村の境・和田両組では、仕法継続歎願者二名ずつ計四名、その後援者二名、計六名が賞の対象とされた。出訴者のうち境組百姓市左衛門と和田組百姓佐兵衛はともに元入百姓である。これに対し和田組では「御厚恩忘却、御趣法等閑」の責を受け、百姓五右衛門と作兵衛の二名が過怠役を科せられた。とくに五右衛

門は元名主で、仕法中に大借を負って家を潰し、役儀を疎かにした責任を問われた。金次郎は五右衛門の不甲斐なさを責めつつも、その弟五郎右衛門が兄の借金を返済し、家の再建に懸命なのを見逃さず、すかさずお救い措置を講じている。

以上、表6－1～6－3によって、金次郎帰還後、すぐさま実施した住民の所行存念調査結果にもとづく賞罰お救い措置の実態を見てきた。仕法継続を願い、仕法を支持し積極的に協力する住民は入百姓を含め表彰する一方、村役人や長百姓の格式を有する富有者でも、仕法に非協力または消極的と思われる者は存念を質され、反省を迫られている。住民を仕法開始の初心に立ち帰らせ、それぞれの立場を反省させ、自覚を促すことは、桜町仕法の再建、さらなる仕法の推進に欠くべからざることであった。実施した措置の仕法に果たした効果については後述する。

しかしながら、お救い措置はともかく、賞罰を闡明する措置には、住民との間に摩擦や緊張を生じさせる危うさもあった。賞罰実施が一通り済んだ五月二十四日、江戸の西久保（宇津家）屋敷で、「西郷筑前守」の名を騙る「捨訴」事件が発生、その中味は不明だが、事件処理は難航、混乱が長引いていることから、「捨訴」が金次郎と仕法にとって好ましからざるものであったことがおよそ推測される。(9)

依之、村役人江戸表に長々相詰候得共、御紀も無之、右に付ては、三幣又左衛門様被仰渡候は、村役人小前一同相尋、弥存寄無之は、其趣、役人へ書付にても取置可申、又村役人は互に申談、是又存寄も無之候儀に候はば、其趣同様書面可差出旨被仰渡候間、今日物井名主文右衛門方へ、三ヶ村一同相集、右之趣小前一同評議いたし候

事件処理のため農繁期にも拘わらず、村役人は江戸へ呼び出され、長逗留を余儀なくされ、埒も明かぬまま結局知行所に戻された。事件処理は八月初めまで長引き、やむなく小田原藩江戸詰の郡奉行三幣又左衛門の裁定で、村役人と小前からそれぞれ証文をとることで、とりあえず収拾をはかった。「捨訴」のあった時期は金次郎が、知行所民の存念調べを行い、賞罰お救いを実施した直後で、それと無縁ではありえない。犯人の分からぬまま問題が完全に収束する筈もなく、一年半後の文政十三年十一月に起きた村民の訴願行動（大正院参会事件）の際、再度「捨訴」事件が起きた。後に「捨訴」の犯人は判明し、住民の組織的な行動ではなく、個人的な恨みやいたずらに等しいものであったことが明らかとなるが、当時は、こうした事件の発生それ自体が、役所と住民との間に存在する緊張関係を裏書きし、緊張を増幅させ、仕法の再建・推進を困難にする危険性を孕んでいたのである。(10)

2　仕法環境の変化と緊急課題の表出

ここでは二年後に仕法期限の迫るなか、知行所内外の仕法をめぐる環境がどのように変化して来たか考察する。

「捨訴」事件の発生した文政十二年五月頃、事件処理にも関与した小田原藩の三幣又左衛門から金次郎宛に出された書状を見ると、

其元のこともいろいろ行違有之（中略）殿様にも御心配、田村弥五兵衛被仰付候処、周平も殊の外心配いたし、さまざま弥五兵衛と論有之様子に候(11)

と、出奔事件に至る迄、金次郎との間に生じていた行き違いについて率直に詫びた後、これは殿様（大久保忠真侯）の御意でもあると伝え、そのうえで小田原藩は新たに田村弥五兵衛を野州掛とし、宇津家でも横山周平（司右平）が新たに桜町詰となり、金次郎に協力して行くため弥五兵衛と協議しながら問題解決に努めつつあると伝えている。三幣はさらに宇津家について、

釩之助様御守分不出来候はば、矢張初発より取かかりは不致候事に候（中略）、弥五兵衛懸ヶ合居候間、精々夫々責め候、どふか釩之助様はじめ御家来迄も、少しは目も覚候哉

と述べ、これまで仕法中であるにも拘わらず、宇津家が暮らし向き緊縮の努力を怠っていたと批判し、今こそ仕法着手の初心に立ち帰り、「守分」（分限内の財政緊縮）に努めるか否か、そこが肝心だとの感懐を洩らしている(12)。

右の書状は、仕法を支援する立場にある小田原藩についても、「此方様迚も首も廻らぬ程になり、漸服部殿被出、守分のひな形出来、いよいよ是から守り候事を専と致候事にいたり候」と、小田原藩自体が極度の財政難の状況にあり、財政緊縮に取り組むべき時、宇津家知行所にかかずらうことは重荷でこそあれ、仕法を支援する余裕などない、という本音を吐露している。

金次郎の出奔事件については、とかく知行所民の仕法への抵抗が素因であるかのように語られがちであるが、住民の日和見的な消極性がなかったとは云えないにしても、仕法に対する組織的な抵抗が存在した訳ではなく、むしろ仕法の一方の責任者である領主権力、すなわち大久保・宇津両家が、自らの財政事情から仕法に非協力的で無責任な態度に終始していたことへの不信こそが、金次郎の出奔行動の根にある問題であったことが、右の経緯から看取される。金次郎が仕法に着手已来、荒蕪地復旧等にかなりの実績を残しながら、あえて職を賭した抗議行動に踏み切らなければならなかった事情も、かかる状況からの不安を解消できなかったからである(13)。

前掲の三幣の書状を見ると、こうした事態に対する反省が、出奔事件を機に大久保・宇津両家の一部に僅かながら兆し始め、辞職覚悟の金次郎の行動が、仕法環境を多少とも変化させる契機となったことが分かる。三幣は半年後の十一月二十四日にも金次郎に書状を送り、小田原藩の状況を次のように述べる(14)。

是迄さまざま智者達被出候て、御借用はますますふへ、首のまはらぬやうになり（中略）、是迄

の幣はこの時、押戻し不申ばと、唯うんうんとこらへ居候而已に御座候

と、財政難に必死で耐えている状況を伝え、桜町仕法については、

兼て御約定ゆへ弐百俵五十両の処は、年限中可被進、其余は御断におよび度、夫以弐百俵五十両までも入らぬやうならば、猶更之事に候得共、是は初発の規定ゆへ替がたく

と、小田原藩の本音は仕法着手時から桜町仕法のため拠出してきた米二〇〇俵・金五〇両の、いわゆる「御任入用米金」も断りたいところだが、これは初めからの約束事だから仕法年限中は維持するが、あとは宇津家の横山司右平のがんばりに期待しつつ、「何卒永続之道御工夫、偏に頼入候」と、金次郎の指導に依頼している。

三幣のいう「永続之道御工夫」は、単純に仕法の永続を指すものではなく、むしろ財政難に苦しむ小田原藩に頼らずとも、宇津家が自立できる術を工夫することへの期待と見るべきである。しかし、金次郎からみれば、知行所住民の生活改善を前提としない「永続之道」はありえず、領主と住民、上下双方満足のゆく「永続之道」こそ、仕法達成の真の目標であった。問題は、仕法の約束の期限が、この時から算えて二年後（天保二年）に迫っていたことである。領主側の対応は表面的にやや好転しつつあるかに見えながら、実は切迫する仕法期限を前に、「仕法打ち切り」の論議も高ま

る傾向を見せ、危機を孕みつつ厳しい対応を金次郎に迫るものとなっていたのである。桜町後期仕法は、前期仕法の単なる延長線上にあるのではなく、一段と厳しい仕法環境のもとで、「上下永久相続之道」が問われねばならぬところにあった。

第二節　訴願運動と住民意識の統合

1　堰橋普請の要求と冥加米の献納

ここでは仕法期限が二年後に迫り、領主側の仕法打ち切り論が活発になるなかで、知行所内から発生する住民の訴願運動に金次郎の主導する桜町役所がどのように対応していったかを検討して行きたい。

文政十三（天保元）年二月、農繁期を前に知行所三か村の名主組頭が揃って金次郎宛に堰橋普請に関する願書を提出している。(15)

去丑ノ年五月六月中度々洪水にて、物井三ノ宮堰抜所に相成り、其外三ヶ村用水堰々大破仕候間、村役共罷出、普請日論見仕候処、諸材木に差支難渋仕候、何卒格別之御慈悲を以、前々之

通諸材木被下置候様奉願上候、（後略）

願書の趣旨は、村役人の立場からすれば当然なことに思えるが、これに対する桜町役所の対応は実に複雑なものがあった。役所からの返答は、「右様之儀は得と勘弁も有之儀にて、日論見前広く其旨申出、且又組合村々へも篤と申談、其上金次郎へも厚申達、取掛り候筋に有之処、不行届」と、先ずは村役人たちが充分な準備なしに出願したことを諫め、「此節柄御聞届に相成不申」と一度は請願を押し止める。しかし、間髪を入れず、「乍併、難捨置事に付、先年御林払代金、小田原表へ預ヶ置、年々利足を以少々宛、助に取計候処、此度之普請金高と申、別段御入用之儀、此節柄何分取計兼候に付、預ヶ金不残下ヶ遣候間、末々之処迄勘弁いたし、上下之処為宜敷取計可申候」と申渡した。

要するに知行所内の用水堰普請費用は、これまで大久保家に預けてある御林払代金を元手とする基金の運用利金から支出するのを慣例としてきた。しかし、今回突然の普請金支出要求は、「別段御入用」であり、「此節柄何分取計兼候」と述べる。ここでいう「此節柄」は、小田原藩大久保家が財政難で緊縮政策下にあることや、仕法期限が目前に迫る状況下にあることを指すものと思われる。そこでやむなく金次郎が採った措置は、「預ヶ金不残下ヶ遣候間、末々之処迄勘弁いたし、上下之処為宜敷取計可申候」と、基金そのものを下げ渡すから、後は自分（名主組頭）らでよろしくやりくりせよという、責任放棄とも恩情とも取れる複雑な処置であった。(16)

その約一か月後、金次郎は、横山司右平と連名で知行所三か村宛に次の申達を行った。

追々御改正被仰出候得共、彼是行違ひ押立兼候処、去四月（金次郎帰還、筆者注）已来、別て御趣意に服し、銘々次第有之候得共、必至に相勤呉候故、自然善人進み村柄取直り、永続之形相模様候、御聴に達し候得ば、定て御沙汰可有之候得共、彼是取込み不能其儀に、依之先有合候干鰯、出勤壱人壱俵之割合を以、人夫干鰯弐百拾壱俵半被下置候、右は御知行所名主組頭銘々、身代妻子打任せ、日々田畑罷出、農業其外種々致世話候に付、為御褒美被下置候(17)

金次郎帰還後、知行所村役人が仕法に取り組む姿勢に変化（別て御趣意に服し）があり、自家のことは妻子に委ね、自分は役所に出仕し仕法に奉仕する様になってきたことを、「自然善人進み村柄取直り、永続之形相模様候」と評価し、そのことが「御聴」に達すれば、当然何らかの賞美の措置があるところではあるが、先ずは役所として、干鰯〆二一〇俵余を人夫数（役所長屋への出役延べ人数）割で下賜するという。

前の賞罰お救い措置では、どちらかといえば非協力者として処罰の対象となっていた村役人レベルの有力者達の、その後の努力を誉め讃え、なおさらに協力者として役所側に引き付け仕法の推進力とすることで、住民意識の統合を計ろうとする施策と見られる。慎重且つ周到な計画にもとづく金次郎ら桜町役所の思惑が読み取れる。

仕法期限が五か月後に迫る文政十三年八月朔日、弐日の挨拶に桜町役所に集合した村役人に対し、役所から次の諭旨があった。(18)

追々村方も立直り、去午年（文政五年）御借財取調之節、無借者拾四人、昨丑年（文政十二年）借財被下置候に付、取調無借九拾余人、弥々以村柄立直り候様被存候、銘々存寄可有之哉

この七年程の間に借財を持たぬ者の数が、一四人から九〇人余に増え、村柄の立直りが顕著であるとの見方を村役人に伝え、昨年四月、金次郎が帰還直後に行った「御趣法貸付金」の負債残額一斉免除の効果が上がったことを、住民に自覚させようとしている。(19) 翌二日の金次郎の日記には次のようにある。

昨日内々申談候儀に付、御知行三村不残小前御長屋召連罷出、取々（種々カ、筆者注）評議仕、名主組頭惣百姓存寄次第、冥加米上納仕度段願出候、村々罷出候次第に付、申付候儀は、凡天保（天明の誤りカ）卯年より及五拾年候、近年之内飢饉可相成哉も難計候間、暮方分限取調可申出旨申付候、或は三年暮、或は弐年暮、又は壱年暮、半年くらし、極々難渋に付不行届候者申出、弥々暮方不及兼候者は、畑方之内去午年より致開発遣候分、又は永引六拾七八貫被下置

候畑へ、来卯（天保二）年は稗蒔付、暮方可致用意候、其外種々様々利解申聞[20]

前日役所が行った教諭を受け、三か村の村役人惣百姓が集合・評議した結果、冥加米の上納を申し出たという。いくら巧みな教諭であったとしても、一度の説諭が見事に住民を仕法への謝恩・協力行動に転換させたことに驚きを禁じ得ない。住民の意識を変え、そのエネルギーを仕法への報恩・協力の方向に向けて組織牽引する新たなリーダーの存在無しには考えられないことで、それには帰還直後に行った賞罰お救い措置の実施もおおいに関係していると考える。

しかも、桜町役所は住民側からの冥加米上納の申し出にタイミングを合わせ、「天明飢饉再来」の危機に備えるべく、個々の住民の暮らし向き調査と、仕法によって再開発された畑地に備荒用の稗の蒔き附けを奨める機敏さを見せている。この「非常稗」の蒔き付けは天保二年から実施された。

このとき住民が申し出た冥加米の献納総額は四二六俵に上る。提出された献納願書によれば、献納は四口に分けて行われた。①は三か村六組惣百姓の上納分、計二九三俵。②は前年四月以後、自家を妻子に任せ自ら桜町役所の長屋に詰め切り、仕法開発地の耕作に従事していた西物井の七郎次と直兵衛、桜町の忠治、下物井の岸右衛門、横田の圓蔵、東沼和田組の仙右衛門ら、新たなリーダーとして台頭してきた六名が、開発耕作地からの収獲米を共同で上納した六一俵余。③は同じく当時長屋に勤務し、上記六名の指揮下で開発作取に従事していた傳右衛門（西物井）・佐右衛門（桜町）・萬兵衛（下物井）ら三名が共同で上納した五〇俵。④最後はいずれもまだ親元から独立していない「部屋住み」の者で、横田村圓蔵悴四郎太、西物井直兵衛悴八百吉、同傳右衛門悴駒吉、東沼弥兵衛悴伴治、同要七悴五郎次、下物井七右衛門悴瀧蔵ら六名が共同で上納した二一俵、以上の四口である。

　このうち①の知行所三か村六組の住民、村役人・小前百姓・新百姓・借家をも含む惣百姓の献納の実態を表6－4と表6－5に示した。両表はいずれも冥加米献納額を縦軸とし、横軸は表6－4が住民の身分区分、表6－5は、組別に分けて献納件数を示した。一見してあきらかな通り、額に何らかの基準を定めて献納したものではなく、住民個々の意思に任せて行われており、当然、献納しない者、できなかった者もかなりの数にの

表6-4　知行所3か村身分別冥加米献納件数

冥加米上納額	村役人	百姓	新百姓	借家	計	%
10俵～	3	4	—	—	7	3.8
5俵～	3	4	1	—	8	4.3
1俵～	7	50	4	—	61	32.8
2斗～	—	25	2	—	27	21.4
1斗～	1	10	1	—	12	6.5
5升～	—	8	—	—	8	43
～4升	—	3	—	—	3	1.6
上納無し	2	33	14	11	60	32.3
合計	16	137	22	11	186	100

註　典拠史料は、「文政十三年八月冥加米献納合巻帳」（『全集』第十三巻、21頁）

表6-5　知行所3か村6組別冥加米献納件数

冥加米上納額	西物井	桜町	下物井	横田	境組	和田組	小計
10俵～	2	—	1	1	2	1	7
5俵～	3(1)	2	—	—	1	2	8(1)
1俵～	10(1)	14	6	12(2)	15(1)	4	61(4)
2斗～	8(2)	4	1	4	1	9	27(2)
1斗～	2	2(1)	2	1	2	3	12(1)
5升～	6	—	1	1	—	—	8
～4升	—	—	3	—	—	—	3
上納無し	8(2)	14(3)	12(3)	10(7)	4(4)	12(6)	60(25)
小計	39(6)	36(4)	26(3)	29(9)	25(5)	31(6)	186(33)

註1) 典拠史料は、「文政十三年八月冥加米献納合巻帳」（『全集』第十三巻、21頁）
　2) (　) は、件数中に含まれる新百姓（取立百姓）と借家の合計数。

ぼる。

当時の知行所住民数は、百姓・新百姓のほか、借家層も含めて、およそ一八六人ほどと推定されるが、そのうち約六八％の一二六人が献納し、残る約三二％の六〇人が献納していない。最高額三〇俵を献納したのは、帰還直後の賞罰お救い措置で、西物井で唯一人処罰の対象となった組頭の七郎次である。続いて下物井百姓岸右衛門の二〇俵、東沼村境組百姓で元入百姓でもある市左衛門の一五俵、次に西物井百姓で不二孝仲間の伴治、横田村の組頭圓蔵、東沼村和田組の組頭仙右衛門ら三人の一〇俵がこれに続く。いずれも前年の所行・存念調査の結果、賞罰の対象と成った者が多く、この施策が冥加米献納のエネルギーを引き出す契機となっていることを否定できない。

全般には、献納額一、二俵を中軸に五俵未満から二斗以上の献納者数が八八人で献納者の五四％にのぼる。村ごとの比較では上位、下位の件数に多少の違いはあるが、献納の仕方に大きな違いがあるとは思えない。むしろ三か村六組を通ずる傾向として、村役人は額の違いこそあれ、御咎め押し込み中の者と「極難渋」状況下にあった一名を除き、残る全員が一俵以上を献納している。百姓層は一三七人中、一〇四人（七五・九％）が献納したが、残る三三人（二四・一％）は献納しなかった。借家一一人は全員献納していない。新百姓（仕法中、百姓に取り立てられた住民）は二二人中、三分の一強の八人が献納したが、そのうち西物井入百姓で文政十年に百姓に取り立てられた清右衛門は五俵、残り七人のうち、四人が一俵以上、三人が二斗以上を献納している。

本人の意思に任せた献納で百姓層の七割五分以上、新百姓層の四割近くが献納している事実は、

表6-6　三か村六組住民の賞罰と冥加米献納の相関関係

村・組	身分・住民	12.4 賞罰	12.11 次三男表彰	13.8 冥加米献納 ①	②	③	④	村・組	身分・住民	12.4 賞罰	12.11 次三男表彰	13.8 冥加米献納 ①	②	③	④
西物井	名主文右衛門	◎		1俵				横田	名主常右衛門	●		2俵			
	百姓惣右衛門	○		7俵					百姓庄次郎	■		2俵			
	百姓祐吉	○		6俵					百姓金治	◎					
	組頭源左衛門			4俵					百姓元右衛門	■		2俵			
	百姓傳右衛門	○	悴駒吉	4俵		☆	☆		百姓忠右衛門	■		2俵			
	組頭七郎次	●■		30俵	☆				百姓善蔵	○		1俵			
	百姓伴治	○		10俵					百姓利重	○		2俵			
	百姓金右衛門	○		1俵					組頭圓蔵	●■		10俵	☆		☆
	百姓佐吉	◎		2俵					入百姓寸平	○■					
	組頭直兵衛		悴八百吉	2俵	☆		☆		入百姓弥吉	◎		2俵			
	入百姓清右衛門	○		5俵					入百姓藤蔵	◎		3俵			
桜町	名主文蔵			2俵				境組	名主弥兵衛	◎	次男伴治	5俵			☆
	百姓三右衛門	●							百姓幾右衛門		次男竹蔵	1俵			
	百姓藤蔵	●	弟喜兵衛	3俵					百姓要七		次男五郎治	1俵			☆
	百姓政吉	●		7俵					百姓茂左衛門			10俵			
	名主直右衛門			2俵					百姓太兵衛		弟長五郎	1俵			
	組頭忠治	●	弟鶴次	5俵	☆				百姓市左衛門	○		15俵			
	百姓小治郎	●		1俵					百姓金蔵	◎		2俵			
下物井	組頭惣左衛門			2俵					入百姓丈八	○		3俵			
	組頭七右衛門			2俵			☆	和田組	百姓佐兵衛	○		7俵			
	百姓孫右衛門	●		1俵					組頭仙右衛門			10俵	☆		
	百姓徳次			3俵					名主五郎右衛門	●		5俵			
	百姓甚左衛門	●		4俵					分家善兵衛	○					
	百姓岸右衛門	○		20俵	☆				百姓作兵衛	●					

註1) 賞罰欄の○印は、御趣法継続出訴者14名、◎印は、同じくその支援行動を賞誉された住民。●印は、「御厚恩を忘却し、御趣法継続歎願を等閑にしたとして存念を質され、過怠役を科されるか、以後、陣屋の長屋詰として献身することを誓約した住民。■印は、同じく存念を質され、近隣の困窮者の世話、後見を命ぜられた住民。

2) 冥加米献納欄の項目①は、文政13年8月、3か村6組の惣百姓献納冥加米のうち該当者の献納額。以下②③④の☆印はいずれも該当者の冥加米献納を示す。そのうち②は、長屋勤務の七郎次・直兵衛・忠治・岸右衛門・圓蔵・仙右衛門ら6人の61俵余の共同献納、③は、同じく長屋勤務の傳右衛門・佐右衛門・萬兵衛ら3人による50俵の共同献納、④は、傳右衛門悴駒吉・直兵衛悴八百吉・七右衛門悴瀧蔵・圓蔵悴四郎太・弥兵衛悴伴次・要七悴五郎次ら6人、いずれも部屋住者による21俵の共同献納を示す。

知行所住民のなかにゆとりと、仕法への共感が醸成されつつあったことを示している。表6－6は、冥加米の献納実績と前年の賞罰お救い措置、部屋済み次三男の所行優秀者表彰との間に見られる相関関係を示している。前年からの施策が住民意識に少なからぬ影響を与え、仕法への報恩・協力の態勢を引き出したと考えられる。

2　不作引きの要求と鎮静化

文政十三年十月十七日、小田原藩の鵜沢作右衛門は、金次郎に宛てた書翰で、「宇津知行所からの冥加米四百弐拾六俵上納に感心」と、桜町知行所で進みつつある住民の冥加米献納の動きに好感と期待を寄せている（7—21）。しかし、そのわずか一か月後の十一月十四日、物井村の三組惣百姓が提出した願書は、冥加米献納と相矛盾するかのような動きとして看過できない。

当寅（文政十三）年田方不残刈入取纏候処、毛上とは致相違、取石相減候に付、当村之内大正院へ参会申様候もの有之風聞、銘々罷出申合御引方奉願上候(22)

つまり、田方が予想外の不作となったとして物井村から不作引きを求める住民行動が起き、風聞ではあるが、村内の大正院（修験堂）で一部の住民集会が開かれ、同時に村内数か所に金次郎らを誹謗・揶揄する「捨訴」貼り付け騒ぎが発生した。「捨訴」は前年も発生したが、犯人も判らぬまま二度目の事件となった。

しかし、願書の続きをみると、この動きはあまり広がらぬまま早々説得され、鎮静化したかにみえる。

八ヶ年以前（文政五年の仕法開始時）には存外、大小之我々共暮方立直り、不奉顧御厚恩候御用捨相願、第一時節を失候間、銘々御年貢御上納物を始め、来一ヶ年暮方踪と取調之上、願可出旨被仰付、（中略）別紙取調書之通、格別不行届共も無之由、御仁恵に泥み、左迄も無之儀に付、御用捨相願御尋に預り、一言之申訳も無之奉恐入候

仕法開始時に比べれば、暮らし向きは良くなっているのに、さしたることでないものを御用捨を願い出たのは、これまでの「御厚恩」を忘れたものと説諭され、申し訳ないと反省、あわせて背後にある領主財政の実情について、次のような現状認識が述べられている。

去々子（文政十一）年も、本免田之分不残作取御用捨被仰付之際は、御本家様（小田原藩）御重役中、御物入も多、御借財相嵩不容易御中、お救被下置、（中略）当御地頭様（宇津家）におゐても御高四千石之処、漸御物成千俵少余、四分一御暮方（財政緊縮＝倹約生活）、依之御勤（公儀出勤）も可相成、殊に御趣法御年限も相済候に付ては、御捨難被置、御暮向四分一之処、猶

又三分（千俵の内、三百俵）通之御取縮、御家中も御減米被仰出、村方永続之ためを思召、厚御仁恵を致忘却候段御利解被仰聞（中略）猶御蔵米千弐百俵、以来村為に相成候様御手宛被下置、右御厚恩之廉々致忘却奉恐入候、何卒格別之思召を以、右御願下被成下置、願上候御年貢御上納、冥加米無滞皆済仕、暮方之儀は、小前一同致融通、急度御百姓相続可仕候、以上

（村役人奥書連署）

小田原藩大久保家・旗本宇津家とも財政難のなかで、懸命に倹約に努めている。特に宇津家はこれまでも物成収納高を本来の「四分一」の「千俵少」に抑えてきたものを、今回さらに「三分」（蔵米三百俵）をカットして住民生活の取り続きを考えようとしている。こうした「御厚恩」を思えば、不作引きの要求願書は取り下げて、すでに出願済みの冥加米献納は予定通り進め、これからは住民らがお互いに不足を「融通」仕合い、助け合って行くことにすると述べている。

右の願書の差し出しは「物井三組惣百姓」となっている。しかし、願書の後半部分にある大久保・宇津両家側の事情、なかんずく財政緊縮策などは、小前百姓では到底計り知れぬことで、各組の村役人、なかでも金次郎と心知れた腹心の者の介在なしには、文章化することも困難な内容が多い。殊に「猶御蔵米千弐百俵、以来村為に相成候様御手宛被下置」との文言は、後述の申渡にもかかわるものだが、文政十二年から宇津家が実施に踏み切った物成「三分」削減によって生じる蔵米三百俵を四年間貯えて生じる蔵米千二百俵を指している。これは後に金次郎が、桜町仕法の延長後、宇

津家当主の公儀再出勤の構想を練るなかで、その財源整備に用いたものである。右の「物井三組惣百姓」願書が取り下げられると、金次郎は間髪を入れず、三か村名主組頭惣百姓宛に左の申渡を発した。(23)

（前略）最早来る卯年一ヶ年に差迫り、是迄年々諸勘定相嵩、何分手続（詰カ）候に付、別紙之通御趣法米千弐百俵相渡候間、名主組頭惣百姓、何分にも申談之上、永々村為相成候様精々取計可申候、

文政十二年の十月〜十一月の段階で、領主側の工面によって生まれた、こうした財源の存在とその活用に言及できる人物は、金次郎をおいて他に無い。物井村には、西物井の七郎次、桜町の忠次、下物井の岸右衛門ら、出奔騒動以後、新たに台頭してきた腹心がおり、おそらくはこれらの入魂者を介して、金次郎の考えが色濃く投影され、不作引き要求の拡大を未然に防いだ経緯を物語るのが、右の願書であった。

不作引き要求の動きが収束し、年貢が皆済された十一月晦日、十二月朔日の両日、金次郎は横田村・東沼村両村で、「極難渋」の状況にある住民に緊急の救済措置を施した。その概略を示す表6－7によれば、通常の貧窮者救済というよりは、この年流行した時疫や長病に苦しむ住民に対する緊急のお救い措置の性格が濃く、直前に不作引き要求の動きを起こした物井村が何故か対象から外さ

れてはいるが、運動の鎮静化直後に、知行所内の病難者救助に気配りするなど、透きを見せない周到さが、ここでも発揮されている。

なお、この不作引き要求の最中、前年に続き二度目の「捨訴」事件が発生したことは前述の通りである。その後の取調の過程で、この「捨訴」は西物井の元名主平左衛門が「酒狂」の結果行ったものだということが、同村の村役人・五人組・親類縁者一同の申し立てであきらかにされた。その「捨訴」をみると金次郎や、宇津家から桜町に派遣されていた横山司右平、住民中の金次郎の腹心であった桜町忠次、下物井岸右衛門らを揶揄するねらいのものであったことがわかる。(24) 平左衛門の「酒狂」の真偽はともかく、「捨訴」の動きの拡大は阻止された。

表6-7　文政13年11月晦日・12月2日の難渋者救済

村	身分	住民名	救済手宛の事由	下賜米金
横田	名主	常右衛門	家内当夏中時疫相煩い、極難渋、依之取続為手宛	金3両被下置候
	百姓	安五郎	当夏中時疫相煩い、極難、依之取続為手宛	金1両2分被下置候
	組頭	兵七	同上	同上
	百姓	周吉	同上	同上
	百姓	嘉兵衛	長病相煩い、極難渋、依之取続為手宛	金2両被下置候
	百姓	勇治	坪内時疫相煩い、人夫も費、極難、依之為取続	金1両被下置候
	百姓	宇兵衛	同上	同上
	百姓	林蔵	同上	同上
	取立百姓	孫太郎	昨年より百姓相成度出願、借宅・作立出精之趣相聞候、先年荒地多分之節三ヶ年作取と違い、荒地狭まり古田のみにて開発作取りなく難渋、為取付手宛	米・麦・稗7俵ずつ被下置候
	取立百姓	喜兵衛	昨年より分家百姓相続出願、家作被下置候、出精之趣相聞候、先年荒地多分之節三ヶ年作取と違い、荒地狭まり古田のみにて開発作取りなく難渋、為取付	米12俵、米・麦10俵ずつ被下置候
	百姓	又次	悴、当夏中時疫相煩い、極難渋、依之為取続	金1両被下置候
東沼	百姓	友右衛門	長病相煩い、極難渋、依之為取続	金2両被下置候
	百姓	惣五郎	弟、長病相煩い、極難渋、依之為介抱	金1両被下置候
	百姓	三之助	其方・悴共、当夏中疱瘡相煩い、極難渋、依之為取続	金1両被下置候
	百姓	宗兵衛	致老衰、極難渋、依之為お救い	米・麦1俵ずつ被下置候

註「別二十三番文政十三庚寅年日記」(『全集』第三十五巻、403～4頁)

第三節　仕法の打ち切り・延長論議と住民の仕法継続訴願

1　仕法の打ち切り・延長論

この節では、いよいよ仕法十か年計画の最終年、天保二年を迎えた知行所内外の動きについて考察する。文政十三年十一月十四日、金次郎が三か村名主組頭惣百姓宛に発した申渡は、「最早来る卯年一ヶ年に差迫り、是迄年々諸勘定相嵩、何分手続（詰カ）候」とあり、[25]仕法期限（天保二年）が迫っているにもかかわらず、先の見通しが立たぬことへの偽りない危機感が表れている。事実、この時点で仕法の仕上げ方や仕法期限の延長については、何ら見通しは立っていない。

年が明け天保二年二月十七日になると、江戸から宇津家の代田藤兵衛と横山司右平が桜町に来陣、翌日に小田原藩の江戸代官矢野筈右衛門も到着した。[26]仕法期限の年頭に関係者が一堂に会するのは単なる偶然ではない。当然、仕法期限を念頭に置く協議の場となった筈だが、その時の協議記録は残されておらず、おそらく目立った進展がなかったものと推測する。その五か月後、同年七月二十三日、小田原藩の三幣又左衛門が江戸から金次郎に宛てた書翰がある。

跡々之儀は西久保（宇津家）にて之苦ミ、左なくては迚も出来兼候、（中略）切上げ、後々君子を待候より外有之間敷、（中略）永続之道は存絶候か、出来ぬといふことはなけれ共、お互に

命、其のうちにはな（無）く候、（中略）道を立て事をとらせ候と致し候はば、いつ迄もお互いにくるしみ候のみに候(27)

とあり、宇津家が自ら苦しんでその気にならなければ、ことの成就はない。「永続之道」も無くはないだろうが、理想ばかり言っても埒は飽かない。ここは一度、仕法を切り上げて、後世の君子の登場に委ねるより他ないだろう。三幣の主張は、つまるところ、見通しの立たぬまま仕法を一度切り上げたらどうか、という提案である。

三幣は、八月にも再び金次郎に書翰を送り、先般、呼ばれて宇津家当主と懇談したが、宇津家は今のままでは、知行所が小田原藩から返還されても、資金不足で公儀出勤はとても勤まらない。家老の代田五左衛門の見込みでは、あと三、四年は欠勤するしかない、と言っていると伝えて来た(28)。宇津家自身、知行所返還後に不安を抱えており、仕法打ち切りによる知行所返還を楽観視していなかった。

折から小田原藩でも財政緊縮の立場から桜町仕法の早期停止を望む声が高まりを見せており、これらの状況を危機として受け止める雰囲気が金次郎を通して次第に知行所内に浸透していた。

天保二年十一月初め、知行所惣百姓の名による願書が、三か村役人衆宛に提出された(29)。

御知行所物井村、横田村、東沼村小前一同奉願上候、去る午年より十ヶ年、御趣法被仰出、

種々御取立蒙御救罷在候処、最早年限に相成候得共、只今之姿にては永続之道無覚束奉存候間、御趣法継年之儀奉願上候、右願之通御上様へ御取次、御願立被成下候様、偏に奉願上候、右願之通被仰付被成下候はば、難有仕合奉存候、以上

この願書は、知行所住民から出された最初の仕法期限延長願いである。文言中、「只今之姿にては永続之道無覚束奉存候」と、仕法打ち切りに対する住民の危機感が率直に述べられる。願書は村役人に願いの筋を御上様（宇津家当主）に取り次ぐよう求めている。これを受けた村役人も早速行動を起こし出府することになった。このとき江戸に出訴する村役人に、桜町役所から手渡した添翰に関する記録が残されている。(30)

一、今度御趣法御年限切に相成候に付、三ヶ村不残西久保御屋敷へ御年継為願と、今朝物井村名主直右衛門、組頭庄治郎、七郎次、右三人出立致し候、尤御陣屋より添翰差遣し申候、左之通、

一、以手紙得貴意候、然ば今度三ヶ村役人願書を以願出候に付、為惣代三人之者并村役人小前一同之願書、御趣法付六人之願書、都合三通差遣し候間、可然様御取計可被成候、尤東沼村取締り圓蔵儀、両日下りにて出府致し候様申付置候間、是又左様思召可被下候、

この添翰の日付が十一月九日であるから、前掲の惣百姓（小前一同）願書は、それ以前、十一月初めに提出されたものとみられる。ところで、右の添翰を見ると、出府する惣代三人が持参した願書は、都合三通であったと記されている。これに関し次の点が不明である。①三通とは何を指すのか。②三通の中に含まれる「御趣法付六人之願書」とは何か。③願書の提出先は「西久保御屋敷」つまり宇津家のみで小田原藩には提出されなかったのか。願書の中味が記録されておらず、これ以上の委しい説明もないため詳らかでない。しかし、それから間もない同年十二月にも知行所三か村から小田原藩や宇津家に仕法継続の歎願が行われたとする記録があり、右の「都合三通」の願書と合わせ検討する必要がある。そのうちの一つは、知行所三か村の名主組頭取締より小田原藩矢野筈右衛門宛に出された願書、もう一つは東沼組頭仙右衛門、西物井組頭直兵衛・同百姓七郎兵衛、桜町組頭忠治、下物井百姓岸右衛門、横田村組頭圓蔵の六人が宇津家に提出した願書である。二通の願書は、いずれも後日の編纂記録集のなかに収載されており慎重な検討を要する[31]。

このうち前者は、三か村の役人が小田原藩に対し、①「御本家様（小田原藩）にて御趣法御手引にも相成候ては、御上様（宇津家当主）御勤役被遊候得共、本免御上納に不仕候ては相成間敷」と、知行所の宇津家引渡が行われ、宇津家が公儀再出勤に踏み切れば、知行所物成の本免復帰が進められ、仕法の根幹が崩れてしまう。②そうなれば、仕法以前に逆戻りし、住民の「永続之道」は危うくなる。③そうならないため三か村小前一同、自らの生活を切り詰め蔵米三百俵を積立る努力をするから、何卒御趣法の継続を願いたい、という趣旨の願書である。小田原藩は願書は受け取ったものの、惣代に国に戻り待機するように命じた。前の「都合三通」がこの願書を含むものであったか否かはともかくとして、仕法継続の歎願は、宇津家だけでなく小田原藩にも行われ、三か村の行動は十二月まで継続していたことになる。[32]

後者の仙右衛門ら六名が宇津家に提出した願書は、①最早、年限であるから知行所は宇津家に引き渡すとの通告を受け、我々一同当惑している。②このままの状態では、仕法以前の状況に逆戻りするやも知れない。③宇津家でも「村方為永続御倹約」に努められていると窺う。我々のできることはたいした助けにもならないが、今年再開発した土地からの収獲を冥加米として献納したい。④どうか「御仁恵」をもって「村方致永続、上下安泰に御百姓相続仕候」様、御趣法を継続いただきたい、との内容である。この願書に名を連ねた六名は、出奔事件後、仕法に復帰した金次郎の腹心となって、みずから「私共、身代之儀は、任妻子、御長屋へ相詰致出精、身分相応之御用相勤、其上御用次第、荒地手余田作立差上度奉存候」と述べる仕法への積極的奉仕者であり、村方の新しいリーダーでもあった。[33]こうした熱心な協力者が成長し仕法を支える第一線に立ったことも桜町後期仕法の成果であり特徴の一つである。

桜町陣屋では、十二月十四日に知行所三か村住民全員が集まり、知行所仕法十か年が首尾克く完了したことを祝う祝儀の宴が催された。[34]仕法打ち切りの危機感が高まり、仕法継続歎願が続く状況下で、いささか違和感のある事柄のようにも見えるが、実はそうした環境にあるからこそ、あえて開催されたとも云える。

以上、天保二年の十一、十二月に、宇津・小田原藩の両家に提出された願書を通し、知行所三か村の住民が仕法打ち切りに危機感をいだきながら仕法継続を歎願し続ける状況を確認した。これに対し小田原藩からは期限が到来したからには、知行所支配は宇津家に引き渡すとの通告があり、宇津家もこれを容認しつつあった。しかしながら、住民訴願の眼目である仕法継続については、この段階に至るも、明確な回答はなされていない。

2　仕法継続要求と「永続の道」の模索

前年十二月の歎願以後、待機を命じられていた知行所三か村が、天保三年春、農繁期を前に仕法継続歎願を再開する。桜町陣屋日記三月十六日条に記録される宇津家宛三か村願書を見ると、(35)

最早苗代時刻に差懸り候ても御沙汰無御座候間、三ヶ村役人一同罷出及数度、相伺候処、御知行所之儀は、御本家様より当御屋敷様（宇津家）御引渡し相成、当辰年より五ヶ年之間、是迄之通り御趣法米金（御任入用米金、米弐百俵・金五拾両の小田原藩拠出）御本家様より御出金被遊候趣、両御役所様被仰渡承知奉畏候、

とあることから、春を迎え、三ヶ村役人が数度にわたり回答を逼る行動を起こす中で、知行所引渡は変更しないが、「当辰年より五ヶ年之間、是迄之通り御趣法米金御本家様より御出金被遊候趣」

だけが、両家から示された模様である。小田原藩からすれば、財政難のなかで奮発したつもりであったに違いないが、知行所三か村がこれをもって仕法継続とみなしたかといえば、まったくそうではない。願書の続きには、

乍然（中略）只今之姿にては永続之道何分にも無覚束奉存候間、何卒格別之御憐愍以、家数人別等も相増、御上様下々迄安堵仕、御百姓永続仕候様、御趣法幾重にも奉願上候

とある。住民は、小田原藩による「御任入用米金」の拠出のみで、「御百姓永続」を目指す仕法が持続できるなどと甘く考えていない。

一方、宇津家自身も事態を楽観してはいなかった。右の願書に対する事実上の回答と目される申渡によれば、(36)

未永続之道不相見、乍去御年限にも有之候に付、御引渡相成候程之儀、当　御上（宇津家）御年限にて中々永続之御趣法被為届候儀には無之、御上は勿論、御家中一同御相談之上、種々御取悩有之候得共、不容易儀に付、深く御心配被遊候、就中　御上御永続と申は、永久御高丈けは、右之御分限相立不申、之御公務無差支相立、右に準じ御家来御扶助、年々時々御入用は御収納永々本免に無之候て

年限が来て、知行所の引渡は受けざるをえないが、宇津家自身が仕法の見通しを持てている訳ではない。いろいろ協議しているが、なかなか困難だ。特に宇津家にとっての「永続之道」は、宇津家の家格に応じた公儀の役を勤め、御家来衆の生活も手当てし、時々の経費支出を賄うため、知行所からの物成収納が規定通りの「本免」に戻らねばならない。つまり宇津家が「永続之道」として目指しているのは、「本免」復帰にほかならない、という主張である。知行所村の住民の考えている「永続」がこれと程遠いことは宇津家も承知している。右の申渡の続きは次の様に主張する。

村方一同永続と申は、拾ヶ年以前　御本家様にて御趣法被仰出候砌、二宮金次郎見込之通り米貳千俵位之上納に無之候ては永続には至り不申儀と被存候、於村方も一同篤と勘弁致可申、是迄御本家様へ差出候同様に願候にて、当御上御一己之御力には迚も不被為届儀に有之、

十年前に仕法が始まった時から、二宮金次郎の見込みでは、物成二千俵でなくては、村方の永続もありえないといわれてきた。知行所村が、これまで上納してきた程度では、宇津家だけの力ではとてもやって行けない。だから簡単に仕法の継続ができるとは云えない。これが宇津家の率直な考えである。そこで申渡は次の結論に達する。

依ては此度差出候願書之通り、上下安泰永続之道相願度儀に候はば、拾ヶ年之間抛身命、盡心力本免上納可致、左候はば右年限中、御引込被遊、是迄之通、年々米三百俵は御趣法御入用被下置候、且村方本免上納之余米を以、御勤之道も相立、御永続可被遊候、

知行所村が、本当に「上下安泰永続之道」を願うのであれば、十か年ほど全力で「本免」上納の努力をしなければならない。そうすれば、宇津家も、その間は経費節減のため公儀出勤は控える（御引込）努力をして、年々三百俵ずつ仕法のため拠出するとともに、「本免」上納の余剰を活用して、公儀再出勤の道も立ち、上下「永続」の道筋も立つことになるだろう。これが宇津家中渡の結論である。要は、知行所の引渡しが行われても、まだしばらくは公儀出勤は差し控えるが、その間、知行所村には「本免」復帰の努力を求める。金次郎の云う田方上納米二千俵との折り合いをどう付けるかという重大な問題が残るが、ともかくそれができなければ、宇津家としての「永続」の道は立たない、という主張である。領主と住民との溝は深い。

知行所三か村からの仕法継続歎願は、すでに期限を過ぎた天保三年四月にも行われたが、この訴願行動によっても決着せず、逆に領主側との溝は深まるばかりに見える。金次郎も渋滞する事態を深刻に受け止め、七月一日から全村民を召集、連日対策協議を重ね、小田原藩には知行所から手を引くと云われ、宇津家からは本免上納を求められる事態を放置できないとして、「御趣法十ヶ年之間御受取、御知行所村々何様にも村柄取直、上下安泰永続仕候様致度存候」と、新たに仕法の十か年

延長を宇津家に歎願するため、惣代の者を江戸へ送る決断をした。(37)

これに対し、宇津家からは、七月十日に三か村願いの通り「御聞済為御任候」との回答と共に、宇津家当主の直書も届いたが、何を任せたのか不明であるうえに、知行所引渡し前にこれまで未処理の問題を、小田原藩と協議し解決しておくようにとの注文まで突き付けられた。(38)

天保三年十二月になり、小田原藩から次のような通告があった。①仕法は田畑再開発を七、八分は達成した。②この結果、御収納は以前に比較し倍増した。③しかし、この上の世話は藩の財政事情から困難である。④知行所と縁を切るとは云わないが、今後はすべて先ず宇津家に伺いを立てて処理すべきである。⑤これまで拠出してきた「御任入用」は、当年より申（天保七年）まで五か年間は従来通り拠出する。こうした内容であるが、肝心な年貢はどうするか、仕法の将来設計、仕上げはどうするかなどの重要事項は一切未定のまま、知行所村と宇津家の交渉に委ねるかたちで、事実上、仕法の五か年延長のみ黙認するものとなった。(39)

むすびに

天保三年十二月の小田原藩布告で、仕法は五か年延長されることが正式に決まった。しかし、仕法の最終仕上げ方、「永続之道」への見通しは依然として立っていない。「御上之永続」と「村方之永続」の間には容易に越えられぬ溝がわだかまっている。それにもかかわらず、出奔事件後の三年間に、桜町知行所住民の間では金次郎の主唱する「上下安泰永続之道」に向けて人心の統合が進み、仕法役所と住民が一体となった訴願行動を通じて、後期仕法を推進する住民主体の組織体制が整いつつあった。こうした前提条件なしに後期仕法にみる報徳仕法の展開とその理念の確立はありえない。

註

(1) 上杉允彦「報徳思想の成立―桜町仕法を中心として―」(『栃木県史研究』第十四号、一九七七年十二月)。大塚英二「近世後期北関東における小農再建と報徳金融の特質」(『日本史研究』二六三号、一九八四年)。なお、報徳仕法の成立時期を考える上で、両氏の方法に学ぶ点は多いが、金次郎は仕法着手当初から領主側に厳しく「分定」(財政緊縮と物成の上限設定)を迫る構想を突きつけ、これが守られることを仕法受諾の根本原則とし、前・後期の別なく貫き通している事実を無視すべきでないと考えている(本書第五章、同第八章)。

(2) 早田旅人「初期報徳仕法の展開―桜町前期仕法における百姓政策を中心に―」(『民衆史研究』六〇号、二〇〇〇年一一月)。舟橋明宏「村再建にみる『村人』の知恵」(渡辺尚志編『新しい近世史』〈四　村落の変容と地域社会〉新人物往来社、一九九六年)。

(3) 早田旅人「報徳思想の構造―桜町後期仕法における百姓編成と報徳金融―」(『報徳学』九号、二〇一二年)。

(4) 「文政十二年桜町陣屋日記」四月八日条(『全集』第三巻、一八一一頁)。

(5) 同右、『全集』第三巻、一七七～一八〇頁。

(6)「丑四月十八日　三ヶ村名主・組頭・惣百姓へ申渡」『表彰書類』(『全集』第十巻、一〇四〇頁)。
(7) 江戸出訴者と不二孝との関係については、本書第五章を参照。
(8)「丑四月　御知行所横田村百姓一同奉申上候」(『全集』第三巻、二〇一頁)。
(9)「文政十二年桜町陣屋日記」八月四日条(『全集』第三巻、二〇八頁)。
(10)「天保二年金次郎自筆日記」八月十一日条(『全集』第三十五巻、四一七頁)。
(11)「文政十二年五月二日書状」(『全集』第六巻書翰4、五〜八頁)。
(12) 三幣の言葉から、金次郎の出奔事件の背景に、宇津家の暮らし向き改革の不徹底があり、それが桜町仕法の大きな障害となっているにかかわらず、後見役を担うべき小田原藩がそのことに適切に対処していないという事情があった。実は後に文政五年から同十一年までの七年間、宇津家は仕法期間中にもかかわらず、桜町から上納される分限内で暮らしを立てることができず、毎年平均金一五〇両ほどの「足し金」の助成を受けていたこと、出奔事件後、文政十二年から宇津家の野州担当となった横山司右平(周平)が、小田原藩の田村と協議しながら、財政緊縮に努め、大いに効果をあげたことが記されている。
(13) 金次郎の出奔・成田山参籠事件の顛末については、本書第五章を参照。
(14)「文政十二年十一月二十四日書状」(『全集』第六巻書翰7、九頁)。
(15)「文政十三年二月　三か村名主組頭一同願書」(『全集』第三十五巻、三九八〜九頁)。
(16)「桜町御陣屋日記」三月廿一日条(『全集』第三巻、二一六頁)。
(17)「天保元年日記帳」五月条(『全集』第三十五巻、四〇〇頁)。
(18)「天保元年日記帳」八月朔日条(『全集』第三十五巻、四〇五頁)。
(19)「表彰書類」の内、「丑(文政十二年)四月十八日　三ヶ村名主・組頭・惣百姓へ申渡」(『全集』第十巻、一〇四〇頁)に、「五ヶ条諸拝借金、元利不残取調差出可申事を命ず、思召有之不残被下切に被仰付候」とある。

(20)「天保元年日記帳」八月二日条（『全集』第三十五巻、四〇五頁）。
(21)「十月十七日　金次郎宛鵜沢作右衛門書翰」『書翰集』（『全集』第六巻、一二頁）。
(22)「十一月十四日　乍恐以書付奉申上候」『別二十三番　文政十三庚寅年　日記』（『全集』第三十五巻、四〇二頁）
(23)「寅十一月十四日　三ヶ村名主組頭惣百姓宛申渡」『別二十三番文政十三庚寅年　日記』（『全集』第三十五巻、四〇三頁）。
(24)一、去（文政十三年）十一月中、大正院参会之節、落書致し儀、是又取調候所、西物井百姓平左衛門、全く酒狂にて致心得違候段、御知行所村役人・五人組・親類者迄差添、内々申出候、其文左之通り、「二みやで長く御趣法するもよい、殿は宇津洩、村は滅亡。横山も眼開て村通れ、あまり馬鹿と人かゆうらん。御趣法の谷ぶあとに顕にけり、馬鹿なり是が岸右衛門・忠次なり。横山もやたら狐にばかされて、この行先で、腹を切平」（「別二十五番　天保二卯年　日記　御役所」八月十一日条（『全集』第三十五巻、四一七頁）。
(25)「寅十一月十四日　三ヶ村名主組頭惣百姓へ申達」『文政十三庚寅年日記』十一月条（『全集』第三十五巻、四〇三頁）。
(26)「天保二辛卯年　日記牒　従正月～至十二月　桜町御陣屋」二月十七日～十八日条（『全集』第三巻、二二一頁）
(27)「七月二十三日　三幣又左衛門より金治郎宛書翰」『書翰集』No.11（『全集』第六巻、一六頁）。この書翰中、同年二月に桜町陣屋に出張した矢野筈右衛門の経験として、知行所引渡し準備のため、宗門人別改帳などを宇津家の役人に引き継ごうとしたが、難しいことがあり当惑したこと、引渡し後に金次郎がいなくなると差し支えるとしてこぼされたことなどが苦々しい経験として伝えられている。
(28)「八月十二日　三幣又左衛門より金治郎宛書翰」『書翰集』No.10（『全集』第六巻、一三頁）。
(29)「天保二年十一月　以書付奉願上候」『従文政十一子年～至天保十亥年　御知行所書類扣』（『全集』第十一巻、九

八三頁）この史料は、後年の編纂記録中に所載されるが、直後の陣屋日記の記録によっても傍証確認できる。

(30)「小田原藩桜町陣屋詰め福山金十郎・新井新平より宇津家代田藤兵衛・岡部善左衛門・横山司右平宛て添翰」『天保二辛卯年　日記牒桜町陣屋』十一月九日条（『全集』第二巻、二二九頁）。

(31)「天保二年十二月　矢野筈右衛門宛三か村名主組頭取締役願書」と「天保二年十二月　六名より宇津家御役人衆中宛て願書」いずれも『従文政十一子年～至天保十亥年　御知行所書類扣』（『全集』第十一巻、九八四～六頁）。

(32)註31で採り上げた二つ願書のうち、前者には史料編纂の過程で、意図せざる錯簡が加わっている。それが、桜町役所が桜町仕法関係史料を整理し、『従文政十一子年～至天保十亥年　御知行所書類扣』を編纂した段階で生じたものか、それとも『全集』第十一巻の編集・刊行の段階で生じたものか、現状では判定できない。ただ、「天保二年十二月　矢野筈右衛門宛三か村名主組頭取締役願書」の後半部分には、この願書が矢野筈右衛門に提出された後、小田原藩が知行所三か村に対し、国元に帰り待機する様、命じた対応策や、三か村が翌年三月下旬迄差し控えていたが、何の回答もないのでもう一度、伺いを立てようとした、ということまでが混在して記されており、錯簡が生じていることがあきらかである。

(33)「天保二年十二月　六名より宇津家御役人衆中宛願書」『従文政十一子年～至天保十亥年　御知行所書類扣』（『全集』第十一巻、九八五～六頁）。

(34)「四天保二辛卯年日記牒　桜町御陣屋」十二月十四日条（『全集』第三巻、二三三頁）。

(35)「天保三辰年四月　三か村名主組頭願書」『十一番　天保三壬辰年日記牒　従正月～至十二月』（『全集』第三巻、二四一～二頁）。

(36)「天保三辰年四月　三か村役人一同へ申渡」『十一番　天保三壬辰日記牒　従正月～至十二月　桜町御陣屋』（『全集』第三巻、二四二～三頁）。

(37)物代の第一陣として五日早朝に、西物井文右衛門、七郎次、孫左衛門、物井政吉、下物井惣左衛門ら五人が出立、他の二か村惣代は翌日、桜町を発った。（「天保三壬辰年日記帳」七月一日～五日条『全集』第三十五巻、四二四頁、及び「同年七月　三か村役人百姓惣代願書」『全集』第三巻、二四四頁）。

(38)「七月十日　三か村役人百姓惣代宛て　宇津家申渡」『天保三壬辰年　日記帳　桜町御陣屋』（『全集』第三巻、二四四頁）。

(39)「天保三年十二月　三か村宛て小田原藩申渡」『天保三壬辰年日記帳　桜町御陣屋』十二月条（『全集』第三巻二四六～七頁）。小田原藩の知行所引渡の意思は当初固かったが、その姿勢もその後、若干軟化傾向を見せていたことが、「上下永続仕法引受候得共、西久保（宇津家）にては押立不申、依之去春（天保四年春）中より猶又御本家へ御願被成候処、当（天保五年）二月中以前之通御引受御世話被進候様相成候」（「天保五年六月五日　宇津家岡部善左衛門・代田藤兵衛から金次郎宛返報」『天保五午年日記帳』六月十六日条、『全集』第三巻、一九八頁）のごとく、宇津家中からの書翰に残されている。

第七章　後期仕法と「上下安泰永久相続之道」

——報徳仕法成立の秋——

はじめに

小考の目的は、桜町後期仕法において報徳仕法の原型が成立する歴史的経緯とその契機を探るところにある。(1) 文政五年に開始された桜町前期十か年仕法は、仕法の打ち切り延長問題の決着がつかぬまま天保三年ついに仕法期限切れを迎えた。桜町知行所では前年から仕法打ち切りへの危機感が高まり、仕法継続を求める訴願が連続しており、三年を迎えると春から訴願が再開され、七月にはついに仕法を丑年（天保十二年）まで十か年延長を求める願書が提出されるに至った。

仕法が打ち切られたとき住民の蒙る被害は甚大であるが、そのうち最大のものは、仕法の大原則である「定免」が撤廃され、宇津家へ上納する年貢が「本免」に復帰して過重負担に逆戻りすることである。しかし、「定免」を上回る年貢収納（「余米」）を仕法諸施策の財源としてきた桜町仕法の場合、「定免」撤廃は同時に「余米」（仕法の財源）そのものが失われることを意味した。天保三年を迎えた金次郎を悩ます最大の問題は実にこの点にこそあった(2)。

一方、桜町後期仕法の期間（天保三〜八年）は、いわゆる天保の凶作・飢饉が連続し襲来した時期にも当たっている。天保三年の桜町知行所は前期十か年仕法中の再開発が、すでに開発目標の七、八割を達成、住民は復興への足がかりを掴みつつあったが、後に残された土地はとりわけ劣悪で開発には著しい困難をともなった。そこでなお荒地起返は続けるものの、施策の重点は既発地を活かした経営の安定化へと漸次移行しつつあった(3)。そこでは凶作・飢饉の災害から住民生活をいかに保護するかが、緊要な課題となりつつあった。

図7　尊徳坐像（部分：岡本秋暉筆、小田原市報徳二宮神社蔵、報徳博物館提供）

しかし、今後本格的な復興に向かおうとする知行所にとって、これ以上の大幅な開発が望めないとすれば、縦令仕法が継続したとしても、これまで仕法財源として頼りとしてきた「余米」（「土台外」「分外」）の伸びには限界が生じ、あまり大きな期待はできず、縮小する危険さえ帯びていた。まして仕法が中断されれば、仕法の財源確保はさらに困難になる。

天保三年、桜町役所は未解決の仕法打ち切り延長問題に苦悩しつつ、同時に右にあげた難題に直面せざるを得なくなっていた。これらの問題の打開無しには、金次郎と住民の望む仕法の最終仕上げ、「上下安泰永久相続之道」の設立はないし、これを祖型とする「報徳仕法」とその根本理念である「報徳思想」の樹立もありえなかった。

単に桜町後期仕法において報徳仕法が成立したというだけであれば、誰も取り立てて異論を差し挟む余地はない。しかしながら、当時報徳仕法と併行して進められていた他の領主改革との相違点、同時代の他の民衆運動には見られない独自性を、もし報徳仕法に見い出そうとすれば、天保三年からの数年間に桜町後期仕法が直面し、取り組んだ諸課題との苦闘のあとを確実に検証することなしには不可能と云わざるをえない。(4)

そこで小考では、まず第一節と第二節において、「報徳金融システムの導入」と「凶作・飢饉対策」について、第三節と第四節では、仕法の最終仕上げをめぐって行われた「永久相続をめぐる桜町協議」と「報徳金融の展開と仕法の他領拡大」を採り上げ、桜町後期仕法の経緯のなかで「報徳仕法」の祖型が成立する歴史的契機を検証し直すことで、右に掲げた研究目標に応えたい。

第一節　報徳金融システムの導入

天保三年、桜町知行所は仕法打ち切り延長問題に決着がつかぬまま、ついに仕法の期限切れの年を迎えた。仕法が打ち切られることとの危機感から、仕法継続歎願が春から始まり、七月には丑年（天保十二年）まで十か年の仕法延長を求める嘆願書が三か村住民から提出された。(5) しかし、七月十日頃に届いた宇津家の回答には、ただ「御聞済為御任候」とあるだけで、何をどう任せるのか具体的な方策はまったく示されず、前後策を講ずるため桜町役所に集合した村役人惣代もその真意を量りかね、手の施しようもないまま途方に暮れ、一先ず解散していた。(6) 十九日、金次郎は江戸の宇津家との間に生じた行き違い解決に、腹心の一人物井村桜町の組頭忠治を飛脚として江戸へ派遣、その忠治も二十二日は帰村したが、この間宇津家との間でどんなやりとりがあったか、記録はなくまったく不明である。おそらく問題解決に進展がなかったためと推測する。ただ大久保・宇津両家の合意によって、知行所の宇津家返還、引渡しのみが既成事実化していた。こうした八方ふさがりの状況下で桜町仕法は最大の危機を迎えていた。

金次郎は忠治が戻った翌二十三日、小田原藩士荒井新平と組頭忠治をともない、桜町から遠からぬ常陸国真壁郡井上村の不二孝指導者兵右衛門（右行）宅までわざわざ出向き、そこで宇津家の横山司右平とも落合い懇談している。(7) この懇談についても記録はまったく残されていない。しかし時期が時期、集まった人物が人物であるだけに、行き詰まった桜町仕法の打開策が話題にならない筈はなく、非公式の場で内々の協議がなされていたと考えても、あながち荒唐無稽の推測とは云えない。

実はこの井上村の懇談から約二か月半程経った十月九日頃、江戸滞在中の金次郎から、腹心の一人西物井の組頭七郎次宛てに次のような指示がなされた。(8)

猶又相改、永代福貴繁昌子孫相続事、伝授致すべく候に付、去酉年以来預天慮候金銀米銭不残取調

金次郎は新たに「永代福貴繁昌子孫相続事」を伝授するが、その準備のため「預天慮候金銀米銭」を残らず「取調」書き出すようにと指示している。仕法打ち切りが現実と成りかねない折も折、従来から続けられてきた仕法施策ならば、桜町役所を通じて各村方組織を用いて行えばいいものを、組頭とはいいながら腹心の七郎次親子との私的ルートを用いての指示であるだけに、従来からの仕法とは一線を画す新しい策への取り組みを推測させるものがある。もちろん、これだけで断定はし難いが、このとき七郎次が指示された「預天慮候金銀米銭」（住民が桜町役所からさまざまな目的で支援助成された米金）調査の結果は、その後、徐々に姿を見せてくる。

指示を受けた七郎次（西物井組頭）は、実父文蔵（桜町組名主）とともに知行所三か村住民への仕

法米金助成実績の取調を行っている。過去まで遡り作成された調査報告書のうち、調査を開始した時点にもっとも近い事例報告書が「天保四年十一月　三ヶ村貸金取調帳」である。(9)この史料から西物井組と横田村の天保三・四年に実施された仕法貸付金の実態調査結果を表7－1・2に掲載した。表には（　）内に貸付事由を記載した。

右の「三ヶ村貸金取調帳」の巻末には組・村ごとの仕法貸付金の総額と貸付事由別の集計がなされている。表7－1の西物井組分の貸付総額は、二年間で金九九両一朱ト銭一一貫一一三文、その仕訳は、「証文金」金六〇両三分ト銭五九〇文、「干鰯糟金」二四両二分二朱ト銭三六一文、「米大豆塩代金」金一五両三朱ト銭四〇六文。表7－2の横田村分の貸付総額は、金五二両ト銭六貫七六九文、仕訳は、「証文金」金二九両ト銭二五四文、「干鰯金」金一一両三分二朱ト銭一六六文、「米大豆小豆前金駄賃銭塩代」金一一両二分ト銭六五七文とある。「証文金」は仕法金拝借のため拝借人が提出した質地証文、「干鰯糟金」は金肥購入のための借用、「米大豆小豆前金・駄賃銭・塩代」は、作物代金・駄賃銭・塩代等の前借を意味している。両村で総額の過半を占める「証文金」は耕作地拡大をねらいとする田畑の買請、質地請戻し、または質地預かりのための資金拝借のため、その田畑そのものを引当とした証文である。どの貸付事由からも自家経営の拡充をねらいとする拝借・支援であることが明瞭に読み取れ、荒蕪地開発、入植者取り付き米、廃屋修繕、屋敷家作代などの支援に力が注がれた前期仕法との違いが歴然としている。(10)さらに注意を要するのは、この仕訳の後に記される奥書の内容である。

表7-1　天保3・4年仕法貸付金(西物井)

No.	身分と住民	[初見]	天保3年貸金	天保4年貸金
1	名主 文右衛門	[政5]	—	金2.1.0ト銭803(干鰯代)
2	百姓 惣右衛門 →悴久治郎	[政5]	—	3.金0.2.2ト銭813(干鰯代) 3.金5.2.2(不詳)
3	百姓 祐吉 →天5定吉	[政5]	12.金2.1.0ト銭572(質地書入)	3.金0.2.0ト銭806(干鰯代) 3.金0.3.2ト銭648(干鰯代) 4.金0.1.2ト銭435(大豆前) 5.金0.0.2ト銭102(不詳)
4	組頭 源左衛門	[政5]	—	—
5	百姓 傳右衛門 →天5卯兵衛	[政5]	12.金8.0.0(報徳金)	3.金1.3.2ト銭807(干鰯代) 11.金2.0.0(不詳)
6	百姓 儀重	[政5]	12.金1.0.2ト銭484(質地書入) 金3.0.0(質地書入) 金1.0.2ト銭484(質地書入) 金0.2.2ト銭106(干鰯代)	—
7	百姓 周右衛門	[政5]	12.金1.0.2ト銭704(質地書入)	3.金0.0.2ト銭336(塩代) 9.金1.0.0ト銭762(干鰯代)
8	百姓 直吉 同悴 岸次郎	[政5]	金2.0.0(年延分) 金5.2.2ト銭484(質地書入) 12.金8.0.0(報徳金) 12.金0.3.2ト銭60(質地書入)	3.金0.3.2ト銭377(干鰯代) 6.金1.2.2ト銭446(大豆前)
9	組頭 七郎次	[政5]	—	—
10	百姓 喜左衛門	[政5]	—	—
11	百姓 平左衛門 →後家	[政5]	—	金0.2.2ト銭60(貸改)
12	百姓 常八 →天8嘉兵衛	[政5]	12.金2.1.2(報徳金) 金1.2.2(質地書入)	3.金1.3.2ト銭39(干鰯代) 6.金1.2.2ト銭131(大豆前) 11.金0.2.2(穀留月延)
13	百姓 忠七	[政5]	12.金0.2.0ト銭648(質地書入) 金0.3.0ト銭632(質地書入)	3.金1.0.0ト銭220(干鰯代)
14	百姓 豊治	[政5]	—	11.金0.3.0ト銭35(貸改)
15	百姓 孫左衛門	[政5]	—	—
16	百姓 伴治	[政5]	—	—
17	百姓 金右衛門 →天5次右衛門	[政5]	12.金0.2.0ト銭648(質地書入)	2.金0.2.2ト銭408(大豆前) 3.金0.2.2ト銭9(干鰯代) 3.金0.1.0ト銭347(干鰯代)
18	百姓 利兵衛 →天5勘蔵	[政5]	3.金0.1.0ト銭551(干鰯代) 12.金3.1.0ト銭324(質地書入) 12.金0.1.2ト銭18(不詳)	1.金0.1.1ト銭281(大豆前) 3.銭624(干鰯代)
19	百姓 安治	[政5]	—	—
20	百姓 長太	[政5]	12.金0.0.2ト銭337(不詳)	7.金1.0.0ト銭550(大豆前)
21	百姓 半治	[政5]	—	—
22	百姓 豊太郎 →富吉	[政5]	—	3.金0.2.2ト銭40(干鰯代)
23	百姓 新蔵	[政5]	—	—
24	百姓 岩蔵 →天7平助	[政5]	12.金0.2.2(質地書入)	3.金0.2.2ト銭280(干鰯代) 6.金0.1.2ト銭260(大豆前)
25	百姓 佐吉 →後家	[政5]	—	—
26	組頭 直兵衛 →天7吉右衛門	[政5]	12.金0.3.2ト銭236(不詳)	3.金0.1.0ト銭358(干鰯代) 7.金0.3.2ト銭510(大豆前) 8.金0.2.0ト銭232(大豆前)

No.	身分と住民	[初見]	天保3年貸金	天保4年貸金
27	百姓 富(留)吉 →弟三五郎	[政5]	—	3.金1.0.0ト銭28(干鰯代) 7.金0.0.2ト銭118(大豆前)
28	百姓 栄蔵 →後家	[政5]	—	3.金0.1.0ト銭627(干鰯代)
29	百姓 清左衛門 →天3重右衛門	[政5]	—	—
30	借家 茂七 →政8米吉	[政6]	11.金1.3.2ト銭448(不詳)	3.金1.1.0ト銭355(干鰯代) 7.金0.0.2ト銭384(塩代)
31	新百姓 澤治	[政6]	12.金1.0.2ト銭484(質地書入)	2.金2.0.0ト銭401(大豆前) 3.金0.3.2ト銭657(干鰯代)
32	入百姓 清右衛門	[政7]	—	3.金1.2.2ト銭290(干鰯代) 8.金1.0.0ト銭702(大豆前)
33	入百姓 竹次郎	[政7]	—	—
34	分家 浅右衛門	[政9]	12.金1.0.2ト銭484(質地書入)	3.金0.2.2ト銭422(干鰯代) 4.金1.2.0ト銭805(大豆前)
35	分家 豊吉	[政10]	—	—
36	借家 甚太郎	[天4]	—	3.金1.1.0ト銭737(干鰯代)
37	分家 弥七 →嘉兵衛	[天4～7]	—	3.金1.1.2ト銭735(干鰯代) 8.銭400(塩代)
38	借家 弥十郎	[天7]	—	—

註　典拠史料は、「天保4年11月三ヶ村貸金取調書上帳」(『全集』第十三巻、299頁)。

前々御取立被下置候奉報　御恩沢度、今般取調、御仕法御土台金へ御加入奉願上候処、如此御座候、以上

天保四巳年九月　西物井村

願主　七郎治

物井村

右同人親　文　蔵

これと同文の奥書は知行所三か村六組すべての取調書に付されている[11]。文面は取り調べた仕法貸付金をこれまでの恩義に報いるため、まとめて「御仕法御土台金」に加入するよう願う、としているが、もともと仕法貸付金であったものを一つにとりまとめるだけのことなら、「加入奉願上候」などという手続きも断りも必要ない筈だから、ここにいう「御仕法御土台金」は、これまでの仕法貸

表7-2　天保3・4年の仕法金貸付（横田村）

No.	身分と住民	［初見］	天保3年貸付	天保4年貸付
1	名主 常右衛門 →政12休役	［政5］	—	—
2	百姓 勘治郎 →政7卯兵衛	［政5］	—	3.金0.2.0ト銭493（小麦前） 3.金0.2.2ト銭272（干鰯代）
3	百姓 浅七 →政10常吉	［政5］	—	—
4	百姓 庄次郎 →繁蔵	［政5］	—	—
5	百姓 金治 →天5仲右衛門	［政5］	—	—
6	百姓 平八 →天4不詳	［政5］	—	—
7	組頭 兵七 →政10退役	［政5］	12.金2.0.2ト銭174（不詳）	—
8	百姓 元右衛門 →天3政蔵	［政5］	—	—
9	百姓 忠右衛門 →天2名主代、天3久蔵	［政5］	12.金0.2.0ト銭648（後見金）	4.金0.3.2ト銭243（干鰯代） 7.金3.0.2ト銭733（大豆前） 10.金1.2.0ト銭503（米前金）
10	百姓 善蔵 →名主代退役	［政5］	12.金6.0.0（質地書入）	—
11	百姓 安治 →天7安五郎	［政5］	—	—
12	百姓 利重 →政12平吉	［政5］	10.金1.0.2ト銭591（質地書入） 11.金1.3.0ト銭324（馬代金）	4.金1.0.2ト銭602（干鰯代）
13	百姓 富蔵 →政7栄吉	［政5］	10.金1.0.2ト銭704（質地書入）	4.金0.3.2ト銭241（干鰯代）
14	百姓 平蔵 →政12源蔵	［政5］	11.金2.1.2ト銭376（質地書入）	4.金1.0.2ト銭52（豆米前）
15	百姓 新右衛門	［政5］	12.金0.0.2ト銭316（大麦代）	—
16	組頭 圓蔵 →天6名主	［政5］	—	—
17	百姓 政吉	［政5］	—	—
18	百姓 與八 →天3嘉兵衛	［政5］	—	金0.1.0ト銭566（干鰯代）
19	百姓 清左衛門 →天3せん	［政5］	—	—
20	百姓 八郎 →政10勇次	［政5］	—	—
21	入百姓 寸平 →天4帰国	［政6］	—	—
22	借家 友蔵 →天7新百姓	［政11］	—	—
23	入百姓 弥吉 →政12新百姓	［政11］	—	10.金0.1.0ト銭572（塩代）
24	入百姓 藤蔵 →政12新百姓	［政12］	12.金1.3.0ト銭324（不詳）	4.金1.0.2ト銭437（干鰯代）
25	取立百姓 孫太郎 →天8新百姓	［天1］	—	3.金0.2.2ト銭272（干鰯代） 11.金1.0.0（借用金）
26	入百姓 勝右衛門 →市之丞	［天2］	12.金1.0.2ト銭484（不詳）	3.金1.1.2ト銭371（干鰯代） 7.金0.3.0ト銭25（大豆前）

No.	身分と住民	［初見］	天保3年貸付	天保4年貸付
27	入百姓 岩八 →天7新百姓	［天3］	12.金1.0.2ト銭513（貸付改）	3.金1.2.0ト銭169（干鰯代）
28	分家百姓 喜之七 →天8新百姓	［天3］	—	4.金0.3.2ト銭243（干鰯代）
29	分家百姓 武助	［天3］	11.金3.2.0ト銭648（質地書入） 金0.2.0ト銭648（質地書入） 12.金1.1.0ト銭406（米代） 銭200（駄賃貸）	3.金1.0.2ト銭437（干鰯代） 4.金1.3.2ト銭245（豆前金）
30	借家 友吉	［天4］	—	—
31	借家 此右衛門	［天4］	—	—
32	借家 助次右衛門	［天4］	—	—
33	借家 重蔵 →天8新百姓	［天4］	11.金4.0.2ト銭484（質地書入）	7.金0.2.0ト銭348（大豆前）
34	借家 幸助 →天8新百姓	［天6］	—	3.金0.3.2ト銭353（干鰯代）
35	（借家）市次	［天7］	—	—
36	借家 竹次郎 →天8新百姓	［天7］	—	—
37	借家 文蔵	［天7］	—	—

註　典拠史料は、「天保4年11月三ヶ村貸金取調書上帳」（『全集』第十三巻、299頁）。

付金とは別な、異なる「基金」と考えなければ文意は通らない。つまり金次郎が、天保三年十月以降、七郎次に命じ作業を開始させたのは、従来の仕法貸付金とは一線を画し、それから半ば自立しながら、しかも仕法の恩恵に報いる（報徳の）ねらいを持つ「新たな基金」を創設するための作業であったということになる。文言にそれと記されずとも、これが「報徳金」の創設であることはもはや否定すべくもない。この取調帳から読み取れることは、天保三年十月に開始されたこの作業は、およそ一年後の翌四年の九月には、知行所三か村六組の天保三・四年分だけでも総額金三九〇両一分三朱ト銭一六六文に及ぶ仕法貸付金を一括して新たに設置する「御仕法御土台金」（報徳金）に組み入れ、加入申請するまでに至ったということである。

仕法打ち切り延長の問題が未解決のまま「分定」が廃止され、仕法の拠が失われようとする危機の最中に、領主仕法から半ば自立した仕法基金の創設が構想された歴史的意義を見落としてはならない。

天保三年閏十一月の日記を見ると、金次郎は西物井の金兵衛を使いに常陸国井上村の兵右衛門（右行）と宇都宮城下の米穀商柴田屋平八（斗行）の二人を桜町に呼び、五日間にわたり懇談した後、「右両人に三才道五常行手段理解申聞候に付、難有致かんしん」と記している。[12] 金次郎が二人に聞かせた「三才道五常行手段」も、前の「御仕法御土台金」と同じ「新たな仕法基金」すなわち「報徳金」そのものを意味しており、商人で不二孝指導者でもある二人には、従来の仕法貸付から自立した金融システムと、それを推進する報恩（報徳）の理念を説き、いたく共感を得たことを記している。

この新たな基金（融通システム）を用いた貸付の初見は、同月十九日、右の穀商柴田屋平八に対するもので、金次郎の「当座金銀米銭出入帳」に、「一、金弐拾両　宇都宮柴田屋平八　三才道五常行手段相渡遣候」と記されている。これが穀商柴田屋平八の米購入資金貸付であったことは後の記録からあきらかだが、初見の貸付からしてすでに、これまでの仕法貸付の事由が有していた枠組みからかなり自由なものであった。[13]

知行所内への融資の初見は、十二月十四日、西物井七郎次、下物井岸右衛門、桜町忠治、東沼仙右衛門ら四人に対する金二五両だが、彼らは当時知行所を取りまとめるのに大きな役割を演じつつあった村役人でもあり、金次郎がもっとも信頼する腹心たちでもあることから、彼ら個々人に対する融資ではなく、彼らを介し一般住民へ融資する資金の預け入れであったと推定する。[14] これに対し、住民個人への貸付の初見は、三日後の十二月十七日に行われた東沼村弥兵衛次男伴治への金一〇両の貸付で、拝借人伴治は、分家自立に不足する田地を補充し経営基盤を強化するため、反別九反七畝四歩の田地を買い請ける資金を無利足五か年賦で拝借した。なお、伴治が提出した拝借証文は、貸付元の「基金」の名を初めて「報徳元恕金」と呼ぶとともに、返済困難時の引当として買請地がそのまま書入れられている。(15)

なお、金次郎は年末に小田原藩江戸屋敷で、藩士磯崎丹治郎を世話人とし、小田原藩士や宇津家家中に対する「報徳元恕金」貸付を開始している。(16)これ以降、報徳金貸付は、徐々に活発になるが、その最中、小田原藩は江戸上屋敷から桜町知行所に宛てて布告を発し、桜町知行所支配は今後、宇津家に返還するが、仕法元手の一つである米二百両と金五拾両は、なお五か年間、天保七年迄拠出し、その後の進め方については、宇津家と桜町役所の相対で決めるよう委ねるかたちで、事実上仕法継続を黙認する姿勢を示した。(17)これは金次郎が仕法の自立的継続のために報徳金システム（新基金）を導入し、自ら江戸の小田原藩上屋敷に赴いて、小田原藩家中への貸付を開始したのとほとんど同時期であり、双方が金次郎を介して結ばれており、両者が無関係でないことは歴然としている。

なお、金次郎が新たに採用した「基金」の名称は、当初は「報徳元恕金」のほか「報徳仁助金」「報徳元助金」「報徳現恕金」などいろいろな名称が使用されており一定していないが、天保五年以降、徐々に「報徳金」への統一が進み、同八年から九年頃にはほぼ「報徳金」に統一されている。ここでは、仕法打ち切り延長問題がきちんとした決着を見せない危機的状況下で、仕法の自立的継続を目指した「報徳金」融通システムの構想が進められ、実践に移され始めるのと同時に、桜町仕法の五か年延長（後期仕法）が容認されていった経緯を確認しておきたい。

第二節　後期仕法と凶作・飢饉対策

次に、いわゆる桜町後期仕法期間中に実施された諸施策を凶作・飢饉対策を中心に検討する。天保三年、仕法十か年の期限切れを迎えた桜町知行所では、仕法の継続に明確な結論を得られないまま目前の対住民諸施策の施行に追われることになる。

文政十三（天保元）年、住民が仕法によって借財が減少したことに報謝する冥加米献納を申し出た際、桜町役所は天明飢饉の例を引き、ここ五十年余り災害が起きていないことから、いつまた起きるかもしれないと警告し、再開発した畑地に備荒用の稗を蒔き付けて「御囲稗」として、凶作に備えることを奨めた(18)。これは若干の準備期間を経て、畑永と小物成の免除措置と合わせて天保三年から実施に移された。表7－3・4の「天保三年御囲稗」は、右に述べた文政十三年に端を発する施策の成果である。

表7－3・4は、知行所三か村六組のうち、物井村西物井組と横田村に例をとり、両組で実施さ

保6年5～11月 表彰と救済	天保7年8・10月 暮方調と表彰・救済	天保7年7～12月 酉年夫食調と救済	天保8年5～8月 表彰と救済
検分出精 表被下	8.家内5人（内2人下男）、夫食25俵 貯雑穀33俵、囲稗15俵、「暮方上々」 8.上々、夫食貯1年余、新鍬3新鎌2	12.家内5人、夫食無差支	—
—	8.家内3人、夫食15俵、貯雑穀4俵 囲稗12俵、「暮方下百姓」 10.下、夫食「通」被下、返済助成	12.家内3人、夫食7俵半 皆無 外に干鰯代金2両1分余	5.困窮者弁当7升
—	8.家内3人、夫食20俵、貯雑穀2俵 囲稗7俵、不足11俵、「暮方中百姓」 8.中、夫食貯半年余、新鍬1新鎌2	7.極難救米2斗被下 12.家内5人、困窮 村内親類富吉引受世話	5.困窮者弁当7升
—	8.家内4人、夫食20俵、貯雑穀皆無 囲稗一、「暮方皆無百姓」 10.下々、家内他領奉公	—	—
検分出精 表被下	8.家内8人（内下男2人）、大食45俵 貯雑穀44俵、囲稗12俵、「暮方中」 8.中、夫食貯半年余、新鍬1新鎌2	12.家内9人、夫食無差支	—
—	8.家内8人、夫食40俵、貯雑穀42俵 囲稗14俵、「暮方上々百姓」 8.上々、夫食貯1年余、新鍬3新鎌2	12.家内8人、夫食20俵 不足7俵	—
—	8.家内5人、夫食25俵、貯雑穀8俵 囲稗5俵、不足12俵、「暮方下百姓」 10.下、夫食「通」被下、返済助成	12.家内5人、困窮、村内 親類源左衛門引受世話	5.困窮者弁当7升
—	8.家内5人（内1人下男）、夫食25俵 貯雑穀28俵、囲稗20俵、「暮方上々」 8.上々、夫食貯1年余、新鍬3新鎌2	12.家内4人、夫食無差支	—
—	8.家内4人、夫食20俵、貯雑穀7俵 囲稗12俵、不足1俵、「暮方下百姓」 10.下、夫食「通」被下、返済助成	12.家内5人、夫食12俵半 不足9俵	—
—	8.家内4人（内厄介人・下男1人宛） 夫食20俵、貯雑穀40俵、囲稗10俵 「暮方上々百姓」 8.上々、夫食貯1年余、新鍬3新鎌2	12.家内4人、夫食無差支	—
—	8.家内3人、夫食15俵、貯雑穀15俵 囲稗一、「暮方上百姓」 8.上、夫食貯1年余、新鍬1新鎌2	12.家内5人、夫食無差支	—
—	8.家内4人（内1人下男）、夫食20俵 貯雑穀16俵、囲稗6俵、「暮方中」	12.家内7人、夫食17俵半 不足6俵	—
—	8.家内6人、夫食30俵、貯雑穀14俵 囲稗9俵、不足7俵、「暮方下百姓」 8.中、夫食貯半年余、新鍬1新鎌2	12.家内6人、夫食15俵 不足9俵	5.困窮者弁当7升
—	8.家内3人、夫食15俵、貯雑穀8俵 囲稗8俵、「暮方中百姓」 8.中、夫食貯半年余、新鍬1新鎌2	12.家内3人、夫食7俵半 不足4俵半	5.困窮者弁当7升
救 被下	8.家内4人、夫食20俵、貯雑穀半俵 囲稗2俵、不足17俵半、「暮方下々」 10.下々、夫食「通」被下、返済助成	12.家内4人、困窮、女房 子供村内預け他領奉公	5.困窮者弁当7升
検分出精 俵被下	8.家内7人（内1人下男）、夫食35俵 貯雑穀30俵、囲稗7俵、「暮方中」 10.下々、夫食「通」被下、返済助成	7.極難救米2斗被下 12.家内8人、夫食20俵 不足3俵	—

表7-3　延長仕法期間中の西物井組における不作・飢饉対策と救済・表彰施策

No.	身分と住民名 ［初見］ →家督・役儀任免	天保3年8月 御囲稗	天保4年2～8月 表彰と救済	天保4年9月 雑穀・御囲稗調	天保5年4～9 表彰と救済
1	名主 文右衛門 ［政5］	8.反別3.1—22 囲稗15俵	—	9.雑穀34俵 家内5人、囲稗15俵	8.違作対策褒美米 9.趣法骨折金500
2	百姓 惣右衛門 ［政5］	8.反別7-24 囲稗12俵	—	9.雑穀24俵2斗 家内6人、囲稗12俵	7.難渋救金200疋
3	百姓 祐吉 ［政5］ →天5定吉	8.反別2.3—22 囲稗7俵	—	9.雑穀15俵2斗5升 家内8人、囲稗7俵	7.難渋救金200疋 8.難渋救米麦1俵
4	百姓 辰蔵 ［政5］ →天3組頭	—	—	—	—
5	組頭 源左衛門 ［政5］	8.反別3.6—12 囲稗10俵	8.夫食貯宜敷 新鍬1下賜	9.雑穀75俵 家内9人、囲稗10俵	4.違作対策褒美米 8.囲穀取締出精米 9.組頭出精金300
6	百姓 傳右衛門 ［政5］ →天5卯兵衛	8.反別3.0-16 囲稗14俵	2.冥加献納 御酒下賜	9.雑穀47俵 家内7人、囲稗14俵	4.違作対策褒美3
7	百姓 儀重 ［政5］	8.反別1.5—11 囲稗5俵	8.夫食貯宜敷 新鍬1下賜	9.雑穀9俵3斗2升 家内4人、囲稗5俵	—
8	百姓 周右衛門 ［政5］	8.反別3.2—14 囲稗20俵	—	9.雑穀51俵 家内7人、囲稗20俵	—
9	百姓 直吉 ［政5］	8.反別2.0—29 囲稗12俵	8.夫食貯宜敷 新鍬1下賜	9.雑穀22俵 家内4人、囲稗12俵	—
10	組頭 七郎次 ［政5］ →後家	8.反別1.7—15 囲稗10俵	— 2.陣屋詰御酒	9.雑穀37俵 家内3人、囲稗10俵	—
11	百姓 喜左衛門 ［政5］ →天5組頭	—	8.夫食貯 新鍬1下賜	—	4.違作対策褒美米 8.難渋救米麦1俵
12	百姓 平左衛門 ［政5］ →後家	8.反別1.5—26 囲稗6俵	—	9.雑穀20俵 家内5人、囲稗6俵	—
13	百姓 常八 ［政5］ →天8嘉兵衛	8.反別2.1—13 囲稗9俵	—	9.雑穀28俵 家内7人、囲稗9俵	—
14	百姓 忠七 ［政5］	8.反別1.8—20 囲稗8俵	—	9.雑穀20俵6斗 家内5人、囲稗8俵	7.難渋救金200疋
15	百姓 豊治 ［政5］	—	8.難渋救 米2俵被下	9.雑穀3斗 家内5人、囲稗—	—
16	百姓 孫左衛門 ［政5］	8.反別2.1—00 囲稗7俵	—	9.雑穀35俵 家内7人、囲稗7俵	4.違作対策褒美米 8.組頭出精金300

保6年5～11月 表彰と救済	天保7年8・10月 暮方調と表彰・救済	天保7年7～12月 酉年夫食調と救済	天保8年5～8月 表彰と救済
—	8.家内10人、夫食50俵、貯雑穀21俵 囲稗14俵、不足15俵、「暮方下百姓」 8.下、夫食「通」被下、返済助成	12.家内11人、夫食27表半 不足12俵	5.困窮者弁当7升
—	8.家内8人(内2人村内奉公)、 夫食30俵、貯雑穀1俵、囲稗7俵 不足22俵、「暮方下々百姓」 10.下々、夫食「通」被下、返済助成	12.家内6人、内4人村内引受 残2人、夫食5俵皆無	5.困窮者弁当7升
—	8.家内7人、夫食35俵、貯雑穀8俵 囲稗4俵、不足23俵、「暮方下百姓」 10.下、夫食「通」被下、返済助成	12.家内8人、夫食20俵 不足19俵4斗	5.困窮者弁当7升
検分出精 俵被下	8.家内5人(内2人下男)、夫食25俵 貯雑穀19俵、囲稗10俵、「暮方中」 8.中、夫食貯半年余、新鍬1新鎌2	12.家内7人、夫食17俵半 不足8俵	—
—	8.家内4人、夫食2俵余、貯雑穀2俵余 囲稗5俵、不足12俵半、「暮方下々」 8.下々、夫食「通」被下、返済助成	12.家内5人、夫食5俵皆無	—
—	8.家内3人、夫食15俵、貯雑穀皆無 「暮方皆無百姓」 10.下々、欠落	—	—
—	8.家内6人、夫食30俵、貯雑穀6俵 不足9俵、「暮方下百姓」 10.下、夫食「通」被下、返済助成	12.家内6人、夫食15俵 不足12俵	5.困窮者弁当7升
—	—	—	—
—	8.家内4人、夫食4人、貯雑穀4俵 囲稗2俵、不足14俵、「暮方下百姓」 10.下、夫食「通」被下、返済助成	7.極難救米2斗被下 12.家内4人、夫食10俵 不足9俵	5.困窮者弁当7升
破難渋家作	8.家内4人(内2人他領奉公)、 夫食10俵、貯雑穀7俵、囲稗1俵 不足2俵、「暮方中百姓」 8.中、夫食半年余、新鍬1新鎌2	7.極難救米2斗被下 12.家内2人、夫章無差支	5.困窮者弁当7升
—	8.家内10人、夫食50俵、貯雑穀30俵囲稗10俵、不足10俵、「暮方中」 8.中、夫食半年余、新鍬1新鎌2	12.家内10人、夫食25俵 不足12俵	—
—	8.家内8人、夫食40俵、貯雑穀53俵 囲稗18俵、「暮方上々百姓」 8.上々、夫食貯半年余、新鍬3新鎌2	12.家内8人、夫食無差支	—
—	8.家内5人、夫食25俵、貯雑穀7俵弱 囲稗3俵、不足15俵余、「暮方下」 10.下、夫食「通」被下、返済助成	12.家内5人、夫食12俵半 不足8俵	—
—	8.上々、夫食貯1年余、新鍬3新鎌2	12.家内2人、夫食無差支	—
—	8.家内4人(内1人厄介人)、夫食20俵、貯雑穀8俵、囲稗6俵、不足6俵 「暮方下百姓」	12.家内4人、夫食10俵 不足9俵	—

No.	身分と住民名 ［初見］ →家督・役儀任免	天保3年8月 御囲稗	天保4年2～8月 表彰と救済	天保4年9月 雑穀・御囲稗調	天保5年4～9 表彰と救済
17	百姓 伴治 ［政5］	8.反別2.5―06 囲稗7俵	―	9.雑穀52俵 家内10人、囲稗14俵	―
18	百姓 金右衛門 ［政5］ →天5養子次右衛門	8.反別2.5―13 囲稗7俵	―	9.雑穀10俵2斗 家内9人、囲稗7俵	7.難渋救金200疋 8.難渋救米麦1俵 8.隠居救米麦1俵
19	百姓 利兵衛 ［政5］ →天5養子勘蔵	8.反別1.5―12 囲稗4俵	―	9.雑穀11俵 家内6人、囲稗4俵	7.難渋救金200疋 8.難渋救米麦1俵 8.隠居救米麦1俵
20	百姓 安治 ［政5］ →天5組頭	8.反別3.9―01 囲稗10俵	8.夫食貯宜敷 新鍬鎌1宛下賜	9.雑穀41俵 家内3人、囲稗10俵	4.役所火番褒美 9.仕法出精金300
21	百姓 長太 ［政5］	8.反別1.5―14 囲稗5俵	―	9.雑穀15俵5斗 家内4人、囲稗5俵	7.難渋救金200疋
22	百姓 半治 ［政5］	―	―	―	―
23	百姓 豊太郎 ［政5］	―	―	9.雑穀2俵2斗 家内5人、囲稗―	7.難渋救金200疋 8.難渋救米麦1俵
24	百姓 新蔵 ［政5］	―	8.難渋救米1俵 被下	―	―
25	百姓 岩蔵 ［政5］ →天7平助	8.反別5―15 囲稗2俵	8.難渋救米1俵 被下	9.雑穀6俵3斗5升 家内3人、囲稗2俵	7.難渋救金200疋 8.難渋救米麦1俵
26	百姓 佐吉 ［政5］ →天3後家きの	―	―	9.雑穀5俵7斗 家内4人、囲稗―	―
27	組頭 直兵衛 ［政5］ →天7吉右衛門	8.反別3.0―19 囲稗10俵	4.屋敷家作作取	9.雑穀32俵5斗9升 家内9人、囲稗10俵	―
28	百姓 富（留）吉 ［政5］	8.反別4.1―03 囲稗18俵	8.扶食貯宜敷 新鍬1下賜	9.雑穀61俵 家内8人、囲稗18俵	―
29	百姓 栄蔵 ［政5］ →天7後家	8.反別8―00 囲稗3俵	―	9.雑穀13俵1斗3升 家内6人、囲稗3俵	8.難渋救米麦1俵
30	百姓 清左衛門 ［政5］ →天3重右衛門	8.反別2.2―02 囲稗10俵	8.扶食貯宜敷 新鍬1下賜	9.雑穀26俵 家内―人、囲稗10俵	―
31	借家 茂七 ［政6］ →政8米吉	8.反別1.2―20 囲稗6俵	―	9.雑穀13俵5斗5升 家内3人、囲稗6俵	

保6年5～11月 表彰と救済	天保7年8・10月 暮方調と表彰・救済	天保7年7～12月 酉年夫食調と救済	天保8年5～8月 表彰と救済
—	8.家内4人、夫食20俵、貯雑穀5俵 囲稗6俵、不足9俵、「暮方下百姓」 10.下、夫食「通」被下、返済助成	12.家内4人、夫食10俵 不足9俵	5.困窮者弁当7升
—	10.下、夫食「通」被下、返済助成	12.家内5人、夫食12俵半 皆無	5.困窮者弁当7升
—	8.家内3人、夫食15俵、貯雑穀7俵 囲稗7俵、不足1俵、「暮方下百姓」 10.下、夫食「通」被下、返済助成	—	—
—	8.下、夫食「通」被下、返済助成	12.家内3人、夫食7俵半 不足7俵	5.困窮者弁当7升
—	8.家内3人、夫食15俵、貯雑穀6俵 囲稗4俵、不足5俵、「暮方下百姓」 10.下、夫食「通」被下、返済助成	12.家内4人、夫食10俵 不足5俵	—
新家作	8.家内7人、貯雑穀11俵、囲稗2俵 不足22俵、「暮方下百姓」 10.下、夫食「通」被下、返済助成	12.家内7人、夫食17俵半 不足6俵半	5.困窮者弁当7升
—	—	12.家内4人、夫食無差支	—
—	8.家内3人、夫食15俵、貯雑穀8俵 囲稗10俵、不足7俵、「暮方中」 8.中、夫食貯半年、新鍬1新鎌2	12.家内4人、夫食10俵 不足8俵	12.引渡褒美鎌1

No.	身分と住民名 [初見] →家督・役儀任免	天保3年8月 御囲稗	天保4年2〜8月 表彰と救済	天保4年9月 雑穀・御囲稗調	天保5年4〜 表彰と救
32	新百姓 澤治 [政6]	8.反別1.3—20 囲稗6俵	—	9.雑穀16俵5斗3升	—
33	入百姓 清右衛門 [政7] →政10新百姓	8.反別2.3—20 貯稗7俵	8.難渋救米2俵 被下	9.雑穀2俵4斗8升 家内2人、囲稗—	7.難渋救金200 8.難渋救米麦1
34	入百姓 竹次郎 [政7] →天7新百姓	—	—	—	—
35	分家 浅右衛門 [政9]	8.反別1.0-20 貯稗4俵	8.扶食貯宜敷 新鍬1下賜	9.雑穀16俵2斗5升 家内8人、囲稗7俵	—
36	分家 豊吉 [政10]	8.反別1.6—15 貯稗10俵	8.扶食貯宜敷 新鍬1下賜	9.雑穀28俵 家内4人、囲稗10俵	—
37	借家 甚太郎 [天4]	8.反別9—00 貯稗2俵	—	—	7.難渋救金200 8.難渋救米麦1 —
38	借家 嘉平 —	—	—	9.雑穀10俵 家内4人、囲稗1俵	—
39	借家 弥十郎 [天7]	—	—	—	—

註1）住民の1〜30は、文政5年の「宗門人別帳」に記るされる住民。31以降はその後の記録に入百姓、取立百姓、
どの肩書で表れる住民で、[　]は、その初見年次。これらの住民に、その後家督相続、役儀変更、身分変更
場合は、→天6○○、→天7組頭、のごとく示した。「9.雑穀34俵」「12.家内5人」など、記載事項の初めに付
字は、各施策の実施月を示す。又、「8.反別31—22」など反別の後にある「31-22」は、3反1畝22歩を示す。

2）史料の典拠は、天保3年は「非常御手宛稗蒔付反別取穀書上帳」（『全集』第十二巻）。天保4年の表彰・救済のう
5月は「同年金銭出入帳」（『全集』第十二巻）、8月は「御褒美申渡」（『全集』第十巻）、天保4年9月の御囲穀調べ
年御囲穀雑穀取調書上帳」（『全集』第十二巻）。天保5年4・7・8・9月の表彰と救済は、「御褒美申渡」（『全集
巻）。天保6年5〜11月の表彰と救済は、「御褒美申渡」（『全集』第十巻）。天保7年は7〜12月は「御褒美申渡
集』第十巻）。8月の暮方・扶食調べは、「同年夫食囲雑穀調書上帳」（『全集』第十二巻）による。天保8年5・8
彰と救済は「御褒美申渡」（『全集』第十巻）、他は「同年日記」による。

6年5～11月 表彰と救済	天保7年8・10月 暮方調と表彰・救済	天保7年7～12月 酉年夫食調・救済	天保8年5～10月 表彰と救済
救米3俵	8.家内3人（1人他領奉公）夫食10俵 貯雑穀皆無、囲稗9俵、不足1俵 「暮方皆無百姓」 10.下々、夫食「通」被下、返済助成	12.家内3人、娘と孫村内預け、他領奉公、無差支	—
救米3俵	8.家内5人、夫食25俵、貯雑穀6俵 囲稗5俵、不足14俵、「暮方下百姓」 10.下、扶食「通」被下、返済助成	12.家内4人、夫食10俵 不足6俵半	5.困窮弁当米7升
救米3俵 救米3俵	8.家内3人、夫食15俵、貯雑穀1俵余 囲稗1俵、不足13俵弱、「暮方下々」 10.下々、夫食「通」被下、返済助成	7.極々難渋救米2斗 12.子供養育金2両	—
干鰯3俵	8.家内8人、夫食40俵、貯雑穀43俵 囲稗10俵、「暮方上々百姓」 8.上々、夫食貯1ケ年、新鍬3新鎌2	12.家内8人、夫食無差支	—
—	8.家内3人（1人他領奉公、1人欠落） 夫食5俵、貯雑穀皆無「暮方皆無」 10.下々夫食通被下、返済助成	7.極々難渋救米2斗 12.家内3人、困窮、取締加役被仰付、扶持被下無差支	5.困窮大豆9升大麦7升
—	8.家内1人、夫食5俵、貯雑穀2俵半 囲稗2俵、不足半表、「暮方中百姓」 8.中、扶食貯半年、新鍬1新鎌2	7.極々難渋救米2斗 8.極難渋救米1斗、12.家内2人、夫食5俵、不足4俵	5.困窮弁当米7升
—	8.家内8人（内1人下男）、夫食40俵 貯雑穀45俵、囲稗6俵、「暮方上々」 8.上々、夫食貯1ケ年、新鍬3新鎌2	12.家内8人、夫食無差支	—
—	8.家内6人（内1人他領）、夫食25俵 貯雑穀30俵、囲稗3俵、「暮方上々」 8.上々、夫食貯1ケ年、新鍬3新鎌2	12.家内5人、夫食無差支	—
—	8.家内5人、夫食25俵、貯雑穀8俵 囲稗3俵、不足14俵、「暮方下百姓」 10.下、扶食「通」被下、返済助成	12.家内5人、夫食12俵半 不足6俵半	—
—	8.家内4人（内1人他領奉公）、夫食15俵 貯雑穀15俵、「暮方上百姓」 8.上、扶食貯1ヶ年、新鍬2新鎌2	12.家内3人、夫食無差支	—
—	8.家内5人、夫食25俵、貯雑穀13俵 囲稗4俵、不足8俵、「暮方中百姓」 8.中、扶食貯半年、新鍬1新鎌2	12.家内4人、夫食10俵 不足3俵	—
—	8.家内4人、夫食20俵、貯雑穀12俵半 囲稗2俵、不足5俵半、「暮方中百姓」 8.中、扶食貯半年、新鍬1新鎌2	12.家内4人、夫食10俵 不足2俵	—
—	8.家内4人、夫食20俵、貯雑穀11俵半 囲稗4俵、不足4俵半、「暮方中百姓」 8.中、扶食貯半年、新鍬1新鎌2	12.家内4人、夫食10俵 不足3俵	—
—	8.家内5人（内1人欠落）、夫食20俵 貯雑穀6俵半、囲稗1俵、不足12俵半 「暮方下百姓」 10.下、扶食「通」被下、返済助成	—	5.困窮弁当米7升
干鰯5俵	8.家内9人（内1人下男）、夫食45俵 貯雑穀45俵、囲稗6俵余、「暮方上」 8.上、扶食貯1ヶ年、新鍬2新鎌2	11.老衰難渋 養育米麦稗〆3俵 12.家内9人、夫食無差支	—

表7-4　延長仕法期間中の横田村における不作・飢饉対策と救済・表彰施策

No.	身分・住民名 ［初見］ →家督・役儀等	天保3年 御囲稗と助成	天保4年2～8月 表彰と救済	天保4年9月 雑穀・御囲稗調と棉作反別	天保5年4～ 表彰と救
1	名主 常右衛門 ［政5］ →政12休役	8.反別27-02 囲稗9俵1斗	5.難渋救米2俵 8.扶食貯新鍬1	9.雑穀35俵7斗、［木綿14-00］ 家内6人、囲稗9俵1斗	7.難渋救金2分 8.囲穀取締行届 9.趣法骨折金50
2	百姓 勘治郎 ［政5］ →政7卯兵衛	8.反別15-00 囲稗5俵	—	9.雑穀15俵3斗、［木綿7-00］ 家内6人、囲稗5俵	—
3	百姓 浅七 ［政5］ →政10常吉	8.反別3-19 囲稗1俵	6.難渋救米1俵 7.難渋救米1俵	9.雑穀2俵2斗、［木綿5-00］ 家内5人、囲稗1俵	7.難渋救金200 8.難渋救米麦1
4	百姓 庄次郎 ［政5］ →組頭・繁蔵	8.反別18-00 囲稗10俵 12.開発金7両3分扶持米7俵	2.分家取立開発作取	9.雑穀28俵、［木綿20-00］ 家内8人、囲稗10俵	8.囲穀取締行届 9.趣法骨折金20
5	百姓 金治 ［政5］ →天5仲右衛門	—	—	9.雑穀1俵 家内3人	4.趣法出精米7 8.難渋救米麦1
6	組頭 兵七 ［政5］ →政10退役	8.反別8-00 囲稗2俵	5.難渋救米1俵	9.雑穀5俵、［木綿7-00］ 家内1人、囲稗2俵	7.難渋救金200 7.拝借金返済米
7	百姓 元右衛門 ［政5］ →天3組頭政蔵	8.反別18-15 囲稗6俵	8.扶食貯新鍬1	9.雑穀43俵1斗余［木綿17-00］家内7人、囲稗6俵	4.趣法出精米3
8	百姓 忠右衛門 ［政5］ →天2名主代、天3久蔵	6.開発金2両 8.反別11-10 囲稗3俵	—	9.雑穀20俵3斗、 家内6人、囲稗3俵	—
9	百姓 善蔵 ［政5］ →名主代退役	8.反別15-00 囲稗3俵	5.難渋救米1俵	9.雑穀12俵1斗4升 家内7人、囲稗3俵	7.無利息金返済
10	百姓 安治 ［政5］ →天7安五郎	8.反別7-00 囲稗3俵	—	9.雑穀9俵、［木綿10-00］家内4人、囲稗3俵	—
11	百姓 利重 ［政5］ →政12平吉	8.反別10-00 囲稗4俵	5.難渋救米1俵	9.雑穀15俵1斗 家内5人、囲稗4俵	7.無利息金返済 7.難渋救金200
12	百姓 富蔵 ［政5］ →政7栄吉	8.反別12-00 囲稗2俵	5.難渋救米1俵 8.扶食貯新鍬1	9.雑穀25俵2斗、［木綿6-00］ 家内3人、囲稗2俵、	7.無利息金返済
13	百姓 平蔵 ［政5］ →政12源蔵	8.反別14-00 囲稗4俵	5.難渋救米1俵 8.扶食貯新鍬1	9.雑穀20俵、［木綿9-00］ 家内2人、囲稗4俵	7.無利息金返済
14	百姓 新右衛門 ［政5］ →悴久太郎	8.反別7-00 囲稗1俵	—	9.雑穀5俵 家内5人、囲稗1俵	—
15	組頭 圓蔵 ［政5］ →天6名主	8.反別20.00 囲稗6俵	2.陣屋詰開発取米 冥加献納御酒 2.分家取立 開発作取	9.雑穀30俵6斗、［木綿14-00］ 家内8人、囲稗6俵	4.趣法出精米5俵 8.囲穀取締行届 9.趣法骨折金20

6年5～11月 表彰と救済	天保7年8・10月 暮方調と表彰・救済	天保7年7～12月 酉年夫食調・救済	天保8年5～10月 表彰と救済
救米2俵	8.家内3人（1人他領奉公、1人欠落） 夫食5俵、貯雑穀皆無、囲稗1俵 不足4俵、「暮方皆無百姓」 10.下々、扶食「通」被下、返済助成	7.極々難渋救米2斗 7.居宅大破金2分200疋 8.難渋救米1斗 12.独身老衰、名主引受世話 米麦稗3俵被下、無差支	—
—	8.家内10人（内6人他領奉公） 夫食20俵、貯雑穀11俵、囲稗2俵 不足12俵、「暮方下百姓」 10.下、扶食「通」被下、返済助成	7.極々難渋救米2斗 8.難渋救米1斗 12.家内4人、夫食10俵不足5俵	5.困窮弁当米7升
—	—	—	—
救米3俵	8.家内4人（内1人厄介）、夫食20俵 貯雑穀6俵半、囲稗4俵、不足9俵半 10.下、扶食「通」被下、返済助成	7.極々難渋救米2斗 12.家内4人、夫食10俵不足4俵	5.困窮弁当米7升
—	—	—	—
干鰯2俵	8.家内4人、夫食20俵、貯雑穀6俵 囲稗1俵、不足13俵、「暮方下百姓」 10.下、夫食「通」被下、返済助成	7.極々難渋救米2斗 8.難渋救米1斗12.家内3人半、夫食9俵 不足4俵半	5.困窮弁当米7升
—	8.家内6人（内1人下男）、夫食35俵 貯雑穀18俵、囲稗2俵、不足15俵 「暮方中百姓」 8.中、扶食貯半年、新鍬1新鎌2	12.家内7人、夫食無差支	—
—	8.家内6人（内1人下男）、夫食30俵貯雑穀18俵、囲稗6俵余、不足5俵余 「暮方中百姓」 8.中、扶食貯半年、新鍬1新鎌2	12.家内6人、夫食無差支	—
—	8.家内4人、夫食20俵、貯雑穀9俵 囲稗1俵、不足10俵、「暮方下百姓」 10.下、扶食「通」被下、返済助成	12.家内4人、夫食無差支	—
—	8.家内7人（内1人他領奉公）、夫食30俵 貯雑穀20俵、囲稗2俵、不足8俵 「暮方中百姓」 8.中、扶食貯半年、新鍬1新鎌2	12.家内6人、夫食無差支	—
—	8.家内6人、夫食30俵、貯雑穀13俵 囲稗1俵半、不足15俵半、「暮方下」 10.下、夫食「通」被下、返済助成 12.病難薬代金2両	12.家内5人、夫食12俵半 不足6俵半	5.困窮弁当米7升 7.種蕎麦5升
—	—	12.家内3人、夫食7俵半 不足4俵半	—
—	—	—	—
—	8.上、扶食貯1ケ年、新鍬2新鎌2	12.家内3人、夫食無差支	5.難渋稗3斗5升
—	8.家内3人（内1人下男）、夫食15俵 貯雑穀15俵、「暮方上百姓」 8.上、扶食貯1ケ年、新鍬2新鎌2	12.家内3人、夫食無差支	5.困窮弁当米7升

No.	身分・住民名 ［初見］ →家督・役儀等	天保3年 御囲稗と助成	天保4年2～8月 表彰と救済	天保4年9月 雑穀・御囲稗調と棉作反別	天保5年4～ 表彰と救
16	百姓 政吉 ［政5］	8.反別― 囲稗1俵 9.老病米1俵	8.難渋救米1俵	9.家内―、囲稗1俵	8.難渋救米麦1
17	百姓 與八 ［政5］ →天3嘉兵衛	8.反別1.4-00 囲稗2俵	5.難渋救米1俵 8.難渋救米1俵	9.雑穀14俵1斗 家内11人、囲稗2俵	7.難渋救金200 7.無利息金返済
18	百姓 清左衛門 ［政5］ →天3後家せん	8.反別1.2-00 囲稗3俵	8.扶食貯新鍬鎌 1宛	9.雑 穀15俵、［木 綿6-00］ 家内1人、囲稗4俵	―
19	百姓 八郎 ［政5］ →政10勇次	8.反別15-00 囲稗4俵	―	9.雑 穀17俵、［木 綿10-00］ 家内3人、囲稗4俵、	―
20	入百姓 寸平 ［政6］ →天4帰国	8.反別― 囲稗1俵	―	9.家内―、囲稗1俵	―
21	借家 友蔵 ［政11］ →天7新百姓	―	―	9.雑穀6俵2斗 家内4人、囲稗1俵	7.難渋救米麦1
22	入百姓 弥吉 ［政11］ →政12新百姓	8.反別13-00 囲稗2俵	―	9.雑 穀22俵3斗、［木綿9-00］家内5人、囲稗2俵	―
23	入百姓 藤蔵 ［政12］ →政12新百姓	1.分家取立米 麦稗10俵宛	―	9.雑穀27俵4斗、、［木綿9-00］家内5人、囲稗6俵2斗	―
24	取立百姓 孫太郎 ［天1］ →天8新百姓	8.反別11-00 囲稗6俵2斗 8.反別10-00 囲稗1俵	―	9.雑 穀14俵2斗、［木綿9-00］ 家内4人、囲稗1俵	―
25	入百姓 勝右衛門 ［天2］ →市之丞	8.反別5-00 囲稗2俵	―	9.雑穀9俵3斗 家内8人、囲稗2俵	8.難渋救米麦1
26	入百姓 岩八 ［天3］ →天7新百姓	8.反別10-00 囲稗1俵3斗	―	9.雑 穀15俵3斗、［木綿8-12］ 家 内4人、囲 稗1俵3斗	―
27	入百姓 忠助 ［天3］	8.反別10.00 囲稗1俵	―	―	―
28	入百姓 弥助 ［天3］	8.反別10.00 囲稗1俵	―	―	―
29	入百姓 勘之丞 ［天3］	8.反別8-00 囲稗1俵	―	―	―
30	分家百姓 喜之七 ［天3］ →天8新百姓	―	―	9.雑穀8俵1斗、［木綿6-00］家内2人、囲稗―、	―

[天保]6年5〜11月 表彰と救済	天保7年8・10月 暮方調と表彰・救済	天保7年7〜12月 酉年夫食調・救済	天保8年5〜10月 表彰と救済
[干]鰯2俵	8.家内3人、夫食15俵、貯雑穀15俵 囲稗俵余、「暮方上百姓」	7.極々難渋救米2斗	5.困窮弁当米7升 5.多病薬代金1分
—	7.極々難渋救米2斗 8.難渋救米1斗 10.下、夫食「通」被下、返済助成	12.家内5人、夫食12俵半 不足12俵	6.病難白米5升 10.時疫難救金2両
[干]鰯2俵	8.家内8人、夫食40俵、貯雑穀11俵 囲稗1俵、不足28俵、「暮方下百姓」 10.下、夫食「通」被下、返済助成	7.極々難渋救米2斗 8.難渋救米1斗 12.家内4人半、夫食11俵半 皆無	5.困窮弁当米7升
[難]救米2俵	8.家内4人、夫食20俵、貯雑穀6俵半 不足13俵半、「暮方下百姓」 10下、夫食通被下、返済助成	12.家内3人、夫食無差支	—
—	8.家内3人、夫食15俵、貯雑穀8俵 囲稗1俵、不足6俵、「暮方中百姓」	4.潰式相続、家作料被下 12.家内4人、夫食無差支	—
—	—	7.極々難渋救米2斗 8.難渋救米1斗	—
—	10.下々、夫食通被下、返済助成	—	5.困窮弁当米7升
—	8.家内4人(内1人下男)、夫食20俵 貯雑穀22俵、囲稗1俵、「暮方上々」	12.家内7俵半、夫食7俵半 皆無	5.病難救金2両 8.病難白米1升 10.時疫難救金2両
—	8.家内4人、夫食20俵、「暮方皆無」	12.難渋救米麦大豆稗	—

No.	身分・住民名 ［初見］ →家督・役儀等	天保3年 御囲稗と助成	天保4年2～8月 表彰と救済	天保4年9月 雑穀・御囲稗調と棉作反別	天保5年4～ 表彰と救済
31	分家百姓 武助 ［天3］ →四郎太	8.反別15-00 囲稗2俵	2.冥加米献納御酒 8.扶食貯新鍬 8.難渋救米1俵	9.雑 穀22俵、［木 綿8-00］ 家内3人、囲稗2俵	4.趣法出精米3俵
32	借家 友吉 ［天4］	—	—	—	—
33	借家 此右衛門 ［天4］	—	8.難渋救米1俵	9.雑穀3俵 家内7人、囲稗1俵	7.難渋救金200疋 8.難渋救米麦1俵
34	借家 助次右衛門 ［天4］	—	5.難渋救米1俵	—	—
35	借家 重蔵 ［天4］ →天8新百姓	—	8.難渋救米1俵	9.雑穀2俵 家内2人、囲稗1俵	7.難渋救金200疋 8.難渋救米麦1俵
36	借家 幸助 ［天6］ →天8新百姓	—	—	—	—
37	（借家）市次 ［天7］	—	—	9.雑穀11俵 家内1人	—
38	借家 竹次郎 ［天7］ →天8新百姓	—	—	9.雑穀11俵 家内—、囲稗—	—
39	借家 文蔵 ［天7］	—	—	—	—

註1）住民名の1～20は、文政5年の宗門人別帳に記載される住民、21以後はその後の記録に入百姓、取立百姓、
どの肩書で表れる住民で［　］はその初見年次。これらの住民のその後の家督相続や百姓取立について、→天5
は→政9新百姓、の如く示した。

2）史料の典拠は、天保3年は「天保3年8月非常御手宛稗蒔附反別取穀書上帳」（『全集』第十二巻）。天保4年の表
済のうち2・5月は「同年金銭出入帳」（『全集』第十二巻）、8月は「御褒美申渡」（『全集』第十巻）。天保4年9月
穀調べは「同年御囲穀雑穀取調書上帳」（『全集』第十二巻）。天保5年4・7・8・9月の表彰と救済は「御褒美申渡
集』第十巻）。天保6年5・11月は「御褒美申渡」（『全集』第十巻）。天保7年1・7・11・12月は「御褒美申渡」（『全
十巻）、8月の暮方・夫食調は「同年夫食囲雑穀調書上帳」（『全集』第十二巻）による。天保8年5月は「御褒美
（『全集』第十巻）、外は「同年日記」による。

れた凶作・飢饉対策とその他出精奇特人表彰等の概略を表記するものであるが、両表には天保三年から八年に至る間、両村に在住していた全住民を掲げる。西物井組の№1～30と横田村の№1～20の住民は文政五年以前からの百姓、それ以下の住民は文政六年以降、借家・入百姓、あるいは分家取立百姓として史料上に表れる住民である。延長仕法期間中、あるいはその前後に戸主名や務めていた役儀に変更のある場合は➡印でその異同を示した。

「御囲稗」の典拠史料である「天保三年八月非常御手宛稗蒔附反別取穀書上帳」には、個々の住民の蒔き附け実施反別と、それによって準備された「御囲稗」の俵数が記されている。結果として翌四年の不作飢饉に先手を打った施策は、西物井で住人四十一人中、三十四人名が反別計六町三反四畝十四歩の蒔き附けを行い、囲稗二百五十四俵、横田村では三十一人中、二十九人で反別三町一反九畝十六歩、囲稗八十八俵を準備し、程度の差はあるが、大半の住民に飢饉に備える最低限度の備えができた。ただし、「御囲稗」の備えができていない住民が、このときなお西物井に七人、横田に二人いて、その理由は明記されていないが、前後の経緯から出稼ぎ・出奔・困窮等の状況にあったためと推定される(19)。

翌天保四年は春から夏にかけて分家取立や冥加米献納者の表彰が行われたが、凶作飢饉の状況が予測されるようになる五月から八月にかけて、難渋者救済のお救い米支給が数度に分けて実施される。前年からの備えにも拘わらず、救済措置を受けなければならなかった住民は西物井で四人、横田村で九人を算えた。続いて八月には前年調査にも増して詳細な備荒囲穀調査が実施された。調査結果は九月に「御囲穀雑穀取調書上帳」（表の「天保四年雑穀・御囲稗調」）にとりまとめられた。その結果にもとづき、夫食の備え充分な住民を村内手本として表彰、褒美に新鍬一挺ずつを下賜した。[20] これによって「御囲稗」と雑穀（大麦・小麦・大豆・小豆・粟・黍・蕎麦等）を含む夫食の準備状況が詳細に把握され、備えはさらに厳重になった。右の書上帳奥書に次のごとくある。

当夏以来不順之時候、第一冷気、雨天勝にて田畑共甚だ不作仕罷在候処、当八月朔日大風雨、諸作に相障り、実法之程無覚束候に付、右之段申上候処、御見分被成下、当年柄之儀世上一統不作に相聞、雑穀至て高値に相成、所々御買上之風聞も有之候年柄に付、所持罷在候古穀は勿論、当巳（天保四）年田畑へ作立候取穀不多少に限、他へ売払申儀急度停止之旨被仰渡、男女大小人共壱人に付雑穀五俵宛貯置、万一不行届者有之候はば、金子御貸被下、此節調置、小前末々迄飢渇之愁無之様被仰付、右に付小前銘々持畑へ作立候取穀不残取調差上申候処、少も相違無御座候（後略）

奥書によれば、八月になり凶作を予知した桜町役所は、穀止めの布告を発令、囲稗にその他の雑穀を合わせ一人当たり五俵ずつの貯穀準備を指示していたことが分かる。[21] この年の十一月、金次郎は江戸から桜町に戻る途中、凶作飢饉で苦しむ他領の状況を見るにつけ、ゆとりを持ち難なく師走を迎えられる桜町知行所の状況を住民と共に喜んだという。[22] 桜町役所は十二月朔日に知行所村役人と惣百姓を召集し、「近年に無之凶作に付、当巳年御上納米永共、少しも上納に不及候、来夏迄粗食を用い、成る丈米は残し、冬田耕作、麦弐番肥、干鰯買入等に配慮、難渋取り続き兼ね候者有之は出願せよ」と申し渡した(23)。

天保五年二月十九日、前年の凶作・飢饉を乗り切った金次郎は、小田原藩から仕法の功績を認められて表彰を受けた。

重々奇特、格別之御沙汰を以て、御徒並之座被仰付、御紋付御上下一具被下置、宇津御代官勤取扱、諸事御任せ被置、年限中尚又御引受御世話被進候間、弥永続之道出精候(24)

桜町仕法に対する評価は一気に高まり、一度は仕法から手を引くかに見えた小田原藩さえ再度、知行所仕法の仕上げに真剣に向き直すかに態度を変えてきていた。上下の信頼を勝ち得たことから桜町仕法の将来について協議する気運も生まれ、仕法の最終仕上げ（永久相続之道）をめぐる協議が開始されようとしていた。

不順であった天候も天保五、六年には回復し、住民生活にもややゆとりが生じていたが、天保五、六年の「表彰と救済」（表7－3・4）に見る通り、桜町知行所では繰り返し難渋者、特に病難者、鰥寡孤独、隠居等に重点を置いたお救い策として米・麦・金が支給された。他方、飢饉対策、仕法出精への貢献を認められた住民たちが表彰され、褒美の米金・干鰯を下賜された。

しかし、天保七年には再び不作・飢饉が襲い、七月の極難渋者お救いに続き、八月には「夫食囲雑穀取調書上帳」が作成された。同帳には、住民の暮らし向き調査の結果が、「暮方」上々から、上、中、下、下々、皆無の六段階に分けて記され、戸別に家内人数、貯雑穀俵数（夫食俵数および差引残俵数）、御囲稗俵数などが記されている。調査の結果、「暮方上々百姓」と評価された名主文右衛門（No.1）を例にとれば、下男二人を含め家内の人数は五人、その一年間の食を満たすに必要な夫食は一人五俵の積もりで計弐十五俵、これに対し、すでに蓄えている雑穀は三十三俵であるから、これだけでも差引八俵の過剰であるが、外に御囲稗十五俵もあるので、文右衛門家の食料の備えは十二分なものがあり、いざというときは、貧窮者の救援に応ずる備えもあるということになる。一方、「暮方下々百姓」の評価を受けた百姓長太（No.21）は、家内四人、必要夫食は二十俵、ところが確保されている雑穀は二俵半弱、御囲稗五俵を合わせても七俵半弱に止まるから、食料の不足は十二俵半強ということになる。

これにもとづき、「暮方中百姓」以上と評価され、備え充分な住民には褒美として鍬・鎌を下賜、下・下々・皆無と評価し、備えが充分でないことがあきらかになった難渋者には、非常の際に村内富裕者から夫食の融通を受けるための「通」（手形）を発給、緊急時にはこれを使い借用し、後に返済に窮した場合でも、返済を桜町役所が支援することを保証した。いわば村内の相互扶助・後見機能を活かしつつ、及ばぬところは仕法が支援・保証する仕組みをとったのである。(25)

同年十二月にも再度、「暮方夫食取調」が実施され、翌酉年一年の食料準備状況の調査が行われ、

「書上帳」が作成される。このときは住民を①「可也貯御座候に付夫食差支無御座候者」、②「引受人有之候に付夫食差支無御座候者」、又は「格別之御救等被下置飢渇之愁無御座候者」、③「夫食不足仕候間、御拝借被仰付候者」の三段階に分けて、夫食貯穀状態と、救済を要する住民について、暮らし向き戸別実態調査が実施された。西物井組では①の評価を受けた住民は、九軒、四十三人、②は三軒、十四人、③は二十六軒、百三十七人。③の住民の救済に要する夫食は二百十五俵一斗五升（代金百九十八両一朱と永五文）、肥やし代金二十四両三分三朱と永十六文。また横田村では、①が十三軒、六十九人、②四軒、九人、③十六軒、六十三人。③を救済するに要する夫食は九十四俵半（代金七十六両一分三朱と永三十三文六分五厘）とされている。

後述する通り、同年末には報徳金を用いた夫食・干鰯貸付も実施され、さらに備えを強化している。困窮者救済は、延長仕法の最終年である天保八年にも病難者・隠居・鰥寡孤独などに重点を置いて続けられた。凶作・飢饉対策が効を奏したことは、いまだ復興過程にあった住民生活を安定させ、桜町仕法を最終目標である「上下永続之道」の樹立に向けて大きく前進させる力となった。

第三節　仕法の永続をめぐる桜町協議

前節では、前期十か年仕法期限が切れた天保三年以降、導入された報徳金システムと凶作飢饉対策の実施過程を検討してきた。その過程で天保三年四月に出された三か村願書は、知行所が返還され宇津家当主が公儀に再出勤すれば、経費捻出のため「本免上納」は必然となり、「永続之道」は危ういとの危機感を露わにしている。(26)これに対し同年同月の宇津家仰渡は、宇津家の考える「永続」とは公儀役と家臣への扶持支給を滞りなく勤めることであり、そのためには是非とも宇津家年貢の「本免」復帰が必要であり、「上下永続」を目指すなら十か年ほど心力を尽くして本免上納を実現するべきだと主張した。だが、知行所住民にとっては、それこそが仕法の破壊にほかならなかった。(27)

続いて七月に敢行した仕法延長歎願も効を奏せず、容易に解決しない問題をかかえたまま、桜町役所は報徳金システムの導入と凶作飢饉対策を進めたが、前章で述べた通り、同年末の小田原藩布告で仕法の五か年延長のみが事実上漸く容認されることになった。このため以後、桜町役所の当面する課題は、「仕法の打ち切り延長」問題から「仕法の仕上げ方」、すなわち「知行所永久相続論」へと重点を移行させている。「永久相続論」は、残された延長期間中に、上下が満足する仕法の仕上げ方をどう工夫するか、金次郎の主張する「上下安泰永久相続之道」をどう実現するか、という問題である。(28)

当時、仕法の打ち切り延長問題の決着が後れていたため、桜町役所は確かな見通しを持てぬまま、過去十か年の仕法を総括しつつ、今後の仕法の進め方の目安を得るため、財務に関わる地道な実務作業を進めていた。天保三年正月に「田方七分免積帳」「畑方永并小物成上納帳」を作成したのをはじめ、「御知行所高反別明細帳書抜帳」「御知行所村々田方免下げ取調帳」「御物成本免積立帳」など、仕法の仕上げを構想するには不可欠な基礎データが次々に作成整備されていた。[29] 天保五年初頭の桜町陣屋日記には、「十ヶ年以来、御主法被仰付候書類共取調、追々清書再調に取掛り申候」[30] との記録があり、この間の作業の進展を推測させる。基礎データの整理にともない、「知行所の永久相続」構想を準備する作業も、金次郎のもとで天保三年から四年にかけて進められていたと思われるが、前述した通り天保三、四年は当面する不作・飢饉対策や報徳金システムの導入を優先したためか、ほとんど目立った進捗の跡を残せていない。「知行所永続之道」、「宇津家当主公儀再出勤」の方策をめぐる協議が俄に進展し始めるのは、不作・飢饉の危機を乗り切り、報徳金システムへの移行・運用が大きく進展し、知行所の上下に自信と余裕が生じた天保五年以降である。

金次郎は前述通り、天保五年二月、小田原藩から知行所仕法への出精と成功で表彰されたが、[31] それから間もなく江戸の鵜沢作右衛門から届いた書翰には、「此上は釟之助様御出勤之道、御心懸被遣、御勘考可然哉と愚案致候」とあり、一度は仕法から手を引くかに見えた小田原藩が自ら仕切り直して、宇津家当主の公儀再出勤の方策の提示をあらためて金次郎に委ねようとする様子が窺える。[32]

六月に入ると小田原藩江戸上屋敷の横澤雄蔵から協議要請があり、金次郎も「何卒、折を見合、上下安泰御永続之御土台、万事取極申度心願御座候」と前向きな返信を行い、漸く機の熟しつつあることを窺わせる。[33] 金次郎の云う「上下安泰御永続之御土台」という文言には、この際、領主領民双方納得の行く財務の基本計画を確立しようとする意図が見てとれる。

同年八月二十二日、江戸の鵜沢作右衛門と横澤雄蔵が桜町に来訪、開始された協議は知行所内を隈無く巡見調査することも含め念入りに行われ、両人が協議結果の報告に江戸へ帰る十月七日まで約一か月半続いた(34)。この間、宇津家に対しても当主の公儀出勤の際の経費見積案提出を求めたり(35)、協議の進展に合わせ、鵜沢らが協議の要点を江戸に書き送り、内々の伺いを立てた形跡もある。特に九月七日に知行所の年貢を本免から三分減じた七分免とすることについて、小田原藩用人御勝手方兼帯の山本藤助に伺いを立て(36)、九月十三日には山本から次のような回答を引き出していた。

本取御取箇三分減、〆七分免致し、平均上中下共、三ヶ年とか七ヶ年とか、年を切り可被取計候(37)

本免御取箇から三分減した「七分免」とは、金次郎が仕法着手時から持論としてきた田方年貢の上限「二千俵」に沿った年貢試算法である。山本は恒久にそれを認めることはできないが、三年とか七年に限り認めることはあり得るとの認識を示してきたのである。

とすれば、残る問題は、この「田方年貢上限、二千俵」と、宇津家が求めている「本免復帰」の折り合いをどう付けるかで、山本もあとは宇津家との協議によるべきだと述べている。そこでその後の協議は、この点に集中していったものと推定される。その協議の結果は、九月二十四日に江戸の小田原藩上屋敷に向けて飛脚便で送られたが、その文書を含む、一連の関係書類の写しが、後に桜町役所で「一件留」に編集合綴され残されている。[38]「一件留」に挿入された「（壱印）釟之助様御本高四つ物成之御収納御分台調」の内容を表7－5に示した。

金次郎は、「本免」御取箇と再開発の進んだ当時の知行所実勢を対照し、比較的落ち込みの少ない「畑永野銭小物成」に比べ、開発成果を含めてもようやく正米二千俵を限度とせざるを得ない田方の実情に着目する。そこで知行高四千石の「本免四つ物成」の御取箇を米三七〇八俵余とし、当時の石代相場から逆算した「畑永野銭小物成」の換算高を差引、田方取米高三一〇七俵を割り出すが、村方永続のためには二千俵を上納限度とせざるをえないので、不足する米高は一一〇七俵余、石代換算して金四四三両となる。宇津家の納得を得るためには、この不足分を埋め合わせ「本免」を確保しなければならず、金次郎の工夫は、これに向けて行われた。

同じ「（壱印）釟之助様御本高四つ物成之御収納御分台調」の続きは、表7－6のような金策法を示している。①当時の上納実績と仕法期間中の定免額の差額、いわゆる分外上納分の四か年（天保五～八年）分合計額、②小田原藩が天保八年まで拠出を約束している「御任入用米金」（米二〇〇俵と金五〇両）一か年分、③小田原藩から金次郎が支給される扶持米七〇俵、一か年分、これらに④金次郎が「御趣法」から差加える「足し金」を合わせ、「手段金」（基金）総額金二九五四両を用意、これを「利廻り一割五分」で利殖運用をはかることで、毎年金四四三両を生み出し、「本免」不足分を補填できるとするのである。これが金次郎の提案した仕法仕上げ（上下安泰永久相続之道）の基本構想であった。

表7-5　知行所永続仕法における田方正米2千俵による本免収納確保

	壱印釩之助様御本高四つ物成之御収納御分台	天保6年御物成本免積立
知行高	米4,146石694	
除地	37石566	
残高	4,109石128	米4,109石128
此訳拝領高	4,000石	
新田	109石128	
此四つ物成	米3,708俵14327	
田方	米3,107俵12037	米3,102俵338
(村方永続上限)	米2,000俵	
(御取箇不足分)	米1,107俵12037此金443両	
畑方	米486俵11619此金194両2分余	畑永野銭・小物成等合永202貫207文7
(畑方金換算率)	(金10両米25俵替)	此金202両2朱余
野銭等	米13俵23872此金5両永458文余	
小物成等	米101俵03799此金40両1分余	

註　典拠史料「壱印釩之助様御本高四つ物成之御収納御分台調」(『全集』第十一巻、1165頁)
「天保6年御物成本免積立」(『全集』第十三巻、1頁)

表7-6　本免の不足金を補填する金策法

<table>
<tr><th></th><th>元手項目</th><th>出資米金</th><th>積み金合計額</th><th>手段金の合計</th></tr>
<tr><td rowspan="2">①</td><td>当時の田方上納実績
仕法期間中定免額
分外上納分
4か年</td><td>米1996俵361
米1005俵279
差額米991俵082
米3964俵328此金1585両余</td><td rowspan="4">金1787両1分3朱ト銭252文</td><td rowspan="5">合計
金2954両
利廻り1割5分で運用
↓
利金443両
(不足金の補填)</td></tr>
<tr><td>当時の畑方上納実績
仕法期間中定免額
分外上納分
4か年</td><td>金178両2分ト銭405文
金167両2分2朱ト銭22文
差額金10両3分2朱ト銭379文
金43両2分3朱ト銭252文</td></tr>
<tr><td>②</td><td>御任入用1か年</td><td>米200俵　米325俵
金50両、此米125俵　此金130両</td></tr>
<tr><td>③</td><td>金次郎扶持1か年</td><td>米70俵、此金28両</td></tr>
<tr><td>④</td><td>御趣法足し金</td><td>金次郎の仕法資金の内より差加</td><td>金1165両2分1朱</td></tr>
</table>

協議と視察を終えて鵜沢らが江戸に帰る以前、九月二十九日に、知行所では三か村住民が召集され、まず陣屋詰・村役人ならびに出精奇特人の表彰が行われ、その後一同に酒が振る舞われ、「当御知行所田畑追々起返り平均七分めにも相当たり候間、一同丹精之廉を以、御趣法中平均七分めにて被仰付置候間、弥致出精、上下永続之道押立可申」との申渡がなされ、(39)村からも「七分免」上納について請書が提出された。(40)

江戸に戻った鵜沢からも大久保・宇津両家へ報告した結果が、

> 御前へ罷出、巨細言上仕候処、何れも御感心被遊、数年丹精致候事、拙者より厚申遣置候処、御懇之　御意御座候、実以難有御事に御座候、釟之助様へも、右同様、雄蔵両人にて罷出、具奉申上候処、扨も感心扨も感心と之御事に御座候、

と大久保・宇津の両家が協議結果を好感をもって受け入れた模様が通知されてきた。(41)

第四節　報徳金融の展開と仕法の他領拡大

ここでもう一度、視点を桜町知行所仕法のその後に戻し、天保三年末に創設されたばかりの報徳金を運用した仕法の展開を、西物井組と横田村に例をとり検討してゆくことにする。この時期の仕法については、すでに前章で徹底した不作・飢饉対策に重きを置いた諸施策で住民経営の破綻防止、安定化対策が施されていたことを確認してきた。ここで見る報徳金貸付は、それを前提に合わせ見る必要がある。

表7－7・8は、西物井組と横田村の「報徳金証文控帳」に記録された天保三年以降の報徳金貸付状況である。(42) ただし、天保三、四年は報徳金融システム導入の準備作業中であるため一部を除き大半の貸付はまだ従来の仕法金貸付金として取り扱われていたため、前述の七郎次親子作成の「天保四年十一月　三ヶ村貸金取調帳」に収載されており、この記録からは多くが省かれている。

表7－7・8には拝借金額と合わせ貸付理由を略記したが、「控帳」収載の拝借証文は実際はいずれもかなりの長文で、拝借人の来歴や今回の拝借理由を詳細に記している。表7－7冒頭にある名主文右衛門の拝借証文を長文を厭わず次に掲げる。

御趣法金御拝借証文之事

一、金三両也　　此引当

此済方　　中田六歩

巳　金弐分弐朱　　下田四畝廿六歩

午　金弐分弐朱　　　中畑弐畝四歩
未　金弐分弐朱　　　下畑壱反拾歩
申　金弐分弐朱　　　下々畑五畝拾弐歩
酉　金弐分　　　　〆反別弐反弐畝廿八歩
〆

右は私儀前々困窮之砌、書面之田畑質地に相渡置、御田地不足仕、無拠報徳元恕金之内御拝借仕、反別弐反弐畝廿八歩之所請戻し、家株古に立戻り、冥加至極難有仕合奉存候、御返納之儀は、来る巳年より酉年迄無利五ヶ年賦急度御返納可仕候、万々一差支有之候節は、請人方へ質地引取御割合之通御返納仕、如何様之儀出来仕候共少も御苦労相掛ヶ申間敷候、縦令御年賦皆済之上此証文御下ヶ被下候共、世上通用年弐割之御利息而已相当申候得ば、元金三両之分は、全く預御助成候御恩借之次第、子々孫々に至迄申伝置、向後田畑猥に売払御恩沢を忘却仕候不埒之所行堅為仕申間敷候、為後日御恩借証文仍て如件

天保三辰年十二月

西物井村
拝借人　文右衛門
物井村
請人　政　吉
組頭　源左衛門

二宮金次郎様

（朱後筆）

「一、米弐斗

右は御取立被下置　御仁恵致感服、冥加米相納、前々先

納金村拝借致皆済度段、依願憶に請取申処仍如件

文政十亥年三月

二宮金次郎」

（朱後筆）

「一、米壱俵

代金

右は依御趣意荒地開発追々致出来、暮方始村柄古に立戻り候為冥加、報徳金相納度段、任

願憶に請取申処仍て如件

文政十三寅年八月

二宮金次郎」

（朱後筆）

「一、金弐分弐朱也

右は依御趣意致感服、古に立戻り候為冥加、報徳金相納度段、依願憶請取申処仍て如件

天保九戊戌年十月廿日

二宮金次郎」

引当を質地として書入れ、返済を保障する請人を付けて、五か年賦無利息（一部、七か年賦）返済の契約とする本文と、その後に「朱後筆」がいくつか追記される全体構成は各文書ともほとんど変わらない(43)。

一般の質地証文と大きく異なる点は、書き留め文言の前に、右の傍線部分のように、通常一般の質地取引ならば壱、弐割の利息が付く筈のところ、元金のみ年賦返済するだけであることは、格別な恩恵措置以外の何物でもないことを子々孫々に伝え、今後は田畑を手放すような不埒の行為はけっして行わない、とする誓約文が必ず添えられることである。

右の文右衛門の拝借目的は、本文の冒頭に、田畑が不足するので、かつて困窮時に人手に渡った質地を請け戻し、所持地を昔に戻そうとするねらいが記されている。年代の異なる三件の朱後筆があるが、「控帳」に収載される拝借証文で原本の残るものを参照すると、実際に朱後筆の裏書のある例がいくつも確認できるから、原本の体裁を残したまま「報徳金証文控帳」に転写されたものと推定する。朱後筆の記録内容は、当該拝借証文作成以前の来歴を示す内容のものと、拝借証文以後に生じた事柄を記すものと二種類あるが、以前のものは拝借人が仕法にいかに協力し「冥加米上納」「拝借金の早期皆済」「報徳金加入」などを行ったかなどの来歴を確認して注記し、以後のものは、この拝借証文による恩借に報いるため、後年「報徳金加入」の出願がなされるに至ったことを注記したもので、いずれにせよ、わざわざ過去の経緯に遡りながら、証文に裏書きされたものである。

右の「報徳金証文控帳」は天保十二年頃までの記録を収録しているから、作成は少なくともそれ

表7-7　西物井住民への報徳金貸付

No.	身分と住民	[初見]	天保3年	天保5年	天保6年	天保7年	天保8年	天保9年	天保11年	天保12年
1	名主 文右衛門	[政5]	12.金3.0.0 質地請戻							
2	百姓 惣右衛門 悴久治郎	[政5]				夫食・肥代				
3	百姓 祐吉 →天5定吉	[政5]				夫食・肥代	12.金3.1.0 畑地買請			
4	組頭 源左衛門	[政5]			12.金5.0.0 田地買請			3.金3.2.0 田地買請	12.金3.0.0 田地買請	
5	百姓 傳右衛門 →天5卯兵衛 悴駒吉	[政5]				夫食		2.金3.0.0 質地取置 2.金2.0.0 畑地請戻		
6	百姓 儀重	[政5]								
7	百姓 周右衛門	[政5]								
8	百姓 直吉 同悴岸次郎	[政5]						12.金10.0.0 畑地請戻		
9	組頭 七郎次	[政5]								
10	百姓 喜左衛門	[政5]							12.金4.0.0 田地買請	
11	百姓 平左衛門 →後家	[政5]		金3.0.0 農馬買入		夫食・肥代				
12	百姓 常八 →天8嘉兵衛	[政5]				夫食				
13	百姓 忠七	[政5]				夫食・肥代				
14	百姓 豊治	[政5]								
15	百姓 孫左衛門	[政5]				夫食				
16	百姓 伴治	[政5]		12.金5.0.0 質地取置		夫食				
17	百姓 金右衛門 →天5次右衛門	[政5]				夫食・肥代				3.金5.1.0 畑地請戻
18	百姓 利兵衛 →天5勘蔵	[政5]				夫食・肥代		3.金3.2.0 畑地買請		
19	百姓 安治	[政5]				夫食	11.金7.0.0 質地取置			
20	百姓 長太	[政5]				夫食・肥代				
21	百姓 半治	[政5]								
22	百姓 豊太郎 富吉	[政5]				夫食・肥代				
23	百姓 新蔵	[政5]								
24	百姓 岩蔵 →天7平助	[政5]				肥代	3.金1.0.2 畑地請戻			

No.	身分と住民	［初見］	天保3年	天保5年	天保6年	天保7年	天保8年	天保9年	天保11年	天保12年
25	百姓 佐吉 →後家	［政5］								
26	組頭 直兵衛 →天7吉右衛門	［政5］			10.金6.0.0 借財返済	夫食				
27	百姓 富（留）吉 弟三五郎	［政5］								
28	百姓 栄蔵 後家	［政5］				夫食				
29	百姓 清左衛門 →天3重右衛門	［政5］								
30	借家 茂七 →政8米吉	［政6］				夫食 ・肥代				
31	新百姓 澤治	［政6］			12.金1.0.0 借財返済	夫食 ・肥代				
32	入百姓 清右衛門	［政7］				夫食 ・肥代				
33	入百姓 竹次郎	［政7］								
34	分家 浅右衛門	［政9］				夫食 ・肥代				
35	分家 豊吉	［政10］				夫食				
36	借家 甚太郎	［天4］				夫食 ・肥代				3.金10.0.0 田地買請
37	分家 弥七 →嘉兵衛	［天4～7］		12.金2.0.0 田地買請						
38	借家 弥十郎	［天7］				夫食 ・肥代				

註　典拠史料は、「天保3～11年西物井村報徳金拝借証文控帳」（『全集』第十三巻、663頁）。

表7-8　横田村住民への報徳金貸付

No.	身分と住民	[初見]	天保3年	天保5年	天保6年	天保7年	天保8年	天保9年
1	名主 常右衛門 →政12休役	[政5]			12.金16.0.0 田畑請戻			
2	百姓 勘治郎 →政7卯兵衛	[政5]			12.金5.0.0 借財返済	夫食		
3	百姓 浅七 →政10常吉	[政5]						
4	百姓 庄次郎 →繁蔵	[政5]				12.金15.0.0 田畑買請		
5	百姓 金治 →天5仲右衛門	[政5]						
6	百姓 平八 →天4不詳	[政5]						
7	組頭 兵七 →政10退役	[政5]				夫食		
8	百姓 元右衛門 →天3政蔵	[政5]						
9	百姓 忠右衛門 →天2名主代、天3久蔵	[政5]		5.金51.1.3 貧者引受 6.金120両 商売元手 12.金10.0.0 田畑買請				
10	百姓 善蔵 →名主代退役	[政5]				夫食		
11	百姓 安治 →天7安五郎	[政5]						
12	百姓 利重 →政12平吉	[政5]				夫食		
13	百姓 富蔵 →政7栄吉	[政5]				夫食		
14	百姓 平蔵 →政12源蔵	[政5]				夫食		
15	百姓 新右衛門 悴久太郎	[政5]				夫食		
16	組頭 圓蔵 →天6名主	[政5]			12.金1.2.0 質地受入			
17	百姓 政吉	[政5]						
18	百姓 與八 →天3嘉兵衛	[政5]				夫食		
19	百姓 清左衛門 →天3せん	[政5]						
20	百姓 八郎 →政10勇次	[政5]	12.金10.0.0 借財返済			夫食		
21	入百姓 寸平 →天4帰国	[政6]						
22	借家 友蔵 →天7新百姓	[政11]				夫食		
23	入百姓 弥吉 →政12新百姓	[政11]						12.金4.1.0 田地買請 12.金5.0.0 出地買請

No.	身分と住民	[初見]	天保3年	天保5年	天保6年	天保7年	天保8年	天保9年
24	入百姓 藤蔵 →政12新百姓	[政12]	12.10.0.0 田畑買請	12.金4.0.0 畑地買請				
25	取立百姓 孫太郎 →天8新百姓	[天1]			12.金2.2.0 畑地買請			
26	入百姓 勝右衛門 →市之丞	[天2]	12.金2.3.0 畑地買請				12.金3.2.0 田地買請	12.金3.1.0 田地買請
27	入百姓 岩八 →天7新百姓	[天3]	12.金2.3.0 畑地買請		12.金2.2.0 畑地買請	夫食		
28	分家百姓 喜之七 →天8新百姓	[天3]					12.金5.0.0 田地買請	
29	分家百姓 武助	[天3]		12.金10.0.0 病難困窮				
30	借家 友吉	[天4]						
31	借家 此右衛門	[天4]				夫食		12.金6.0.0 田地買請
32	借家 助次右衛門	[天4]			12.金2.2.0 質地受入	夫食		
33	借家 重蔵 →天8新百姓	[天4]						12.金3.2.0 田地買請
34	借家 幸助 →天8新百姓	[天6]				夫食		
35	（借家）市次	[天7]						
36	借家 竹次郎 →天8新百姓	[天7]						

註　典拠史料は、「天保3～12年横田村報徳金証文控帳」（『全集』第十三巻、639頁）。

以後、つまり金次郎が幕吏となった天保末期以後に転写編集されたものである。添付された朱後筆も拝借証文作成時に付されたというよりは、後年、「控帳」への転写時に、いちいち過去の経緯を確かめつつ原本に裏書きし、同時に「控帳」へも転写された可能性が高い。このため文政十三年八月と年紀のある朱後筆に、当時まだある筈もない「報徳金」の名称が使用されるなどの矛盾や混乱も見られる。

拝借人の過去の奇特行為の確認→今回の報徳金貸付実施→その冥加への報謝として行われる報徳金への加入。一見、屋上屋を重ねる朱後筆記載のなかに、報徳金融システムを推進する契機として、住民のなかに「報徳」意識を涵養し、機に応じて発露させることこそがその基本であることを、金次郎がいかに重視、期待していたかが分かる。

表7―7・8を一覧すると、報徳金をも動員して不作・飢饉対策に集中した天保七年を除き、貸付（拝借）の事由は、「田畑買請」「質地請戻」「質地取置」が多く、少数の「借財返済」「農馬買入」も含め、拝借人が家内人数増・嫁取り・養子取り・分家取立などのために耕地不足を補い、経営の充実を図る「家株増益」を目的・動機とするものが大半を占めていることが看取される。

そうしたなかで横田村久蔵に対し融資された報徳金貸付二件の目的記載には、他のものにはない特色が見られる。その内の一つ、

御趣法御拝借証文之事

午六月廿八日　　此引当　反別弐町壱反七畝廿壱歩
一、金弐拾両也　　　　内
同七月廿八日　　上々田九畝六歩
一、金拾両也　　上田七反七畝拾五歩
同八月十日　　中田五反四畝廿歩
一、金拾両也　　下田壱反六畝拾歩
同十三日　　上畑弐反歩
一、金八拾両也　　中畑弐反歩

〆金壱百弐拾両　　下畑弐反歩
　此済方　　　　　　外に居宅壱軒
午十二月十七日　金弐拾四両
未十二月廿日　　金弐拾四両
申十二月廿日　　金弐拾四両
酉十月廿日　　　金弐拾四両
戌十月廿日　　　金弐拾四両
〆

右は私儀農間手透之節、糠塩、粕、干鰯、商売仕度段奉願上候処、村方六軒極困窮之御百姓引請致世話、数年溜置候金子拾九両弐分弐朱相納候段奇特に被思召、右に付商売為手宛、格別之以御仁恵報徳元恕金之内、書面之金子御拝借被仰付、諸色仕入等差支無御座、存外繁栄仕、冥加至極難有仕合奉存候、

（中略）

天保五午年六月

御知行所横田村
百姓忠左衛門悴
拝借人　久　蔵

（以下、請人・村役人・宛所記載欠落）

末尾に転写時に生じたと思われる欠落があるが、中略（引用者）部分も含め、拝借証文全体の体裁は他とほとんど変わらない。ただし、六月から八月まで四回に分けて合計一二〇両という多額の資金が、「糠塩、粕、干鰯、商売」の元手として貸付られ、その理由として、「村方六軒極困窮之御百姓引請致世話、数年溜置候金子拾九両弐分弐朱相納候段奇特に被思召」と記されているが、その実情はこの文言だけでは良く分からない。村内の六人の困窮者の世話をしたことが奇特の所行として認められたというが、実は久蔵はこの直前五月にもう一つ別の拝借金を受けている。その際提出した証文によれば、村内の兵七・嘉兵衛・栄吉・源蔵・平吉・善蔵ら六人の代理として合計金五一両一分三朱卜銭九〇文の報徳元恕金を借り請けている。その拝借理由に次のように記す。

右は御百姓六人名前之者共、数年不仕合打続、借財相嵩、返済方に差詰り、第一夫食種穀等之手宛無御座、立潰同様に相成、私組合親類方々之儀に付、何様にも御百姓相続相成候様致度旨被及相談、無拠引請万端世話仕、取立遣し度奉存、依之年来溜置候金子拾九弐分弐朱相納、別段書面之借財高、報徳元恕金之内御拝借仕、借財高夫々致返済、御百姓六軒相続之道相立、冥加至極難有仕合奉存候

つまり、多額の借財を抱え潰れ同様でありながら、自ら拝借金を願い出る力もない住民に代わって報徳元恕金の貸付を願い出るとともに、その際、自分が蓄えていた浄財金一九両余を拠出したということである。なお、久蔵はこの貸付を受けるに当たり、自ら所持する田畑のうちから一町九反三畝一三歩を引当地として提出している。こうしてみるとこれらの貸付の背後にあるねらいは、村内困窮百姓の借財返済支援であったことが分かる。

なお、商売の運転資金が貸付られる例は久蔵だけではない。天保八年十二月下物井村忠兵衛が、金三四両一分三朱余の貸付を受けた際の理由書にも、

御仁恵之御趣法に素（もとづきか、筆者注）農間手透之節商売仕度、元手金御拝借奉願上候処、格別之以思召を報徳元恕金之内、書面之金子御拝借被仰付、諸色仕入等差支無御座、商売仕冥加至極難有仕合奉存候

とある。報徳金貸付の初見事例が前述した通り、宇都宮米穀商柴田屋平八への貸付であったことに照らしても、報徳金システムが商売資金への貸付を排除していないことはあきらかである。

とはいえ、「村方之儀は人少困窮仕、亡所同様相成候に付、格別之以御仁恵荒地開発、人別増村柄御取直し御趣法被仰出、次男三男他村へ縁組仕罷出之儀堅御差留被仰付」（天保三年十二月東沼村豊蔵拝借証文）や、「私儀御取立御趣法御仁恵に基き、追々農業相励、無難に御百姓相続罷在候処、

猶又御田地不足之者へは、地所買請金御拝借可被仰付旨、兼々被仰出候に付」（天保五年十二月東沼村仁兵衛拝借証文）などの拝借理由記載を見ても、生業の多様化から住民が村外へ無制限に流出することをただ黙認していた訳ではなく、先ずは知行所内に安定した田畑を獲得して自家の農業経営基盤を充実させ定着して行くことが第一義的目標であったことも間違いない。しかし、その目標に向かう過程において当面する相続のため農間余業や他領稼することをまったく許容しないものでもなかった柔軟さを見ておく必要がある。(44)

もう一つ天保三年以降の桜町後期仕法が、前期仕法との間に持った大きな相違点は、仕法が桜町知行所の枠組みを超え、他領に影響を及ぼし拡大普及し始めた点である。金次郎自身には自分の目指す復興仕法は、荒蕪地を開発して得た資財をもって自ら仕法を展開するものであり、それが順調に進めば、一知行所に止まる理由はないとする考えがもともとあったかにも見えるが、現実には前期仕法の段階ではその余裕もなく、後期仕法の段階に入り漸くその可能性が開かれてゆく。(45)次にそのことの持つ意味を探っていく。

他領からの仕法依頼の初見は、天保二年十一月晦日、近隣の旗本川副勝三郎知行所青木村（常陸国真壁郡）の名主勘右衛門以下百姓三七名が連名で救済出願をしたものである。(46)これを斡旋したのは越後国からの元入百姓丈八で、もとより領主を介さぬ非公式の出願であった。丈八は桜町知行所に隣接する西沼村に入植していたが、文政五年に知行所東沼村の潰百姓式相続を出願、桜町役所の支援を受け再開発に従事する傍ら干鰯商も行い、その方面でも仕法に協力、東沼村名主弥兵衛の娘を娶り、同村の潰百姓惣兵衛式を相続、文政十一年に同村の新百姓に取立られていた。

青木村からは翌天保三年五月にも村役人惣百姓によって再度申請が行われたが、天保四年二月に至り、川副勝三郎家の用人金澤林蔵・並木柳助の二人から、金次郎の指図を受け用水・溜井普請、荒地開発を進めたいとする公式な仕法依頼書が提出された(47)。前年末に事実上仕法の五か年延長を容認する布告が出されていたとはいえ、不作・基金対策や報徳金融システム導入に追われていた時であるにもかかわらず、金次郎は翌三月三日、青木村の桜川堰場を見分、その四日後に堰普請を開始し、同月廿四日に落成させている(48)。これは普請方法の指導が主たるものであったが、貧窮する青木村民を不作・飢饉から救済する貸付も、天保五年七月の救い米一六俵の貸付から始まり次第に拡大する(49)。

これと前後し、隣接する諸藩からも仕法指導を打診する動きが活発化している。天保五年六月に谷田部藩細川家の中村勧農衛が藩主の意を受けて桜町役所を訪問、逗留して仕法指導を依頼、翌七月には宇都宮藩戸田家からも藩主の内意を受けた和田惣兵衛が領内開発の指導を依頼してきた(50)。桜町仕法の五か年延長が決まり、四年の飢饉も克服したことから仕法の評価も高まり、桜町役所と金次郎には若干のゆとりも生じてはいたが、まだ桜町仕法の最終仕上げについて、確実な展望が開けていた訳ではない。それでもあえて周辺他領に対する仕法指導、金融上の支援を回避せず、むしろ前向きに関心を拡げて行ったのは何故か、検討すべき重要課題である。

それは桜町仕法の延長継続に苦心したこと、そのため報徳金をこれまでの知行所内仕法金とは一線を画し、半ば自立した金融システムとして導入してきたことと無関係ではない。前期仕法の期限を迎えた天保三年に金次郎が直面した危機は、一個別領主の恣意的判断で長年努力し積み重ねてきた成果が無に帰する可能性であった。当初よりつねに領主領民双方の永久相続をこそ目標とする仕法を目指してきて金次郎であったが、ただ一領主財政の枠組み内で、「分外」生じる資財にのみ全面的に依存することから生じる限界を痛く思い知らされることになった。その結果、桜町知行所の永久相続、仕法の継続・延長を考えるならば、仕法と報徳金融システムの運用は、むしろ知行所の枠組み、藩領の枠組みを超えた仕法組織の編制と、それを支える金融システムの採用こそが、問題の解決に有効であることを看破、察知することになった。

桜町仕法はとりあえず五か年延長され、両家との間に「上下安泰永久相続之道」の構想がまとめられつつあったが、しかし、知行所の開発・復興が目標に近づけば近づくほど「分外」は減少し、そこから生じる仕法の元手が不足する可能性も否定できない。桜町の永久相続のためにも、新たな開発地を他領にまで拡大する必要性を金次郎はすでに見据えていたと思われる。その際、仕法も報徳金の運用も知行所とその周辺地域に止まる必要はなく、容認されれば小田原藩領に拡大することも辞さないものになっていたのである。

むすびに

以上検討してきたことから、以下の事項があきらかになった。

①二宮金次郎は桜町知行所仕法十か年の期限が切れ、仕法打ち切りの危機の迫るなかで、仕法財源を荒地再開発より産まれる「分外」のみに依存してきたこれまでの方式を変更し、従来の仕法貸付金から一線を画す新基金（報徳金）を設け、領主財政からの自律性をより高めた仕法方式を創設した。

②「報徳金」には、当面、これまで桜町役所から貸し付けられていた仕法貸付金の返済金が一括して組み入れられる移行措置が取られたほか、返済を終えた住民が報恩の気持ちから、あるいは仕法に共感した支持者が余裕の米金を預け入れることで新基金を構築する方法が採用された。

③延長仕法（後期仕法）期間中、金次郎が度重なる凶作・飢饉に先手を打つ備荒貯穀奨励策と困窮者の緊急支援策によって住民の経営破綻を未然に防ぐことに成功したことが仕法の評価を高め、領主領民双方の納得する永久相続の方策協議の気運を高められた。

④小田原藩との協議の結果、仕法着手時から知行所復興の目標にして来た「田方七分免」（収納米二千俵）によって住民生活を防御しつつ、「本免」からの不足分は桜町役所から提供する「手段金」（利殖をねらいとする積金）の運用によって補うことで、仕法の仕上げについて宇津家の納得も得る

妥協策がとりまとめられた。

⑤導入された「報徳金」は、住民の経営基盤である農地の拡充を軸に、商い資金や借財返済のために柔軟に運用貸付されたが、運用にあたっては、仕法から得た「御高恩」への報謝・報徳の理念がとりわけ重視された。

⑥仕法がより自律性を高めるため、一領主の財政のみに依存することの限界が強く意識され、延長仕法期間中から仕法と「報徳金」運用の他領への普及拡大が試みられるが、それは仕法財源とそれを産み出す基盤である再開発の可能性を有する困窮地を獲得するための必然的営為であった。

註

（1）小考を準備するための作業として桜町前期仕法については、拙稿「桜町仕法諸施策の展開と住民動向―仕法着手から出奔事件まで―」『栃木県立文書館研究紀要』（一八号、二〇一四・三、本書第五章）、出奔から帰還した直後の仕法再建過程については、拙稿「仕法打ち切り延長論と住民訴願―桜町仕法の再建過程―」『栃木県立文書館研究紀要』（一九号、二〇一五・三、本書第六章）がある。

（2）「定免」の設定が桜町仕法着手時からの大原則であることにいては、拙稿「旗本宇津家知行所仕法の請負について」『国士舘大学人文学会研究紀要』（四〇号、二〇〇八・三）および本書第三章。なお、ここで用いられる「定免」は、作柄に関係なく年貢賦課額を所定の期間一定に固定維持する通常の概念と同じではない。桜町知行所では仕法期間中も代官による検見が行われ、知行所三か村への賦課額は毎年、作柄に応じ変化するが、それに関わらず桜町役所から宇津家へ上納する「収納年貢額」は、仕法着手時に取り結んだ契約書によって一定額に保たれる。こうすることで領主は、将来の財政立て直しのため、当面の財政規模を一定限度内に緊縮にする。報徳仕法について語られる際、一般にはこれを「分度」と表現することが多い。しかし、これは後に報徳思想が富田高慶らによって体系的に整序されていく過程（天保末期以降）で使用された用語で、ここで云う桜町前期仕法までの段階では、「定免」、その後、天保中期ごろから「土台」あるいは「分定」が用いられ、それを超えて収納され、仕法の元手、財源となる部分については「分外」「土台外」が使われていた。また、設定された「分定」を領主が厳しく堅持することを指して「守分」とも表現した。

（3）天保三年当時、桜町知行所の再開発が、七、八割達成されていたとの認識は桜町役所だけのものでなく、小田原藩自身も同様の認識をもっていた。「日々御陣屋へ相詰、私を忘れ致丹誠候者も有之、一同人気立直候故哉、田畑開発等及七八分に、御収納以前に倍し、御満足被遊候」（「天保三年十二月　三か村宛て小田原藩申渡」『天保三壬辰年　日記帳　桜町御陣屋』十二月条〈『全集』第三巻、一二四六～七頁〉）。

（4）近年、報徳仕法の体系的に研究に精力的に取り組まれてきた早田旅人氏の桜町仕法に関する業績には注目すべき点が多いが、同氏が報徳仕法の歴史的成果を当時の社会が析出した多様な生業を営む百姓層を編成動員したことにおいて把握されようとすることには一面的にすぎる点もあると考える（早田旅人「初期報徳仕法の展開—桜町前期仕法における百姓政策を中心に—」『民衆史研究』〈六〇号、二〇〇〇・一一〉、同「報徳思想の構造—桜町後期仕法における百姓編成と報徳金融—」『報徳学』〈九号、二〇一二〉）。

（5）「宇津家宛三か村願書写」「天保三年日記帳」三月十六日条（『全集』第三巻、一二四二頁）。

（6）「三か村村役人一同宛宇津家被仰渡書写」「天保三年日記帳」四月条（『全集』第三巻、一二四二頁）。

（7）「天保三年日記帳」七月条（『全集』第三巻、四二八～九頁）。

（8）「天保三年日記帳」十月九日条（『全集』第三巻、四四〇頁）。

（9）「三ヶ村貸金取調書上帳　物井村組頭七郎次・名主文蔵」（『全集』第十三巻、一二一九～三一六頁）。

(10) 桜町前期仕法の諸施策については、本書第五章を参照。
(11) 註5に同じ。
(12) 「天保三年日記」閏十一月条（『全集』第三十五巻、四四五頁）。
(13) 「天保三年当座金銀米銭出入帳」（『全集』第三十五巻、五三四頁）。
(14) 同右、五三六頁。
(15) 「天保三年十二月十七日　御趣法金御拝借証文之事」『真岡市史資料編第三巻』四四五頁。
(16) 「天保三年日記」十二月二十八日条（『全集』第三十五巻、四五八頁）。
(17) 「天保三年日記」十二月条（『全集』第三巻、二四六頁）。
(18) この冥加米献納と備荒用稗の蒔き付け奨励については、本書第六章を参照。
(19) この時作成された「天保三年八月　非常御手宛稗蒔附反別取穀書上帳」（『全集』第十二巻、二〇一―八頁）奥書には、「当辰年之儀、畑方屋敷立出御年貢永並小物成荏大豆共御用捨被下置、非常為御救壱反歩に付、稗六斗入壱俵宛、積立囲可置段、被仰付置、此度稗蒔附畑御見分に付、壱人限りに取調奉書上候」とあり、両組の惣蒔附反別と稗惣俵数は西物井が〆六町三反四畝十四歩と〆稗弐百五拾俵。横田村は〆三町壱反九畝拾六歩と〆稗八拾八俵とされる。これによれば、畑永と小物成の免除が合わせ実施されたかに見えるが、天保四年十二月に関東御取締出役の「窮民為御救、雑穀囲置候儀とも取調可申上」との申渡に知行所村々が応えた「差上申一札之事」によれば、「去辰年御主法御手段を以、米永小物成共御用捨被成候非常困窮為救、米方分籾にて囲置、永方之分は畑壱反歩に付、稗壱俵取之積蒔附囲置申候、依之当年柄之儀も無難に御百姓ども相続仕罷在候」と応えており、田方年貢米は上納したが、非常用に籾で囲置かれ、畑方は非常稗を蒔き付け「御囲稗」とする代わり、その反別分の畑永免除が為されたと推定する。
(20) 「御褒美申渡」（『全集』第十巻）、「天保四年金銭出入帳」（『全集』第十二巻）。

(21)「天保四年九月御囲穀雑穀取調書上帳」(『全集』第十二巻)。書上帳の横田村・東沼村分には、貯穀調査に合わせ実施された同年の畑作物調査結果も記されている。その結果、貯雑穀に含まれざる畑作の作付状況の一反が表出しており、横田村の書上帳からは、同村における木綿作付の多さが知られる(表7－4参照)。なお、西物井組については、書上帳にこの調査結果の記載そのものが省略されているため不明だが、東沼村の木綿作が横田村とほぼ同様であることから推して、横田村の状況が特殊なものでないと推測される。

(22)「天保四癸巳日記帳　桜町御陣屋」十一月二十四日条(『全集』第三巻、一一七六頁)。

(23)「天保四癸巳日記帳　桜町御陣屋」十二月一日条(『全集』第三巻、一一七七頁)。

(24)「天保五年正月ヨリ　日記　桜町役所」(『全集』第三十五巻、四七〇頁)。

(25)「天保七年八月　大食囲雑穀取調書上帳」(『全集』第十二巻、三〇二～一五頁)。

(26)「宇津家宛三か村願書」『天保三壬辰日記帳』四月条(『全集』第三巻、一一四一頁)。

(27)「三か村宛宇津家仰渡」『天保三壬辰日記帳』四月条(『全集』第三巻、一一四二頁)。

(28)仕法の仕上げ構想が、「仕法の永久相続」或いは「知行所永久相続之道」と表現され、議論されるようになる最初の契機は、金治郎が文政十一年四月に宇津家に提出した「以書付奉申上候」、いわゆる「役儀伺い」にある(「文政十一年四月　以書付奉申上候」『全集』第十一巻、一一七〇頁)。右の文書は、

原如空地之相成候処を致開発、村々百姓を取立、土地相応之為致御収納候儀、任天理に、就天之理に、少しも障無、金銀米銭有合次第、一村致開発候へば、一村繁昌仕、一郡致開発候得ば、一郡永続仕候儀と奉存候、(中略)若亦右様永引候ては奉恐入、御趣法の御障にも可相成哉、第一永続之道更に不相見、無余儀心付次第の廉々有體奉申上候

天理にもとづく仕法を進めれば一村の繁昌、一郡の永続も不可能ではない。しかし、現状のままでは、その見通しは立たない、として領主側の姿勢を糺した。ここで主張されているのは、「村方の永続」ではないし、「御上之永続」

でもない。説かれているのは「知行所之永続」であり、そのための仕法の仕上げ方（構想）であった。その意味では、金次郎はすでに前期仕法の段階から「知行所之永続」を考えた仕法の仕上げ方に腐心し、領主側に問題提起を続けていた。しかし、領主側は当面する財政難に窮し、それを真剣に受け止め議論するに至らなかったのである。

(29)「報徳仕法永続状態書類」所収史料（『全集』第十三巻、一、一五、三四、四三、一三五頁）

(30)「天保五年正月ヨリ日記」正月十日条、（『全集』第三十五巻、四六二頁）。

(31)「天保五年正月ヨリ日記」二月十九日条、（『全集』第三十五巻、四七〇頁）。

(32)「天保五年三月二十四日　鵜沢作右衛門より金治郎宛書翰」『書翰一』（『全集』第六巻、二一一頁）。金次郎に宇津家再出勤の方策を期待する意向は、四月後半の鵜沢や三幣からの書翰でも繰り返し表明されている。

(33)「天保五甲午年日記　桜町御陣屋」六月三日条、同七日条（『全集』第三巻、二九〇〜三頁）。

(34)「天保五甲午年日記帳　桜町御陣屋」八月二十二日条（『全集』第三巻、三三二頁）、同日記、十月七日条（『全集』第三巻、三二九頁）。

(35)「天保五年八月　出勤・幕方中勘調」（『全集』第十一巻、六五頁）。

(36)「天保五甲午年日記帳　桜町御陣屋」九月七日条（『全集』第三巻、三二四頁）。この伺いに添付して、山本に送られた文書と思われるものが、後に鵜沢が小田原藩に宛て提出した報告書、「天保五午歳九月　御趣法為取調鵜沢作右衛門・横澤雄蔵出役之上、御上屋敷へ差出候書類一件留　桜町御役所」（『全集』第十一巻、一一七〇頁）のなかに、△印別紙「午八月覚」として挿入されて残っている。ここに記された「七分免」は、知行高四千石の本免を四つ物成で米四千三百弐拾俵とし、その七割（七分）を米三千弐拾四俵と算出し、このうち米弐千俵を正米で納め、残りは畑永や小田原藩から拠出される「御仕入用」なども含めて石代納する方法が示されている。ただ、これを「本免」とするには無理があり、たとえ、小田原藩がこれを認めたとしても、宇津家がこれを「本免」としてそのまま容認したかについては疑問が多い。

(37)「天保五甲午年日記帳　桜町御陣屋」九月十三日条（『全集』第三巻、三二五頁）。
(38)「天保五午歳九月　御趣法為取調鵜沢作右衛門・横澤雄蔵出役之上、御上屋敷へ差出候書類一件留　桜町御役所」（『全集』第十一巻、一一七〇頁）。
(39)「陣屋布告」『天保五甲午年日記帳』九月二十九日条（『全集』第三巻、三三七頁）。
(40)「乍恐奉申上候御請書之事」『天保五甲午年日記帳』十月十一日条（『全集』第三巻、三三九～三〇頁）。
(41)「十月十七日　金次郎宛鵜沢作右衛門書翰」『書翰一』No.22（『全集』第六巻、一九～二〇頁）。
(42)「天保三～十一年　西物井村報徳金拝借証文控帳」『全集』第十三巻、六六三頁）。「天保三～十一年　横田村報徳金拝借証文控帳」『全集』第十三巻、六三九頁）。
(43)いくつか七か年賦無利息返済での貸付例があるが、数は少ない。
(44)前掲表7－3・4の天保七年八月の暮方・夫食調結果を見ると、当時、西物井組には六人、横田村には十一人の他領奉公人がいたことが確認されている。
(45)金次郎は、文政五年正月に小田原藩に提出したいわゆる「仕法伺い書」で、「御知行所之儀は勿論、前後左右何方迄も、急度荒地起返、難村旧復仕候間、此段奉願上候」（「文政五年正月　御分知宇津釩之助様御知行所三ヶ村荒地起返難村旧復之仕法　取行方奉伺候書付　二宮金次郎」（『全集』第十巻、八〇三頁）と、復興仕法が桜町知行所の領域を超えて他領域まで拡大普及可能であることを述べているが、同史料には天保中期以降の文飾が加えられている可能性があることから、そのままこれを信ずることはできない。なお、これについては本書第四章を参照。
(46)「天保二年十一月晦日青木村惣百姓願書」「青木村御仕法嘆願書類合巻帳　上」（『全集』第二十二巻、四頁）。
(47)「天保三年五月　青木村村役人惣百姓願書」および「天保四年二月　川副勝三郎内金澤林蔵・並木柳助御頼申一札之事」『青木村御仕法嘆願書類合巻帳上』（『全集』第二十二巻、五～一六頁）。
(48)「天保四年日記帳」（『全集』第三巻、二五三～四頁）。

(49)「天保五年日記帳」(『全集』第三巻、三〇六頁)。
(50)「天保五年日記帳」(『全集』第三巻、二八九～三一〇頁)。

第二部

成立期の報徳思想

第八章　仕法の永久相続論と報徳思想の成立

はじめに

二宮尊徳の指導した桜町仕法は、天保二（一八三一）年から同五年に至る間、仕法の打切り・延長、仕法の永久相続問題（総じて「仕法の永久相続論」）でおおいに揺れた。一方、この期間中に尊徳自身の哲学的飛躍、思想（報徳思想）形成も急速に進んだ。小考はこの「仕法の永久相続論」が二宮尊徳の仕法と報徳思想の形成に深く関わった事実を桜町仕法の歴史的経緯に照らしてながら明らかにしようとするものである。

これまで報徳思想の研究においては、倫理思想研究の分野で、尊徳の樹立した哲学体系そのものに照準を合わせた佐々井信太郎・下畑勇吉氏・奈良本辰也氏らの研究の他、近世近代移行期の庶民思想としての役割に注目する安丸良夫氏の研究があったが、思想形成の経緯については、加藤仁平・内山稔氏によって開拓された研究が岡田博氏へと引き継がれてきた(1)。

一方、戦後になると各地で実施された仕法について、主として社会経済史的関心から数多くの研究が為されたが、そのうち桜町仕法では、上杉允彦・大塚英二・早田旅人氏らの研究がある(2)。大塚氏は桜町領で展開した報徳仕法を北関東の農村荒廃と小農再建の視点から採り上げ、仕法の中核をなす報徳金融の構造と特質を、質地金融制度や領主の金融政策との関連から検討し、上中層に手厚く下層貧農切り捨て傾向のあることを指摘、これを受けた早田氏は、報徳仕法の対百姓認識は農業専念を基調としつつも、当該期に進んだ百姓の階層分解に対応するため、商人・職人・賃労働者という多様な経営を複合的・総合的に編成する政策の形成過程にあることを示した。両氏の指摘は、桜町仕法の理解を進めるうえで有用であったが、倫理思想と社会経済の両分野を総合し、仕法と思想が相互に連関し成長・発展する実体を究明する上では未だしの感がある。

これに対し上杉氏の研究は、桜町仕法の過程のうちに報徳思想成立の契機を追究した稀有な事例である。上杉氏は桜町で実施された報徳仕法とその理念をはじめから完成されたものとせず、実施過程でどう変化したかの追究にねらいを定めた。そのうえで桜町仕法を尊徳の成田参籠事件を境に二期に分け、前半期には伝統的領主的性格が強く、そのため農民の強い反抗があり、尊徳が必死でこれを立て直した結果、後半期には農民を自発的に領主的立場にくみ入れる工夫が凝らされ、柔軟で農民的な仕法に劇的に変化させることに成功し、体制変動期に好都合な報徳思想を生み出したと解釈する。

小考は、尊徳の思想を桜町仕法の初段階から完成されていたものとせず、仕法の展開を通して成長・変化したものと理解する点では上杉氏の論に賛同するが、桜町仕法を前後二期に分け、前半期の領主的仕法が、後半期に劇的に変化し農民的で柔軟な報徳仕法が成立したとする立論には賛成しがたい。「出奔成田参籠事件」は、尊徳が小田原藩の無理解を糾し、仕法趣旨を貫徹させようとする行動であったことは間違いないが、農民の反抗を受け、それまでの仕法の根本原則を変更、質的な転換をはかったとするのは事実に反する。(3)

桜町仕法において、二宮尊徳が仕法と思想を成長・深化させる重要な契機が、文政十一（一八二八）年の「役儀伺い」や文政十二年の「出奔参籠」事件にあったことは否定できない。しかし、それは仕法が農民の反抗を受けて挫折したからではなく、文政八年の凶作・破免の扱いや、桜町への勤番士派遣の仕方、宇津家の新借財などについて、小田原藩との間に意思の疎通を欠いたことや、領民のなかに残る優柔不断さを早急に糺す必要に迫られたからであった。

「出奔参籠事件」後、仕法は尊徳のねらい通り進捗するかに見えながら、実は仕法の仕上げ方について、いまだ小田原藩と最終合意が得られないまま仕法の期限天保二年が迫り来るなかで、領主・領民双方の満足する「仕法の永久相続」について決着をつけることが、きわめて困難な争点となって浮かびあがりつつあった。

天保二年から五年にかけて尊徳は領主の意向如何で、長年積み上げてきた成果が、たちまちに土崩に帰しかねない危機の淵に追い込まれることになった。仕法の打切り・継続、あるいは「仕法の永久相続」をめぐる議論・交渉と併行し、尊徳が仕法を進化発展させ、成長させなければならなかった所以はここにある。その必然的結果として尊徳の仕法と思想は領主的枠組から相対的に「自立」する方向に成長・発展を遂げることになった。小考は、従来の研究が等閑に附してきた以上の点を立証するねらいで、桜町仕法の経緯のなかに報徳思想成立の契機を探るべく「仕法の永久相続論」を採り上げる。

第一節　仕法の打ち切り・延長をめぐる対立

1　仕法期限の到来

二宮尊徳は桜町領（旗本宇津家知行所）の復興立て直しを、宇津家本家の小田原藩大久保家から文政五年以来十か年の期限で委託された。途中、「役儀伺い」、出奔参籠事件などの曲折はあるが、仕法は当初尊徳が掲げた原則に従い、ほぼ一貫した方法で目標に向かって執行され、契約期間が満了する天保二年が近づく頃には、仕法効果は領主領民双方ともそれを認めるほどの進捗をみせた。(4)

しかし、仕法成果の継続性を考えると、期限到来をもって仕法を打ち切るか、それともなお完璧を期するため仕法を継続すべきか、仕法の仕上げ方について、地頭の旗本宇津家と本家の小田原藩大久保家、仕法を委託されてきた二宮尊徳、そして桜町領三か村の領民の意見は大きく別れ、深刻な対立と議論が湧き起こった。

文政十一年の「役儀伺い」提出、翌十二年の出奔事件の混乱が漸く収拾するかに見えた桜町では、宇津家と本家小田原藩大久保家、仕法の依頼を受けた尊徳、そして桜町知行所三か村の住民間に深刻な議論が再発した。領主側は天保二年早々から動きを見せ、同年二月十七日に宇津家家老代田藤兵衛と桜町代官横山司右平、翌十八日には小田原藩代官矢野筈右衛門が桜町を訪問し、尊徳と協議した。(5)その報告がどう為されたかは不明だが、問題解決に手間取るうちに早くも初秋を迎え、七月後半になると小田原藩の江戸詰め郡奉行三幣又左衛門から予定通り仕法は打ち切るとの意思表明が為された。(6)

これは当然、宇津家にも知らされ、宇津家当主は、仕法打ち切り後の暮らし向きについて、公儀へ出勤しないならばともかく、出勤しようとすれば金五〇両ほどは不足するので、家老の代田五左衛門の勧めもあり、あと三、四年は公儀役を欠勤せざるをえないことになろう、との見通しを三幣又左衛門に伝えてきた。(7)尊徳もそうした状況を察知し、仕法打ち切りに危機感を覚えつつ、いざという場合に備え、年末にかけて自家の不動産関係書類の整理などを行ったという。(8)なかで仕法打ち切りをもっとも警戒したのは領民たちで、天保二年十一月九日、三か村の村役人がそろって宇津家に仕法期間延長を出願し、(9)年末近くには小田原藩代官矢野筈右衛門にも仕法延長歎願のため、物井村名主文蔵らを惣代として出府させた。[10] 一方、桜町陣屋では、出願中にもかかわらず、予定の十か年を迎えた祝いの会が催されていた。[11]

2　仕法打ち切りをめぐる混乱

天保三年に入り、仕法延長を訴えていた領民からの問い合わせに対し、小田原藩は知行所の地方支配は予定通り宇津家に戻すが、桜町支援のため拠出してきた「趣法入用米金」（年に米二〇〇俵と金五〇両）はあと五年間は継続支出すると、妥協的な回答をしてきた。領民代表はひとまずこれを受けて帰った。しかし、小田原藩が手を引き仕法が停止された場合、宇津家当主が公儀へ出勤を始めようとすれば年貢の本免復帰（分度の撤廃）は必然であり、桜町領三か村はたちまち昔の疲弊した状態に逆戻りする危険があった。危機感を懐いた桜町領三か村は、同年三月十六日に今度は宇津家に仕法延長の歎願を行った。[12]

これに対し宇津家は、小田原藩の仕法打ちきりの意思は固いから、知行所の宇津家受け戻しは避けられそうにない。ただし小田原藩からの「趣法入用米金」支給はあと五か年は続くから、かくなる上は当主の公儀出勤、その他臨時諸経費のやりくりは知行所住民自体が負担するしかない。この状況を宇津家としてもたいへん憂慮していると回答してきた。[13] ついで宇津家は同年四月にも三か村役人に対し、宇津家にとって本来の望ましい「永続の道」は、①公儀の知行高にふさわしい公務を勤め、家来への扶持米金支給に差し支えないこと。②そのためには知行所から上納される年貢が「本免」復帰を果たすこと。③当主の公儀出仕を控え、安易な免引き下げは認められないとして、領民が以前に提出した願書を返してきた。

これを聞いた尊徳は、前年十一月に領民が小田原藩に出訴した際、小田原藩が仕法期限となった以上、桜町領は宇津家に引き渡すと云ったことを、そのまま「御受け」して帰ったこと自体が重大な誤りだったとして批判し、仕法が停止され桜町領が宇津家に返還され、宇津家の公儀出仕が決まり、そのため年貢の本免復帰が実行させれば、折角積み重ねてきた成果はことごとく失われてしまうと危機感を露わにした。(14) 尊徳の批判を受けた領民代表は急遽、連日集会し協議したが、小田原藩がどうしても手を引くという以上、知行所の努力で仕法を死守するしかないと意を決し尊徳に再報告した。そこで尊徳は、

名主・組頭・惣百姓末々迄、御趣法十ヶ年之間御受取、御知行所村々、何様にも村柄取直、上下安泰永続仕候様致度存候はば、明早朝名主・組頭、惣百姓一同、西久保様御屋敷指図受に可罷出段申渡候

と、領主と領民がせっかく積み上げてきた復興の成果を今後も失わないためには、領民がまず率先して固めた覚悟を、即刻宇津家に訴え、趣法を知行所一同の責任で引き受け「上下安泰永続」をはかるべく、宇津家にもう一度歎願するよう促した。(15)

尊徳の指示を受けた領民は、翌朝まず物井村が歎願のため出発、他の二か村もその翌日に江戸へ向けて発った。しかし、結果としては宇津家はただ領民の意志に任せるとだけ回答したという。[16]尊徳の所には宇津家から、もし小田原藩が手を引いた場合、宇津家が自力で解決することは現実には不可能だとし、宇津家から桜町勤番に派遣している荒井新平とよく協議し問題解決をはかってくれるように要請してきた。宇津家はもはや尊徳の決断に委ねるしかなかったのである。[17]

この間、小田原藩もまた三幣又左衛門が矢野筈右衛門を桜町に派遣し、仕法の打ち切り問題について直接打診したが、協議が進展しないことに業を煮やし、七月二十三日書翰を尊徳に送り、あとはすべて宇津家家臣に任せ、小田原に引き上げるよう説得に努めた。[18]これは仕法を管轄する小田原藩側の責任者の指示であり、仕法停止と小田原藩引き上げはもはや避けがたく、桜町仕法はここに最大の危機を迎えた。

3　仕法打ち切りの問題点

尊徳や桜町領民がこぞって仕法の打ち切りに反対する理由、仕法が停止された場合の問題点は何か整理をしておきたい。仕法の委託を受けた尊徳が、小田原藩ならびに宇津家と協議し、最終的に取り決め契約した文書、「文政六年癸未三月　小田原藩郡方野州村柄立直につき仰渡」は、次の六か条からなる取り決めを行っている。[19]

一、去午年より来ル卯年迄拾ヶ年之間、御知行所御物成、米千五俵余、畑方金百弐拾七両三分余、荏、大豆石代金并夫中間金拾七両余之外は、為御任年限中不及上納候、
一、御知行所入用、為御任米二百俵、金五拾両にて引受、年々致勘定不及候、且又右米金は、御台所より御足被成候米金と相心得可申候、
一、彼地へ引越、拾ヶ年之間は心組之次第一々不及申聞候、且年限中小田原へ引越申付間敷候、
一、御物成御勘定之儀、拾ヶ年之内は、昨午年上納辻を以、米永其外共可被致勘定候、尤荏、大豆石代金之儀は、時之相場次第増減可有之候、
一、格別凶年之年柄は上納辻制外に候、
一、年々割付之儀は、昨午年之通正業を以相渡、尤下ヶ札に増減可有之候、

以上六か条の内容は概ね次の通りである。

第一か条は、仕法十か年の間、宇津家へ納める年貢は、田米千五俵、畑永金百二十七両三分、荏大豆他の小物成代金十七両余を上限とし、超過分の運用は尊徳に任せる。

第二か条は、小田原藩から桜町領入用として毎年拠出する御任米二百俵、金五十両は毎年決算勘定を要しない。尊徳の運用に任せる。

第三か条は、契約期間中、尊徳は桜町へ出張、仕法のいちいちを小田原に伺いをたてるに及ばない。また、小田原に帰還を命ずることもない。

第四か条は、十か年の年貢勘定は、「昨午」（文政五年）を基準とするが、荏・大豆の石代金相場は年々の時相場による。

第五か条は、特別な凶年は「例外」（破免）の措置をとる。

第六か条は、年々の物成賦課は、「昨午」の定免とし、増減の必要ある場合は、「下ヶ札」で示す。

小田原藩は、桜町領への物成賦課について、一部石代金の時相場による変動、「格別」な凶作時の「破免」を認めているが、基本的には「昨午」を基準とした定免を原則としていた。そしてこの原則は、文政八年の凶作について「破免」の扱いが認められずトラブル化した以外は基本的に守られており、その点では、十か年期間中に上杉氏が云うような仕法の質的な変化が起きたという事実はない。

しかし、小田原藩の仕法打ち切りが行われると、いずれはこの原則のすべてが継続困難になる。とくに第一か条の宇津家に上納する年貢の上限額は撤廃される可能性が高い。小田原藩が手を引いた後、どうするかは本来、宇津家自身の問題ではあるが、当主の公儀出仕を目指す宇津家の財務事情から、仕法開始以前の「本免」水準に引き戻される可能性は高い。また、仕法期間中、上限を超過して納められた分は尊徳に委され領内を復興する仕法資金として運用されたが、この資金はすべて消滅する。

第二か条の小田原藩が拠出した「お任せ米金」もいずれは停止され、毎年安定確保されていた仕法資金もなくなる。第三か条の尊徳の桜町駐在も仕法が打ち切られる以上、小田原藩が派遣を継続する理由はなくなる。

つまり、仕法打ち切りは知行所三か村の負担する年貢は元通り重くなり、救済・支援のため投じられた資金はなくなり、仕法の一切を取り仕切った指導者尊徳も失う結果ともなる。そうなれば、復興の途にある桜町領三か村がふたたび疲弊・荒廃に向かって逆戻りする危険にさらされる。これを防ぐには、あとしばらく仕法の継続、期間延長を行う必要がある。これが桜町領民と尊徳が主張していた「仕法期間延長」要求の主旨である。しかし、小田原藩がどうしても仕法を停止するというのであれば、桜町領としてはやむなく領主・領民が一同覚悟しなければ、というところまで追い詰められていた。だが、前述した通り、宇津家自体にその覚悟もなかった。

この時点で、これまで仕法を尊徳に任せてきた小田原藩と宇津家、これを引き受け仕法を執行してきた尊徳の立場とは、真っ向から対立することになった。領主支配の枠組みのなかで進められてきた桜町仕法の具有する矛盾が一気に表出する結果となった。危機に立った尊徳はこれをどう克服するか、あらためて仕法を根本から点検し直し、仕法を裏付ける理念に立ち戻って考える必要が生じた。天保二年以降、天保中期にかけて尊徳の思想が急速に哲学的な深化を果たし、「三才報徳金毛録」に結実するとともに、「報徳金」と呼ばれる独特の金融システムを創案する背景には、こうした「仕法期間延長」問題をめぐる当事者間の深刻な対立があった。[20]

第二節　悟道哲学の深化と報徳思想の成立

1　悟道哲学の形成と不二孝

文政年間の末から天保中期にかけて、二宮尊徳の思想の急成長・急発展が、不二孝導師との交流を重要な契機としていたことを、加藤仁平・内山稔・岡田博、なかんずく岡田博氏が詳細にあきらかにしている。(21) 尊徳と不二孝仲間との交流は、尊徳の桜町赴任からまだ間もない文政七（一八二四）年二月頃から始まる。(22) 文政九年には知行所村で行われた不二孝講筵の講師が桜町陣屋に招かれるほどに双方の関係が深まる。(23) この頃尊徳は不二孝の教議書の一つ「勧善録家宝伝書」を入手している。(24) 豊田正作が桜町に赴任する直前、文政十（一八二七）年十一月には、不二孝指導者小谷三志を陣屋に招き、知行所民にその講話を聞かせ、(25) 翌十一年八月には尊徳自ら宇都宮で開かれた不二孝講筵に出かけ、同月中に知行所内でも三志の講筵が開かれた。(26) 尊徳の桜町出奔の影にも不二孝仲間が見え隠れしている。

尊徳の桜町帰還後、不二孝仲間との絆はさらに深まった。仕法の打ち切り継続論議が闘わされている最中、天保二（一八三一）年八月、桜町を訪れた三志がもたらした「和讃　宇気世とは」は、尊徳の宇宙観、世界認識に強い影響を与えた。これに触発された尊徳は、三志の「和讃　宇気世とは」を修正し、

凡世界に出るもの、一日へんじもさだめなし、
生れては死に、又むまれ、天地開ておはるまで、
水にうかめるちりあくた、見るにつきせぬ浮世ぞや、
その源はひとつなり

と返した。(27) 一見、生成流転するさだめなき現実世界を、卑近なことばで歌い歎くがごとくであるが、そこには、後に「金毛録」をはじめとする各種の悟道草案に見る形而上学的宇宙観成立の原点、初発の契機とも云える世界認識が生まれ出ようとしている。

翌天保三年七月、前述の仕法延長問題で桜町領民の江戸出訴が行われている最中、尊徳のもとに届いた小谷三志の書翰には、(28)

夫天地開て未だとろとろの時、元の母父様の気おこり、
世人始て生ず、故に気を本として体は末なり

とある。これは尊徳の悟道草案にある天地開闢のすがた、物のかたちも区別もない太極、そこに陰陽が生じ、やがて気の運動から人間が発生し、万物造化が進む過程が語られている。その三か月後、

天保三年十月に尊徳に届けられた三志の書(29)にも、

宇宙は世界にし万物住処を言、万物は一元気の流行、気の影顕たる姿にして、実体なきものなり。

此一元気、十二万九千六百を一期として、中山道に出る、地は右廻り、天は左廻り、天道、仁、太極、天極とかわる。

とある。尊徳は、このやや荒唐無稽の感もある不二孝の宇宙観に刺激され、触発されつつ、若き日に学んだ易経や儒教の思弁哲学を合わせ用いることで、天保三年十月頃から十一月にかけて、独自の世界観を形成したと推定する。

同年の「日記」によれば、閏十一月八日から十二日にかけて、尊徳は三志の高弟で下総国井上村の兵右衛門（右行）と野州宇都宮本郷町の米商人柴田屋平八（斗行）という二人の不二孝導師を桜町に呼び、四日間にわたり熟談を重ね、その最終日の日記に、「右両人に三才道五常行手段理解申聞候に付、難有致かんしん」と記している。(30)「三才道五常行手段理解申聞候」とは、仕法を律する根本理念（世界観）とそれを具体化し実践する手段としての仕法とが一体のものとして彼らの間で認識されたということだと解する。尊徳がある「方策」を提起し、その裏付けと成る「哲学」を合わせ説明したのに対し、兵右衛門と平八は「難有致かんしん」したと記している。(31)「金毛録」に結実する「哲学」と、これを実践する仕法「手段」の実践計画とが、尊徳によって直感的に一つに統合された瞬間であり、不二孝仲間もこれに強い賛同の意を表明していたのである。(32)

2　悟道哲学と「報徳元恕金」の創立

「仕法期間延長」問題で苦闘する中、尊徳に新たな工夫が見え始める。前節に述べた通り、尊徳が不二孝の影響下に独自の世界観の形成に向かったと推定されるのとほぼ同時期、天保三年十月九日、江戸の尊徳から桜町陣屋のある物井村七郎次のところに、「永代福貴繁昌、子孫相続事伝授致すべく候に付、去る酉年以来、天慮に預かり候金銀米銭残らず取調罷り出らるべく」との通達が届く。(33)「永代福貴繁昌、子孫相続事」の内容に不明な点もあるが、右の文言に何か新しい施策が創案され実行に移されようとしている兆が窺い見える。

さらに、その約二か月後、閏十一月十二日には、尊徳が不

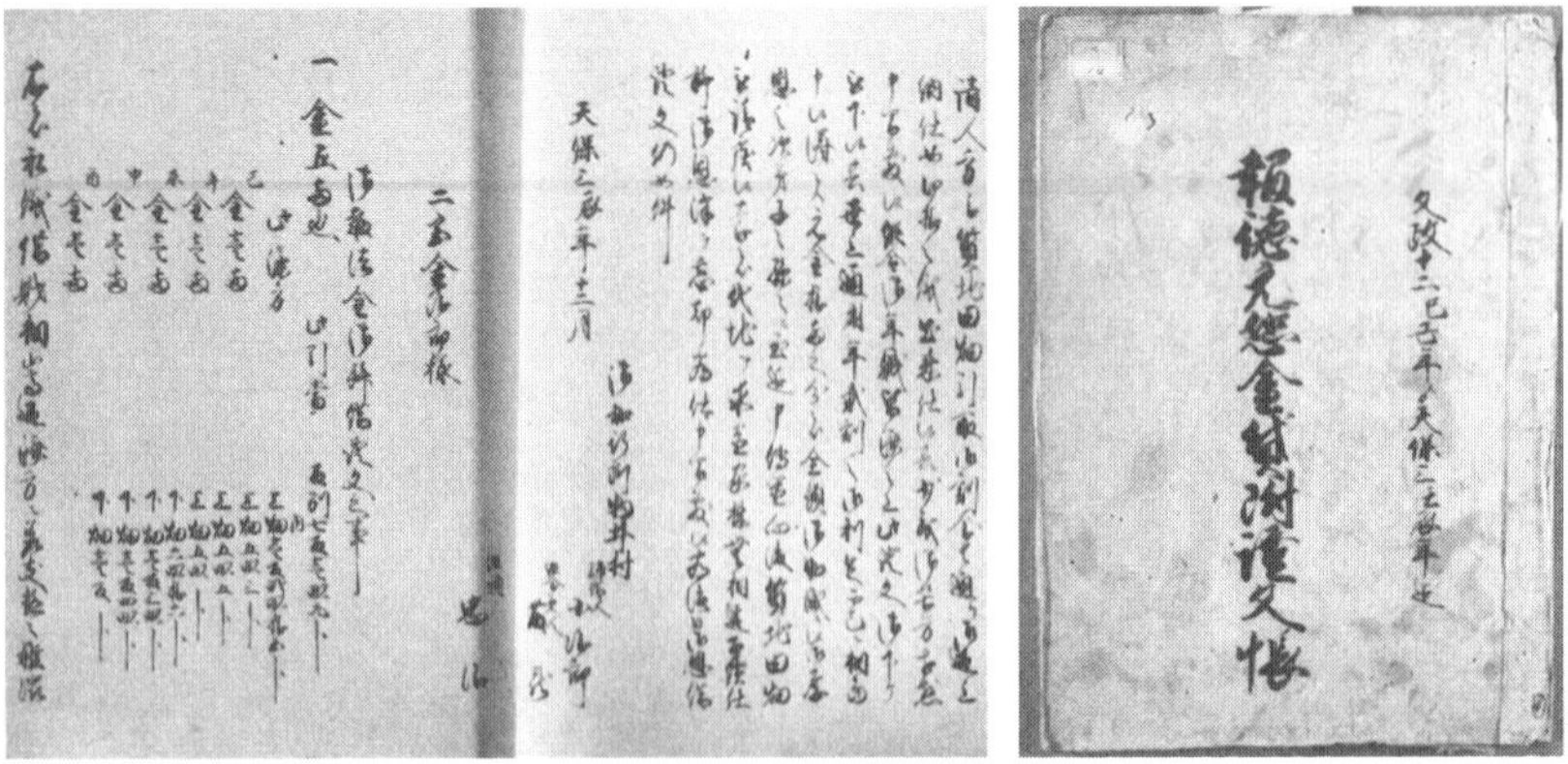

図8　報徳元恕金貸付証文帳（天保3年：橋本惣平氏蔵、栃木県立博物館提供）

二孝仲間の井上村兵右衛門と宇都宮商人柴田屋平八と熟談の末、「三才道、五常行手段」を創案、その手始めに宇都宮柴田屋平八に金弐拾両を「五常行手段金」として貸し与えたことも前述した。[34]

また同年十二月十四日には、「金弐拾五両　七郎次・岸右衛門・忠治・仙右衛門、右者、報徳仁助金相渡候」の記録もある。前述の物井村七郎次を含む四人に対し「報徳」の理念を込めた「報徳仁助金」という新たな「趣法金」の貸付が行われようとしている。[35] 次いで十二月二十日以降、出納帳に次のような記録が表れる。[36]

十二月二十日　金弐拾両　西物井村清右衛門　報徳仁助金之内相渡候
同月二十一日　金三両　西物井村利助　報徳元助金預り
同月二十二日　金四両弐分　東沼村善兵衛　報徳仁助金貸付遣候
同月二十四日　金五両　東沼村佐兵衛　報徳元助金
同月二十六日　金壱両三分　古聖　清右衛門　報徳金弐十両之内十八両壱分相払ひ、残金相納に付、受取
同月二十八日　小田原藩上屋敷、勝股八百蔵方にて、磯崎丹治郎を世話人として、矢野筈右衛門・豊田正作・勝股八百蔵・新井新平、西久保の代田藤兵衛・岡部善左衛門・横山司右平宛に報徳元恕金無利五ヶ年賦貸付、

（傍線、阿部）

このほか、同年の桜町陣屋日記には、十二月に西物井村清右衛門父子三人に「報徳元恕金」三十一両一分の拝借が認められ、五か年間の「普請勤め」で返済することになったとの記録がある。(37)

この経緯を見ると、「五常行手段金」「報徳仁助金」「報徳元助金」「報徳金」「報徳元恕金」と名前こそ変化しているが、尊徳のなかに形成された新たな世界観を背景に、それを実践する「哲学」と「手段」を統合する方策として新たな仕法資金、「報徳金」が創立され活発な運用が開始されていることが明瞭である。(38)

曲折を経ながらも結果として小田原藩は同年末に仕法の五か年延長と尊徳の桜町駐在を容認した。(39)しかし、領主による仕法延長の可否に拘わらず、仕法の永続性確保のため、効果を発揮する仕法資金の産み出し方と貸し出し運用に新しい可能性をもった方策が、桜町領民を核とする自助努力によって創出されようとしていた。たしかに仕法は領主の積極的取り組みの有無に大きく左右されざるをえない。しかし、それを克服し「自立的」に仕法の永続性を守りぬくには、無利息で年賦返済できる豊富な「趣法金」（仕法資金）の確保・運用が必須であり、そのためにも仕法を桜町領を超えて拡大する必要があった。

3　仕法の発展と報徳思想の成立

天保二年から三年にかけて尊徳の仕法と思想が成長・発展を見せた足跡は、ほかならぬ仕法関係記録そのものからも確認できる。全集第十巻桜町領（一）其三、報徳仕法着手に所収される「仕法土台の決定」史料は、尊徳が文政四、五年に桜町仕法を準備し仕法計画を策定、小田原藩に伺いを提出、仕法の仰せ渡しを受ける過程の史料を集めたものである。[40]

しかし、実はその史料のほとんどが天保中期以降、嘉永期までに原本から転写・加筆された部分を含むため、これに厳密な史料批判を加えることで、桜町仕法着手時の仕法と思想を天保中期以降、延長期間に入った時期の仕法と思想に峻別し比較考察することができる。[41]

この史料のうち天保中期以降の変更が加わっていない部分からは、二宮尊徳が仕法に着手した文政四、五年に桜町領の地勢や過去の年貢収納の調査にもとづき、現実的かつ合理的な手法で上納に無理のない年貢水準を見定め、それを超える収納分を領内復興に投下することで荒廃村を復興しようとする、現実的で独創的な仕法計画案を策定、同時に十年後の達成目標を、年貢上納米二千俵による「定免」を桜町領上下（領主領民）「永久相続」の目標水準と構想していたこともあきらかとなる。しかもこの桜町仕法の大原則は、「達成目標米二千俵定免」の一点については、仕法着手時に小田原藩との間で完全な合意をえられなかったため、最後まで問題を残すことになったが、そのほかの事柄については、仕法開始期から天保中期の仕法終了期に至るまで、すべてが揺るぎなく貫徹しており、成田参籠の前後で仕法が領主的なものから農民的なものへ質的に大きく変化したなどという事実はない。

一方、仕法は原則が貫かれほぼ順調に進捗しながらも、仕法の完了予定時期が近づくと、仕法期間終了後の問題をめぐって、仕法を打ち切るか、なお延長するかの議論は深刻なものがあった。領主の支援があるうちは続けられるが、なくなれば挫折するのが仕法ならば、仕法は結局、領主支配の枠組みを脱することはできず、自立できないことになる。これが天保二年から五年にかけて尊徳の桜町仕法が逢着した最大の壁であった。

前の史料のうち天保中期以降に転写・加筆され文飾も加わった箇所からは、文政末年以来、尊徳のなかで成長・発展を遂げた仕法と思想が、新たな様相を呈して表出してきている。それは同じ天保五年頃に成立する尊徳の「三才報徳金毛録」、不退堂聖純の「墾田報徳序」、若林金悟の「若林自脩作文集」などにも見られる「天地開闢」「神国の大道」「天命自然の運数」「往生安楽」などの文言で表現され、「三才報徳金毛録」中の「報徳訓」にある「徳」を譲り「徳」を子々孫々の代まで継承発展させることの大切さを説く言説でもあった。(42)

尊徳の仕法と思想は、天保二年から五年にかけて、着手時に比べると大きく成長・発展し、同じ頃に創始された「報徳元恕金」（無利息報徳金）の拠出・貸付とも一体化し、領主政策の枠組みから相対的に「自立」した「仕法の永久相続」と「仕法の他領拡大」を実現する仕法と思想、すなわち報徳思想として体系・整備された。

ただし、尊徳の晩年（嘉永三年）に門弟富田高慶が著した『報徳論』で明確に定義づけられた「分度論」「推譲論」「人道作為論」は、報徳思想の原型が実質成立したこの段階においても未だ明瞭に表現されるには至っていない。(43)

むすびに

報徳仕法とその根本理念である報徳思想の成立過程を究明するにあたっては、後に成形された思想を遡って適用し二宮尊徳生前の仕法を解釈するのではなく、仕法と思想の成長・発展を促した契機を歴史的過程そのもののなかに探り当てる努力を重視しなければならない。その意味から桜町仕法は報徳仕法とその思想を形成する歴史的契機を探るに必要不可欠な検証の場だといわねばならない。しかし、これまで桜町仕法の何がそれを為さしめたのか、という議論は十分につくされたとは言い難い。

桜町仕法初期十か年の予定期間が終了に近づき、仕法の打ち切り継続論議が激しくなった天保二年から、仕法の五か年延長期間に入り、再度、仕法を最終仕上げするための「仕法の永久相続論」が活発に闘わされることになった天保五年にかけて、尊徳の思想が急速に進化・発展を遂げた事実に注目、報徳思想を成立させた契機の存在を、その歴史過程そのもののうちから明らかにしようとした。

そこで論議された問題は、種々の側面はあっても究極的には、桜町領の上下、領主領民の将来の安泰、永久相続のありかたをめぐる論議であったと云える。尊徳はこの議論を通して領主支配の枠組みに依存するだけでは、すでに獲得してきた仕法成果の永続性も保持しえないという、容易に乗り越えることのできない壁に突き当たることになった。こうした仕法の弱点・限界を克服し、「仕法の永久相続」と「領域を超える仕法拡大」を実現する新たな手段と、それを推進する理念を模索することから、二宮尊徳は「報徳元恕金」の運用システムを創案、それを「徳」の継承発展（徳の推譲）と倫理的に理解し教化普及をはかる実践倫理のモデルとして報徳思想を樹立した。

この仕法モデルは、領主支配から完全自立をめざすものではなかったが、従来の領主的枠組みから相対的に「自立化」するねらいをもったもので、その後、小田原藩をはじめとする諸家仕法のなかでその有効性が試みられることになる。

註

（1）佐々井信太郎『二宮尊徳研究』（岩波書店、一九二七年六月）。下程勇吉『二宮尊徳の人間学的研究』（広池学園事業部、一九七三年二月）。奈良本辰也「二宮尊徳の人と思想」（『日本思想体系　二宮尊徳・大原幽学』（岩波書店、一九七三年五月）。加藤仁平『二宮尊徳全集補遺』（報徳同志会、一九七一年）。内山稔『尊徳の実践経済倫理』（高文堂出版社、一九七八年三月）。岡田博『報徳と不二孝仲間』（岩田書院、一九八五年）。

（2）上杉允彦「報徳思想の成立―桜町仕法を中心として―」『栃木県史研究』（第十四号、一九七七年十二月）。大塚英二「近世後期北関東における小農再建と報徳金融の特質」『日本史研究』（第二六三号、一九八四年七月）。早田旅人「初期報徳仕法の展開―桜町前期仕法における百姓政策を中心に―」『民衆史研究』（五三―六〇、一九九七年五月）。

（3）文政十一年提出の「役儀伺い」から読み取れる辞職願いの主要な理由は次の三点である。①仕法開始三年目（文政七年）に再開発が本格化した時、領民のうちに文書でそれに反対する動きがあり、陣屋の同僚と評議したが意見がまとまらず伺いを立てたが、何の指示もなかった。②翌八年は凶作だったため御救米を下付し、年貢破免を求めたが受け容れられなかった。③他とかけもちの勤番で出世のことばかり考える人物では知行所の立て直しはできない。豊田正作の問題も含め、桜町仕法が何の困難もなく円滑に進められたものでないことは事実である。しかしながら、文政五年に立案、小田原藩から認可された仕法の根本原則はまったく不変であり、それを質的に変化させるほどの強力な抵抗運動が発生したという事実はない。桜町仕法の経緯とその間における仕法と思想の変化については、本書第四章を参照。

（4）仕法の委託・引き受けの過程については、本書第三章、拙稿「旗本宇津家知行所仕法の請負について」『国士舘大学文学部人文学会研究紀要』（第四〇号、二〇〇八年三月）を参照。なお、ここでいう「桜町前期仕法」の実態については、第五章を参照。

（5）「天保二辛卯年日記帳　桜町御陣屋」『全集』第三巻日記、二一二頁。

（6）「天保二卯年七月二十三日　二宮金次郎宛て三幣又左衛門書翰」（『全集』第六巻書翰、一六頁）に、「永続之道は存絶候か、出来ぬといふことはなけれ共、お互に命、其うちにはなく候（中略）道を立て、事をとらせ候と致し候はば、いつ迄もお互いに、くるしみ候のみに候」。三幣又左衛門は桜町領仕法開始時の小田原藩郡奉行で、その後文政十二年当時は江戸詰め郡奉行として、桜町領仕法の責任者であった。

（7）「天保二年八月十九日　金次郎宛三幣又左衛門書翰」（『全集』第六巻書翰、一三頁）。

（8）「田畑本証文並添書控帳」『全集』第十四巻、小田原領、三一四頁。

（9）「仕法年限切れにつき御年継為願　知行所三か村村役人惣代」「天保二年日記」十一月九日の条（『全集』第三巻日記、二二九頁）桜町勤番福山金十郎・荒井新平から宇津家用人代田藤兵衛・岡部善左衛門・横山司右平宛の添書あり。

（10）「天保二辛卯年日記帳」十二月二十五日の条（『全集』第三巻、日記、二三六頁）。なお、「天保三癸辰年日記帳」

三月十六日の条（『全集』第三巻日記、一四二一頁）によれば、願書を預かり追って沙汰するとの仰渡しがあったという。

（11）「天保二辛卯年日記帳」十二月十四日の条（『全集』第三巻、日記、一三二二頁）。

（12）「三か村願書写」（「天保三壬辰年日記帳」『全集』第三巻、日記、一四一一頁）。このとき領民は上納高を三百俵増してもいい、格別の御仁恵をもって趣法継続を願いたいとしている。

（13）「三か村役人一同へ被仰渡書写」（「天保三壬辰年日記帳」『全集』第三巻日記』、一四一一頁。

（14）「天保三壬辰年日記帳」六月二十九日の条（『全集』第三十五巻、雑輯三、四二三頁）。尊徳にことの重大さを指摘された村役人たちは、七月一日から四日間にわたり対応策を協議した結果、仕法を知行所に任せられ、お受けして帰った以上、それを貫徹するしかない、との結論に達した。

（15）「天保三年七月四日金次郎申渡」（「天保三壬辰年日記」『全集』第三十五巻、雑輯三、四二四頁）。ただし、尊徳は小田原藩が仕法から手を引く時、尊徳自身も桜町に関われなくなる可能性があるとの見解も示した模様である。

（16）「天保三年七月八日仰渡」（「天保三壬辰年日記帳」『全集』第三巻、日記、一四四四頁）。

（17）「天保三年七月十日殿様書取」（「天保三壬辰年日記」『全集』第三十五巻雑輯三、四二五頁）。

（18）「天保三年七月二十三日　金次郎宛三幣又左衛門書翰」（『全集』第六巻、書翰一五頁）。

（19）「宇津釩之助様御知行所荒地開発窮民部撫育難村旧復之趣法御土台帳」（『全集』第十巻、小田原領、八〇六頁）所収。本書第三章を参照。

（20）尊徳の思想が、この間どのような成長を見せたかについて、その足跡を仕法計画書類やその背景をなす思想から検討したものとして、本書第四章を参照。

（21）加藤仁平『二宮尊徳全集補遺』、内山稔『尊徳の実践経済倫理』、岡田博前掲書。

（22）「文政七甲申年日記帳」二月二十四日の条、（『全集』第三十五巻、一一九〇頁）。

(23)「文政九戌年中日記帳」二月十日の条、(『全集』第三十五巻、三三一頁)。
(24)「文政九戌年中日記帳」六月晦日の条、『全集』第三十五巻、三四七頁)。なお、「勧善録家宝伝書」の写本一冊が、現在、小田原市の報徳博物館蔵となっている。
(25)「文政十丁亥年日記帳」十一月九日の条、(『全集』第三巻、一三〇頁)。
(26)「文政十一・十二年日記帳」(『全集』第三十五巻、三七三頁)。
(27)「和讃　宇気世とは」『鳩ヶ谷市の古文書第十三集』一一九～一二一頁)。
(28)『鳩ヶ谷市の古文書第十五集』六七頁。
(29)『鳩ヶ谷市の古文書第十四集』四二頁
(30)「天保三壬辰年日記」閏十一月十二日の条(『全集』第三十五巻、四四五頁)。
(31)かつて加藤仁平氏は、報徳思想形成過程における、この時期の尊徳の哲学的飛躍を重視し、「尊徳の第一次思想爆発」と呼び(加藤『全集補遺』七二頁)、それを受けた岡田博氏もその妥当性を評価している(『報徳と不二孝仲間』一八一頁)。
(32)「天保三壬辰年日記」閏十一月二十二日の条、(『全集』第三十五巻、四四八頁)に記される尊徳から宇都宮柴田屋平八殿宛の書翰に、「元丸之内に丸有り、其丸之内に一つ物あり、一つ之内に両輪あり、又其内に一つ含む、是れ天地人之三才具足して、五常行と成る、萬代不朽之道に御座候」とある。前半には商売取引の暗号のようなものもあるが、後半には哲学的な悟りを得たことに発する観相の跡がうかがえる。なお、右と同日の金銭出納帳には、「金拾両　宇都宮柴田屋平八　物井村金兵衛を以遣候、五常行手段金也」(「天保三壬辰年当座金銀米銭出入帳」『全集』第三十五巻、五〇六頁)とあることから、右の書翰には「五常行手段金」と名付けた「仕法金」貸付にかかわる事柄が内包されていたことが確認される。
(33)「天保三年日記」十月九日の条、(『全集』第三十五巻、雑輯、四四〇頁)。

（34）前章2　報徳思想の形成と悟道哲学の深化（1）悟道哲学の形成と不二孝の前註12を参照。
（35）「天保三年当座金銭米銭出入帳」十二月十四日の条（『全集』第三十五巻、五三六頁）。
（36）同右出入帳、十二月二十日〜二十八日（『全集』第三十五巻、五三七〜五四〇頁）、「天保三年日記」十二月二十八日の条（『全集』第三十五巻、雑輯、四五八頁）。
（37）「天保三壬辰年日記帳　桜町御陣屋」（『全集』第三巻、日記、二四六頁）。
（38）桜町陣屋、江戸報徳方、小田原報徳方での「報徳元恕金」の運用が天保十三年を起点として一斉に開始されていることが、全集所収の各地仕法史料によって確認できる。
（39）同註5。
（40）『全集』第十巻、七八九頁。
（41）本書第四章。
（42）本書第九章。拙稿「『若林自脩作文集』の翻刻と補註」『国士舘史学』（十六号、二〇一二年三月）。同「不退堂聖純著『報田報徳序』より見た成立期の報徳思想」『国士舘史学』（十七号、二〇一三年三月）。
（43）富田高慶「報徳論」『全集』第三十六巻、一九頁。

第九章　報徳思想の成立と「若林自脩作文集」

はじめに

二宮尊徳の樹立した報徳思想は、その根本原理を要約した「三才報徳金毛録」が著された天保五年秋頃に原型が成立したとされる。(1)その経緯を考究した加藤仁平・内山稔の両氏は、思想成立の契機を二宮尊徳の桜町出奔と成田山不動堂参籠事件にある、と見る一方、それ以前からの小谷三志ら不二孝導師との交流のうちに、思想成立の前提となる重要な契機が孕まれていたとも指摘する。(2)これを受けた岡田博氏は、尊徳と不二孝仲間との交流は、単に思想面に止まらず、相互の商業取引や尊徳の指導する仕法自体への参画も含む、より広範な協同関係のうちにあったことを指摘している。(3)報徳仕法の研究は、仕法実施地域の社会経済史的研究が進められる一方、前掲の報徳思想成立の経緯に着目する倫理・哲学・思想方面からの研究が併行して進められてきたが、両者を総合する把握はいまだ充分ではない。とくに天保五年に前後する数年間は小田原藩大久保家から請負受託した桜町領（旗本宇津家知行所）での仕法が、初期一〇か年の契約期間を終了し、さらに仕法の永続化が模索されようとしていた時期でもあった（拙稿「旗本宇津家知行所と報徳仕法」(4)）。仕法が直面する課題と、不二孝導師との交流から生み出された効果が、報徳思想の原型の形成にいかなる影響をもたらしたかを問う研究は、当該期の仕法展開を思想史的に読み解く努力とともに、仕法関係者の遺した記録を仕法の展開過程と関連させながら読み直す作業が是非とも必要である。

小考は、報徳思想成立期（天保四〜八年）に尊徳の身近に居て親しく交流した不二孝導師の一人、若林自脩（金悟）の著作「若林自脩作文集」（以下、「作文集」と略称）を読み直しつつ、自脩と作文集が報徳思想の原型（「報徳思想」と略す）の成立に果たした役割について考察してゆく。次に作文集と著者若林自脩に特に注目する所以について述べる。報徳思想の内容を後世に伝える好史料として周知の福住正兄『富國捷径』『二宮翁夜話』や齋藤高行『報徳外記』『二宮先生語録』は、いずれも明治になって執筆刊行されたものであり、またその著作のため使用された記録類も、すべて彼らが尊徳に随身するようになった弘化・嘉永年間以降のものである(5)。次に高弟中、第一人者たることを自他共に認めていた富田高慶が桜町に尊徳をを初めて訪ねたのは天保十年であり、富田高慶『報徳秘録』(6)・『報徳論』(7)も著作年代は嘉永以前に遡るものではない。したがって、それらは

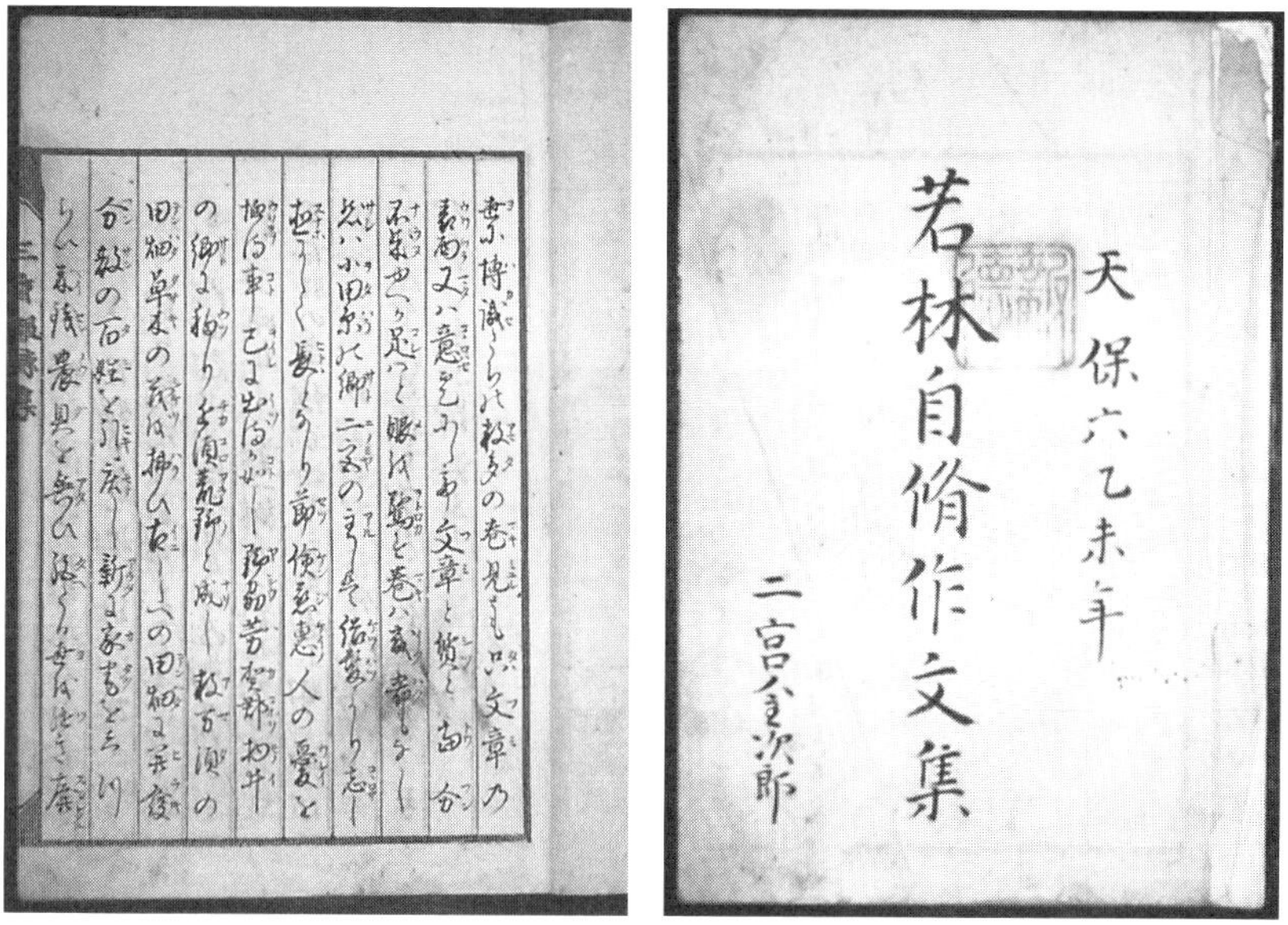

図9　「若林自脩作文集」（報徳博物館蔵）

成立時の原型というよりも、「報徳思想」に高慶らの個性や教養が加わり、整序・整形された報徳思想の姿であるというべきである。

さらに小田原領仕法の萌芽期に同藩報徳方近くに居た豊田正作「報徳教林」や鵜沢作右衛門「深山木」「報徳教聞書」も、前掲三者に比すれば「報徳思想」の原型成立期に近づくが、それとても執筆時期は、天保八年から同十三・四年頃より遡るものではない[8]。したがって、これらは報徳思想の展開、普及に貢献した役割は重視されるべきであるが、いまだ累卵期の思想でもあった原型としての「報徳思想」の実態とは、一応峻別して考察されるべきである。

こうして見ると作文集の著者若林自脩は、「報徳思想」成立期に、尊徳から一面「師」とも仰がれつつ深い思想交流の機会を持ち得た真に稀有な人物であり、その思想形成にもっとも大きな影響を遺した人物の一人であるといえる。そこで著書若林の残した作文集を、『二宮尊徳全集』に収載される当該期の尊徳の日記や草稿類と比較検討し、「報徳思想」の成立過程において、若林自脩とその作文集が果たした役割をあきらかにしたいと考える。

第一節　「若林自脩作文集」と若林金悟（自脩）

作文集の底本は、小田原市の報徳博物館が収蔵する（図9）。『報徳博物館館報』（第3号）所収の「収蔵資料目録その3」によれば、神奈川県指定重要文化財（昭和六十二年二月二十日付）「二宮尊徳関係歴史資料」のうち「二宮家伝来分」に属する。同資料は書状類、仕法書類、書籍類、書画・遺品類の四つに分類され、作文集はそのうち書籍類の番号一二に配架され、所蔵は二宮尊徳曾孫二宮四郎氏とされる。作文集の形状は、縦二四・一センチ、横一六・七センチ、一九丁の和綴じ本で、本文は単辺匡郭の有罫料紙で版心には上下の魚尾と「三才報徳集」の文字が配されている。

作文集は岡田博氏が「二宮金次郎編若林自脩作文集」の表題ではじめて『小谷三志門人著作集Ⅱ』に翻刻紹介し、(9) さらに『報徳と不二孝仲間』でも著者若林自脩について詳述されたことで夙に知られるところとなった。[10] しかし、同氏以後は、作文集は論究される機会も少なくなり、作文集が「報徳思想」成立にどう関わったかを具体的に論じた事例を知らない。

岡田氏は、右の『小谷三志門人著作集Ⅱ』解説「若林自脩・若林金悟」で次の通り述べている。水海道市十家に文政元年十月に建立された若林金悟頌徳碑によれば、若林自脩は本名金吾、小谷三志門下で下総水海道地方三俊才（他の二人は、頂行三達と釜屋忠八）の一人。天明三年羽州最上郡長崎（山形県東村山郡中山町長崎）の生まれ（生家若林治兵衛家も現存する。天明七年生まれの尊徳より四歳年長）。若くして遊学、下総中妻村に立ち寄り、村民から慕われ、引き留められて同村塚原家の名跡を継いだ。惣右衛門を称し、その後、不二道の鳩ヶ谷三志に心酔、高弟となって欽行三悟を称した。

作文集に「若林自脩誌」とある通り「自脩」と号した。作文集執筆の天保五、六年頃は五二、三歳と推定される。自脩は天保四年から八年にかけて二宮尊徳の桜町陣屋（下野国芳賀郡物井村）に寄寓、尊徳に近侍し著作活動を補助した。[11] この経歴からすれば、作文集は、「報徳思想」の成立過程を探るうえで、きわめて重要な位置と役割を持つものと言える。

第二節　著者と編者

『小谷三志門人著作集Ⅱ』では、作文集を「二宮金次郎編　若林自脩作文集」の表題で紹介している。(12)著者は若林自脩、編者は二宮尊徳との見解である。作文集では三か所に編著に関わる紀年と署名がある。表紙に「天保六乙未年　二宮金次郎」とあり、巻頭の「報徳の奨め」（翻刻文参照）には末尾の「跋」に「天保六旃蒙協洽霜月　若林自脩誌」と、巻末の「飲酒の戒め」には、「天保五甲午夏六月　若林自脩撰」とある。作文集所収の文章のうち「報徳章句補註」のみ年代も署名もない。これらの記載や書名から見て、作文集は天保五年夏から同六年冬にかけ若林自脩が著したものを、尊徳が天保六年末から同七年かけて編集したと推定したものであろう。

岡田博氏は前掲『小谷三志門人著作集Ⅱ』で、作文集を「乗船現量鑑序」「跋」「報徳訓註解」「酒頌論」の四つに分け、それぞれに表題を付している。この分け方と表題の当否はともかく、性格の異なる文章を一つにまとめ、「若林自脩作文集」と名付けたところに、著者とは異なる編者の存在を見て、表紙ウワ書にある「二宮金次郎」と合わせ考え、尊徳を作文集の編者と想定したものであろう。

前述の通り、尊徳自作でない作文集が、「尊徳ゆかりの書」としてご子孫宅に「二宮家伝来之本」として長く保存されてきたということは、尊徳生前の同書に対する扱いと無縁ではない。「報徳思想」の成立過程に作文集が果たした役割を誰よりもよく承知していたのは尊徳自身であり、そのうちに自らの「報徳思想」の基本ともいうべき貴重な典拠のいくつかを見出していたからであろう。それゆえに、尊徳はこの書を長く身近に置き続けていたのである。尊徳と著者の間に作文集をめぐりどんなやりとりがあったか直接記すものはない。しかし双方共感しあうものがなければ、「若林自脩作文集」の編集を尊徳自ら行い、表紙ウワ書に「二宮金次郎」と記すとは思えない。尊徳が自ら言いたいことを若林自脩に書かせただけだ、と解釈もする向きもないとはいえない。しかし、それではわざわざ「若林自脩作文集」と表題する意味あいがない。執筆以前に、尊徳と若林自脩の間で仕法と基本理念についての談論が為され、その上で尊徳の意志を忖度した若林自脩が、自からの言葉で論述したところに、作文集が生まれた所以があると考える。

第三節　「報徳の奨め」

「報徳の奨め」（翻刻にあたり翻刻者岡田氏の付した表題ヵ）は、作文集巻頭にある文章である。「小谷三志門人著作集Ⅱ」では、作文集表紙ウワ書の直後に、「乗船現量鑑序」という表題を加えている。これは底本になく翻刻者が加えたものと推察されるが、「報徳の奨め」を通覧しても「乗船現量鑑」という特定の仕法書に付す序文ではないことは、あきらかである。

次に「報徳の奨め」の内容を、翻刻文に加えた段落番号（翻刻文参照）ごとに検討したい。

1の段落は末尾に「序に添誌畢」とある通り、「報徳の奨め」の序であるが、その内容は冒頭の「世《ヨ》に博識《ハカセ》たちの数多《アマタ》の巻《マキ》、見《ミユレ》とも」から始まり、「二宮氏の為所《ナストコロ》の如《コト》きは寥乎《レウトシテ》 聞《キクコト》なし」の文言を受けるまで、尊徳の稀有な徳行を称讃し、「其仁徳を嘉し」推奨する目的で執筆されていることが明確である。とくに「乗船現量鑑」の序としてのみ書かれたものではない。

これに対し、最後の段落11の「跋」は、「報徳の奨め」全体を締めくくる「あとがき」に当たる。「跋」は冒頭に、「二宮氏、志道以来、悪衣悪食ヲ恥ルコトナク、深ク先哲之集義ヲ慕ヒ、実学ヲ好ミ、能心術ヲ明ラカニシテ、躬《みずから》ノ行ヲ修ム、其真タルコト温和ニシテ、慈愛物ニ及ヒ、實ニ愷悌《がいてい》之君子ト可謂乎。」と、二宮尊徳の徳の高さを推奨する。ついでその教えを普及させるため、「報徳玩恕ノ一巻ヲ著シ、教喩ヲ世ニ残サント欲ス。同藩之諸士以テ泛ク族人《ゾクニン》ニ頒ケ与ントス」と言い、また「此巻ヲ覧者、発明シテ以テ終身亀鑑ト為サハ、則チ以テ恩ヲ報ヒ、徳ヲ謝スノ基ヒト為ルニ足ル」と述べる。

桜町領仕法の延長をめぐる小田原藩との交渉は、天保二年末から始まり同五年八月～十月頃、小田原藩派遣の鵜沢作右衛門・横沢雄蔵が桜町を訪問して重要な段階にさし至った。このとき尊徳は桜町領仕法の永続のため仕法を桜町領内に止めず、小田原藩はもちろん、仕法を希望し桜町を訪れる周辺他藩領に拡大する構想を開陳し、小田原藩も早急にこれを採用、実施に移すことを求めた(13)。したがって文中の「同藩之諸士」は、小田原藩と鵜沢・横沢ら同藩諸士を指している。作文集の「報徳の奨め」の文章は、拡大を図ろうとする仕法とその基本精神（「報徳思想」）を小田原藩を通し広く世間一般に喧伝普及させようとする意図で執筆されている。文中に「報徳玩恕ノ一巻ヲ著シ」とあるのは、「報徳玩恕金」の運用融通を軸に推し進めようとする仕法とその基本思想の説明書、すなわち「報徳の奨め」そのものを著作したことを指す。「乗船現量鑑」同様、何か特定の一書を取り立てて推薦するものではなく、「報徳の奨め」が尊徳の仕法とその精神「報徳思想」を推奨・普及させるためのものであったことを示す。

次に2～10の各段落について、「報徳の奨め」の主張の細部を検討してゆきたい。

まず2の段落では、冒頭の「天地別《アメツチワカ》れ生民降《セイミンクダ》り、田畑開発《テンハタヒラケ》すんは、何《ナニ》をもって生《セイ》を養《ヤシナ》ひ、見事安楽《ミコトアンラク》に世《ヨ》を送《ヲク》らんや。」から、「生《セイ》を養《ヤシナ》ひ見事安楽《ミコトアンラク》に世《ヨ》を送るといふとも、帝王《テイオウ》・将軍在《ショウクンマシマサ》すハ、何をもって天下太平国土安穏《テンカタイヘイコクドアンヲン》に治《ヲサマ》り給《タマ》ハんや。」に至る迄、天地創造・万物造化の世界観に基づき、帝土（天子）と将軍の存在なくしては「天下太平国土安穏」の世はありえないとし、天子・将軍の仁政への報恩思想が語られる。「天地開闢」「萬物化生」の思想は、尊徳が経傳から学び、後に「三才報徳金毛録」の巻頭をも飾る重要なファクターともなる尊徳の基本精神の一つである。だが、若林自脩はそれをみずから信奉する不二道の指導者鳩ヶ谷三志の教書「抑々御法家のはじめは」（文化八年九月五日）の報恩思想に合わせて語ろうとしている。(14) これは右の教書の、

地に帝王・将軍ましまさずば、何を以天下泰平、国土安穏、五穀成就をいのらせ給ふ方もなく、

或は乱るゝ、世を治め、功あるを賞し、罪あるを罰し、或は盗賊火災等の横難をしづめ、亦は水損旱損のうれいをも御救ひ被下、荒場までも御修復被下候。打続及荒年候へば、天子みづから御身の不徳を責て、万民の為に天ゑ御祈のある事にて、申も恐おほきことなり。かやうの御仁政御政道なくば、何を以て天下一日もおさまり可申、亦国家に主親のやしなひなくば、人間出生しても何のちからにて人となり可申や。

の文言とまったく符合し、

天子天日の御仁徳御武徳以、世を治め給ふ故に、当時の如く世の中静謐にして、夫々のみちみちわざわざをも習ひ得て、安く世を渡ること、其主人主人、親々迄も、かやうの御静謐の世に生れあはせたる故なれば、みな天子天日の御恩なり。

とも同じ精神に立脚している。先の自脩の文章は、これらの教義を踏まえての論述と考えられる。しかも文章が、作文集の「報徳の奨め」の冒頭を飾る要所に掲げられたことは、このことについて自脩と尊徳との間で、互いに深く共感し合えるものがあったこと、自らの思想信条としても、これを重視する意志があったからにほかならない。

段落の2には、もう一つのテーマがある。

段落中、「斯《カク》目《メ》出度《テタキ》時節《シセツ》に生《ムマ》れ合《アハ》せ、唯徒《タヽイタツ》らに月日《ツキヒ》を送《ヲク》るは、無勿躰事《モツタイナキコト》にあらすや。」「奢《ヲコル》もの久《ヒサ》しからす、倹《ケンナル》もの昌久《サカヘヒサ》し。実《ゲ》に定無人《サタメナキヒト》の身《ミ》の上《ウヘ》、壱民譟立《イチミンサワキタツ》れハ四民揺《シミンウゴ》く。一季順和《イツキジュンハ》ならされハ、五穀実法全《ゴコクノミノリマッタ》からす。一夫《イツプ》昳《タカヤサ》されハ壱人飢渇《キカツ》に及《ヲヨ》ふ。」の文言は、「太平」の世を言祝ぎながらも、もし天候に異変があれば五穀実らず、たちまち飢渇に及ぶ危険があることを指摘し、太平安穏に感謝するとともに、油断なく節倹に勤めることを奨める。なかで「壱民譟立《イチミンサワキタツ》れハ四民揺《シミンウゴ》く」の文言は、直前、天保四年の飢饉時に惹起された民衆蜂起を想起させる記述で、治にあり乱を忘れぬ非常の備えを身分の上下にかかわりなく期待するものであるが、そうした危機意識も「報徳思想」を生み出す底流にあったことを示している。

3の段落も、「遠《ト》き慮《ヲモンハカ》りなけれは、必近《カナラスチカ》き憂《ウレヒ》あり」を敷延し日常の備えの大切さを諭す。「朔旦禮せつんは公儀空し」は、人は必ず公的負担（年貢諸役等）の勤めを果たさねばならず、それを年初から忘れずに心懸けることの大切さを述べる。百姓の生活再建は、生産の再生と共に公租負担の問題を回避せず、領主財政の再建も同時に果たすことを目標とし、それを矛盾したことと考えないのが「報徳思想」の持つ重要な特質の一つである。

とはいえ、4の段落冒頭の「二宮の主しハ、公《オホヤケ》に忠《マメ》なるかたにて」は、単に領主に対する忠誠のみを述べたものではない。続く文章に「世《ヨ》の人々の浮沈有事《ウキシツミアルコト》を深嘆悲《フカクナケキカナシミ》」とある通り、「忠」の字にわざわざ「マメ」とふりがなして、世の「公共」のため常に腐心し、人々の暮らしぶりにつねに気を留めていることを指している。

著者はこれに続けて、人の暮らしは「みな何《イツレ》も上中下《シヤウチウケ》之次第《シタイ》なくて叶《カナハ》ぬものなれハ、其《ソノ》上中下之次第《シタイ》によって、各其分量《ヲノヽソノフンリヨヲ》を知り、弁《ワキマ》へさせん為《タメ》の操鏡《ミサオカヽミ》なり」といい、自分の暮らしの分限を心得るには、尊徳作成の「乗船現量鑑《シヤウセンケンリヨウカヽミ》」という仕法書がたいへん有効であるという。「乗船現量鑑」は、「諸人耕種業《シヨニンナリハヒ》をして、止住《スカシイ》る土地《トチ》の上中下《シヤウチウケ》を、九品《クホン》の浄土《シヤウト》に昵近《ナツラ》ひ、乗船現量鑑《シヤウセンケンリヨウカヽミ》と題号《ナタイシ》たる」と説明する。「九品の浄土」はもとは仏教用語であるが、ここでは人々の暮らしに上中下の差があることを一応容認したうえで、人はすべからく自らの生活の実状（分限）をよく弁え、実情に即し適切な暮らし方をしなければならないと説く。「乗船現量鑑」はその方法を具体的に計算書として指し示すものである。

「九品の浄土」になぞらえたことから、「乗船」とは極楽往生した者が浄土で座す蓮台に「乗る船」を暗示させたのかもしれない。仕法書としては「常船」と書くものもあるが、大意は変わらないであろう。「現量」は現実の生活条件を指し示す指標、すなわち分限を意味し、特に土地の上下、反別の広狭、借財の有無などを示す。「鑑」は我が身をうつす手本（模範）である。総じて現在の生活の実情から将来の暮らし向きを予測計算させ、倹約を心懸けさせるための指針や手本と言える。

全集第一巻原理編にも、「乗船現量鑑」が所載されるが、紀年はなく成立年代は不明であり、ここで取り上げられる「乗船現量鑑」との異同は判然としない。「乗船現量鑑」あるいは「常船権量鏡」など類似した名称を持つ仕法書は、全集の小田原や下館などの仕法中に見られる。一方、日記類を見ても天保十五年正月頃、尊徳がそれまでに作成した仕法関係書類を整理した目録中に「常船権量

鏡　弐冊」の記載がある（「弘化元年日記」『全集』第四巻、一〇頁）。だがこれも内容の異同について不明である。いずれにせよ現在の暮らし向きの上中下を酌量し、節倹勤め方の善悪を反省させ、将来の暮らし向きを予測させるための手本であり、尊徳がこのころから作成し、仕法指導を依頼する人に示し、普及させようとしていたものである。

天保四年末に桜町陣屋を初めて訪れた自脩は、その頃これらの書類に触れる機会があったと推定する。「実《ゲ》にも天明《ヲモシロ》く編綴《アミツヽリ》し」とは、その折の率直な感想だろう。「乗船現量鑑」を評し、「三世通達《サンセイツウダツ》の鏡《カヽミ》」とも言っている。「三世」とは、「観無量寿経」で過去・現在・未来を謂う仏教用語で、同じ頃尊徳が執筆した草稿と推定される「三世観通悟道傳」には、天地造化輪廻の運行のなかに、これを暗示する「春夏秋冬輪廻観通鏡」「晝夜一圓鏡」「貧富輪廻観通鏡」「生花実種輪廻観通鏡」など多種類の鑑類が表現されている。[15] これらから看取される「混沌」「開闢」「輪廻」の構想は、その後、「三才報徳金毛録」の根本理念として引き継がれてゆくが、この点についても尊徳と自脩のあいだに認識の共有があったと考えられる。

段落5は、前段落で述べられたことを敷延し、人は「富貴《フウキ》」「貧賤《ヒンセン》」さまざまであるが、いずれもその分限をよくまもり、心を正し身を修め家を斉えれば、「高《タカフ》ふして危《アヤウ》からす、卑《ヒキク》して易《ヤス》し」と、報徳仕法の精神に従い生きれば貧富や身分の上下にかかわらず将来への希望を持ち得ることを述べている。

段落6は、冒頭に「一國《イッコク》を持主《タモツアル》しニても、又《マタ》は僅《ハツカ》なる家《イエ》の主《アル》しニても、真実心誠《シンジツシンセイ》に頼《タノ》ミにする明《アキラ》らかなる鏡《カヽミ》と云《イウ》ものかなければ」と述べ、「報徳仕法」が大名から庶民に至る迄あてはまる差別のない教えであるとしている。段落5と合わせ、「報徳思想」が身分の上下・富貴貧賤に拘泥せぬ教えたろうとする考えを、成立の原点から明確に保持していたことを示している。

段落7は、再度「現量鏡」を引き合いに出し、「深《フカ》き志《コヽロサシ》ある輩《トモカラ》は、呉《クレ》々も現量鏡《ケンリヨヲカヽミ》を身《ミ》の立柱《タテハシラ》として克《ヨク》々発明《ハツメイ》いたし、此教《コノヲシヘ》の入直《ヨコナイ》を子《シ》々孫《ソン》々江伝《ツタ》へ残《ノコ》し給《タマ》ふべし」と、「乗船現量鑑」を手本に生活の設計を行い、百姓経営を立て直すことを推奨している。この段落中、注目すべきは、「報徳元恕《ホヲトクゲンジヨ》金《キン》」についての記述である。「桜町陣屋日記」には、天保三年十二月、野州芳賀郡西物井村七郎次に、「報徳元恕金」を準備ためのことが命じられていたことの記載がある。(16) これが「報徳元恕金」についての初見である。ついで同月二十八日、江戸の小田原藩上屋敷でも同藩士ならびに旗本宇津家家中を対象に「報徳元恕金」貸付けが開始されていた。(17) これは前述の小田原藩への仕法拡大と密接に絡んで行われたことである。「乗船現量鑑」を手本として自家の暮らし方を見定め、再建支援金として「報徳元恕金《ホウトクゲンジヨキン》」の貸付を展開する。幸い（「天道《テントヲ》利運《リウン》の福《サイワイ》」）にして自家の再建が成れば、生まれた剰余を再び「報徳元恕金」に再投入し、他の人の生活再建を助けて行こうとするのが「善根報《ゼンコンホヲ》徳《トク》」であると説明する。

天保三年十月九日に、尊徳が江戸の西久保宇津家屋敷から野州物井村の七郎次へ送った書翰に、「態々致気達候儀は、御本家より村柄取直し御救御年限も相済候間、猶又相改、永代福貴繁昌子孫相続事可致伝授候に付、去酉年以来預天慮候金銀米銭不残取調可被罷出、仍而気達如件」とある。(18) 小田原藩から委任された仕法が終了するのを機会に、これに代わる新たな「永代福貴繁昌子孫相続事」を「可致伝授候」と言っている。これが前掲天保三年十二月の「報徳元恕金」につながるものであることはあきらかであり、自脩が初めて桜町陣屋に尊徳を訪問したのも同年同月十一日であり、まさに「乗船現量鑑」と「報徳元恕金」が尊徳独自の仕法永続システム（「報徳仕法」）として誕生しようとするその時であった。実際に執筆した時期はやや後であるとしても、その時見聞した「乗船現量鑑」と「報徳元恕金」の貸付仕法が、「報徳の奨め」を執筆する動機と成ったことはもはや疑いをいれない。実際に執筆するまでには、自脩と尊徳をはじめ仕法関係者との交流がさらに深まり、自脩自身も仕法に参画するようになり、主体的に「報徳思想」形成の一翼を担わんとするまでになって行ったと推定される。

続いて仕法書の一つ「田畑開発《カイホツ》委積《イセキ》雛形《ヒナカタ》」が紹介される。報徳元恕金を用い荒田を再開発する計画書である。「其村里《ソノムラサト》の名主《メイシユ》より地頭《ヂトウ》領主《リヨヲシユ》の役人《ヤクニン》江申立《モヲシタテ》、絶《タヘ》たる世《ヨ》を継《ツ》き廃《スタレタル》を興《ヲコ》し、単父《タンホ》の百姓《タミ》に立直《タテナヲ》し候か、天子《テンシ》天下《テンカ》将軍《シヤウグン》の忠孝《チウコウ》也。」と述べ、荒地の再開発が領主にとっても国益であることを述べる。報徳元恕金の資金を生み出すには荒れ地の開発が必要であり、田畑荒れ地の再開発が進めば報徳元恕金の原資の確保も可能になる。そのためにも仕法地の他領拡大が必要となっていた。「報徳思想」の成立は、天保五年頃、尊徳が抱えていた仕法課題の歴史的条件と密接に関連して樹立された理念である。

段落８は、仕法にまず一歩踏み出す決断の重要性を説くが、『論語』や『老子』から典拠を選び論を進めるところに若林自脩のもう一つの個性がある。経書より引用する章句で「報徳思想」を補註した自脩の作品、後掲翻刻文の「報徳章句補註」が作文集に収録されたことからも、はじめ尊徳が自脩に期待したところは、この点にあったとも想像される。

段落9の「儒仏神《ジユフツシン》の三道《サントヲ》〜一言一法《イチケンイツホヲ》に帰集《キシウ》す」は、前掲小谷三志の「抑々御法家のはじめは」に、「世にある所の神儒仏の三ツの道にもか丶はらず、唯天地世界の其長たる三光を拝し、人間の長たる天日の御恩をおもんじ、人家の長たる主親の恩義を学ぶ事を第一と教ゑ伝えるもの也」（「小谷三志著作集Ｉ」『鳩ヶ谷市の古文書』第十三集）とあるように、儒仏神の三道の教えもすべて「人間の長たる天日」「人家の長たる主親」の「恩義を学ぶ事」の「一言一法」（「御法家」の本義）に帰すること、換言すれば儒仏神三道に通底する「報恩」「謝恩」の思想について述べたものであり、これも「報徳思想」の基本要素のひとつであった。

また、「田畑《テンハタ》次第《シタイ》に荒野《アラノ》となり、百姓《タミ》分散《フンサン》して竈亡滅《カマトホヲメツ》するは、必《カナラス》其時《ソノトキ》之役人《ヤクニン》の政事方《セイジカタ》の行届《ユキトヽ》かさる故《ユエ》ならんや。」は、田畑の荒廃、百姓経営の悪化という現実を自然の原因や百姓の怠惰に帰することなく、当時の役人の施政のうちにこそ素因が有るという見解であり、「報徳思想」が有する基本スタンスや現状認識の重要な側面を示している。

段落10は、冒頭に尊徳の「春の野に芽《メ》たつ草木《クサキ》を能観《ヨクミレ》ハ、去《サリヌ》る秋《アキ》に登《ミノ》る種々《タネ》」の歌を掲げて、「善《セン》の種《タネ》を植《ウヘ》れは、福《サイワイ》来《キタツ》て身家《ミイヘ》を潤《ウルヲ》し」という万物造化輪廻の理を述べつつ、「大聖孔子《タイセイコウシ》の教道《キヤウトヲ》」「釈《シヤク》尊《ソン》の教化《キヤウケ》」「天照大神《テンシヤウタイジン》の託宣《タクセン》」、すなわち儒仏神の三道もすべてこの歌に帰一するという。そして最後に「二宮氏の綴《ツヽ》りし此《コレ》四《ヨ》巻《マキ》も、右《ミギ》の理《コトワ》りにして外《ホカ》ならす」と結論づけるが、「二宮氏の綴りし此四巻」が具体的に何を指すか、かならずしもあきらかではない。既出の「田畑開発委積雛形」「乗船現量鏡」「報徳元恕金雛形」や作文集中の一書である「報徳」である可能性もあるが、確定できない。

「春の野」の歌は、「天保五甲午年日記帳　桜町御陣屋」（『全集』第三巻）の八月十三日の条に、尊徳が小田原藩家老早川茂右衛門へ送る文書に、自作の「種生花実輪廻図」（不退堂筆）を添えて送ったとあり、そのなかに「蒔米種　生米草　咲米花　結米実。蒔麦種　生麦草　咲麦花　結麦実」（後に「三才報徳金毛録」中の「因果輪廻之解」に加えられる）の章句があり、それにこの「春の野」の歌が添えられ、「謹付有性無情之草木、無出春夏秋冬間、能慮種生花実、於為輪廻因、善悪之種生、亦復如此與哉」の文章が付されたことが記されている。[19] このことから段落10の文章、ひいては「報徳の奨め」自体が天保五年八月以降に書かれたと推定される。また前掲日記帳の七月八日の条に、「江戸龍ノ口並に細川長門守様御内中村玄順方へ報徳訓と申題号、両方へ為問合、手紙相渡差遣候」とあり、これは日記上における「報徳訓」の初見でもあることから、「春の野」の歌は「報徳訓」が制作されて間もなくできたと推定される。[20] この歌がその思想や心境において「報徳訓」の精神と深く共鳴するところがあることを著者の自脩はよく理解したうえで、ここに引用したと考える。

しかも、同じ天保五年八月十五日、即ち「春の野」の歌が早川茂右衛門に送られた二日後の日記に、尊徳が宇都宮宿芝田屋平八に送った書状の写が記されており、その冒頭に「報徳」とある。この頃、形を成しつつあった章句は「報徳訓」、あるいは「報徳」と記され、各方面に送られ意見聴取が行われていたと推定される。右の芝田屋平八も不二孝導師の一人と目されるが、同人に送った尊徳書状の尚々書きには、「欽行先生へも宜敷相願申候、何程手間取りても、只々無事相成候事而已相待居、若又三志先生も御地へ御入候は丶、宜敷願候」とあり、尊徳が「報徳」について、「欽行」(自脩)や三志の意見を聴こうとしていた様子さえ看取できる。日記の続きを見ると、この日、宇都宮に赴き宇都宮藩士和田惣兵衛から仕法の相談を受けていた欽行(自脩)は桜町に戻り、陣屋には尊徳のほか「不退堂・欽行・三志倅和吉」らが勢揃いした。尊徳を中心に「報徳」をめぐる議論が弾んだことは間違いない(21)。

以上の経緯と「報徳の奨め」の末尾にある「天保六旃蒙協洽」の紀年から、「報徳の奨め」の文章は、天保五年八月頃から翌天保六年冬頃までに執筆され、単独で早速、小田原藩を中心に普及拡大を目指す「報徳思想」の喧伝に用いられた可能性がある。一方、作文集の表紙ウワ書に、「天保六乙未年」とあることから、執筆後まもなく作文集として一冊にまとめられたことも考えられる。さらに自脩は、その一年半後の天保八年五月頃に病いで倒れ、水海道の中妻村に戻ったが、やがて桜町との音信も途絶え、尊徳はそれをたいへん惜しんでいだともいう(22)。自脩の去った後に、尊徳が自脩を偲んで作文集を編んだ、という見方も成り立ちうる。

第四節　「報徳章句補註」

作文集に収録されている「報徳章句補註」には、それを執筆した年月は記されていない。しかし、前節に述べた通り桜町陣屋日記によれば、天保五年七～八月頃に作成された「報徳訓」あるいは「報徳」の草稿が、尊徳書簡で各地に送られ、意見の聴取が行われた形跡が残されている。天保五年七～八月頃までに「報徳訓」あるいは「報徳」の草稿が、いくつか存在していたことも否定できない。その際、草稿に添書された尊徳作の「春の野」の歌が、作文集の「報徳の奨め」にも引用されることから、「報徳の奨め」の成立は早くても天保五年秋以降であると推定されることは前述の通りである。

『全集』第一巻原理篇の巻頭に収録された「三才報徳金毛録」中に「報徳訓」と「報徳訓解」があることは周知のことであるが、(23) 原理篇にはほかにも「報徳訓」「報徳訓解」と称する草稿段階の文章がいくつか収録されている。(24) そのうち五四四～五頁にある「報徳訓」と「報徳訓解」については、編纂者がわざわざ「金毛録中に見ゆるも報徳訓の成立の順序を示す為に再録す」と注記している。つまり「三才報徳金毛録」収録の「報徳訓」と「報徳訓解」の成稿前、まだ草稿・推敲段階の状態を示すために収録したとされているのである。この草稿段階の「報徳訓」は「三才報徳金毛録」収載の「報徳訓」と大略は近似しているため編纂者も「三才報徳金毛録」中の「報徳訓」の成稿前段階の草稿として収録した。しかし、この草稿段階の「報徳訓」と「金毛録」収載の「報徳訓」とは、文字使用の面では多くの相違があり、「三才報徳金毛録」収録の「報徳訓」は、当時、桜町に寄寓していた京都の書家不退堂の好みや考えで手を加えられ、修正、浄書されていたことが指摘されてきた。(25)

そこで作文集に収録された自脩作の「報徳」を見ると、「三才報徳金毛録」収録の「報徳訓」とは多くの違いがあるが、草稿段階の「報徳訓」と比べると、一点を除きほとんど近似していることが分かる。(26)違いは、草稿段階の「報徳訓」の各章句一つひとつの末尾に「徳」の字が書き加えられているる点と、もう一つは五番目の章句で、草稿では「吾身富貴」としているところを、自脩の「報徳」では「我躬富貴」としている点だけである。

もし自脩の「報徳」が「三才報徳金毛録」成稿後に執筆されたとすると、完成浄書されたものに後からまた筆を加え変更して解説することになり、不自然極まりない話しになる。これは「三才報徳金毛録」収録以前、まだ草稿段階にあった「報徳訓」あるいは「報徳」を敷延し解説するため、自脩が経書類から章句を選び出し補註を加え、合わせて各章句に「徳」の字を加えたと見るのが妥当である。前述した経緯からして、その時期は自脩の天保四年桜町陣屋寄寓（天保四年十二月）以降、天保五年の秋頃までの間と考えられるが、議論や構想段階はともかく、「報徳訓」の最終的な詰めの作業に近づいた時期を想定すれば、執筆時期は天保五年の春から夏の間と推定される。

若林自脩が経傳に関する素養を有していたことで、尊徳から検討を依頼された可能性もある。まだ草稿段階だったからこそ章句そのものにも手を入れ、「徳」の字を追加するなどのこともできた。

草稿段階の「報徳訓」あるいは「報徳」の十二行の章句は、「天地令命」→「父母根元」、「父母生育」→「身体根元」、「夫婦丹精」→「子孫相続」、「祖先勤功」→「父母富貴」、「父母積善」→「吾身富貴」、「自己勤労」→「子孫富貴」、「衣食住三」→「身命長養」、「田畑山林」→「衣食住三」、「人民勤耕」→「田畑山林」、「昨年産業」→「今年衣食」、「今年艱難」→「来年衣食」という十一の対句と、最後にこれを「年々歳々報徳忘れるべからず」と総括する一章句を加えた計十二章句で構成されている。十一の章句はすべて↓印の方向を必然の法則とする天地造化の運動であるが、その運動を一筋に貫いているのが徳の継承と相続である。問題は徳を受け継ぎ徳に報いることであるから、「報徳」の執筆補註にあたっても、自脩はその理念を明確に打ち出すため、草稿の「報徳訓」に「徳」の字を一字ずつ書き加える改稿を行ったものであろう。改稿はその点にこそねらいがあり、それに加えられた補註もその趣旨で首尾一貫して行われたものである。

その後の結果から見れば、「三才報徳金毛録」に所収された「報徳訓」からは「徳」の字はすべて取り除かれ、さらに章句中の多くの文字が取り替えられ、一見して自脩の行った改稿はまったく功を奏さなかったようにも見える。しかし、それならば尊徳は何故、自脩が改稿と補註を施した「報徳」を放棄せず、再度それを採り上げ作文集に収録したのであろうか。それは自脩が改稿し補註した「報徳」の中に尊徳にとって捨て難いものがあったからである。自ら「若林自脩作文集」を編集し、「報徳」の収録を思い立ち実行に移したのはそのためであろう。尊徳がその後も長くこの作文集を手許に遺すことになった理由がそこにある。

作文集に収録された「報徳」には、章句ごとに自脩が経傳から引用した補註が多数加えられた。問題は補註の内容であり、そこに込められた補註の趣旨にあると言わざるをえない。補註には出典を明示するもの、しないものさまざまある。典拠不明の部分が自脩の作か否か、確定は難しい。しかし、その補註には、自脩が章句に「徳」の字を加えてまであきらかにしようとした「徳の継承・相続」の精神が色濃く貫かれていることだけは間違いない。自脩の補註が「三才報徳金毛録」所収の「報徳訓」の成稿以前のものであったことは、その後行われた不退堂の改稿にも少なからぬ影響を与えた、と考えられる。

以下、作文集所収の「報徳」に加えられた補註の内容を検討し、自脩の改稿が「三才報徳金毛録」の成稿に向けて与えた影響の跡を検証したい。

1　父母根元在天地令命徳

「父母の根元は天地令命の徳に在り」と読む。これに施された若林自脩の補註は、次の二つである。

＊　易ニ、天地交テ而、萬物通ス也、上下交テ而、其志同シ也。

典拠が『易経』であることが明示されている。乾《けん》下《か》坤《こん》上《じょう》泰《たい》（地天泰《ちてんたい》）に、「天地交而萬物通也。上下交而其志同也。」とある。高田真治・後藤基巳訳『易経　上』（岩波文庫一五七頁）は「天地交わりて萬物通ずるなり。上下交わりてその志同じきなり。」と読み下す。もう一つは、

＊　書ニ、惟レ天地ハ萬物ノ父母、惟レ人ハ萬物ノ之霊、亶《まこと》ニ聡明ナレハ作リ二元后一ト、
元后作ニル民ノ父母一ト、　／　天地所レ生スル、以レテ人為ニス萬物之長一ト、　／
人誠ニ聡明ナレハ、則為ニリ大君一ト、而為ニル衆民ノ父母一ト

典拠は『書経』泰誓《たいせい》上、「惟天地万物父母、惟人万物之霊、亶聡明作元后、元后作民父母。」とあり、小野沢精一『新釈漢文大系　書経下』（明治書院四五一頁）は「これ天地は萬物の父母にして、これ人は萬物の霊なり。亶《まこと》に聡明なるは元后《げんこう》と作《な》り、元后は民の父母と作る。」と読む。ただし、その後の「天地所レ生スル、以レテ人為ニス萬物之長一ト」は典拠未詳である。また、「人誠ニ聡明ナレハ、則為ニリ大君一ト、而為ニル衆民ノ父母一ト」については、『附釋音尚書注疏第十一』「泰誓上第一」に典拠が見える。

補註は、それぞれに人を生み育てる父母の力の根元が、天地自然の万物造化する霊妙な運動の中に根源を有することを、易経・書経の二大古典から抽出し示したものである。草稿段階の章句がつくられた際、果たして何を直接の典拠としたかは不明であるが、あらためて典拠を古典に求めた自脩の努力も、「報徳」のもとの章句が「父母の根元は天地令命の徳に在り」と端的に述べた力強さに

は及ばない。しかし、この補註によって、「報徳思想」の人間観が人間の存在を天地自然万物造化の運行の中に根拠を持つとする宇宙観・世界観に立脚することが明らかにされている。「三才報徳金毛録」所収の「報徳訓」では、「根」を「渾」に、「令命」を「霊命」に改め、「徳」の字を省き、「父母ノ渾《コン》元ハ天地ノ霊命ニ在」と修文する。修正は浄書の任に与った書家不退堂の好みによると、これまで言われてきたが、自脩の補註に見られる万物造化の霊妙なる運動の理念を採り入れ、その趣旨を活かした改稿とも言える。

2　身體根元在父母生育徳

「身體の根元は父母生育の徳に在り」。この章句にも、自脩は二つの補註を付した。

＊　詩ニ、亡レ念二コト爾ノ祖一ヲ、聿二脩ム其徳一ヲ、／　夙ニ興キ夜ニ寝ネ亡レレ忝二ムルコト
　爾ノ所生一ヲ、

＊　語ニ、子生テ三年、然シテ後、免二ル於父母ノ之懐一ヲ、夫レ三年之喪ハ天下之通喪ナリ
　也

『詩経』大雅文王之什《じゅう》に、「無念爾祖、聿修厥徳」とある。石川忠久『新釈漢文大系　一一一　詩経下』（明治書院、五七頁）は、「爾《なんじ》の祖を念《おも》ふこと無からんや、聿《ここ》に厥《そ》の徳を修む」と読む。また、

『詩経』小雅小宛に「夙興夜寝、無忝爾所生」とあり、「夙ニ興キ夜ニ寝ネテ、爾《そ》ノ所生ヲ忝ムルコト無カレ」（石川忠久『新釈漢文大系一一一詩経中』三三九頁）と読む。また、『論語』陽貨篇に、「子生三年、然後免於父母之懐。夫三年之喪、天下之通喪也。」とあり、「子生まれて三年、然る後に父母の懐を免る。夫れ三年の喪は、天下の通喪なり。」（加地伸行『論語』講談社学術文庫、四〇七頁）と読む。

自脩の「報徳」は、草稿の章句の末尾に「徳」を加えて強調するだけでなく、『詩経』から引用した章句の補註の内容からも、父母から継承される徳の重要さを強調している。「三才報徳金毛録」の「報徳訓」は、草稿の章句を「自己ノ全體ハ父母ノ生育ニ在」と改稿する。「身體の根元」を「自己ノ全体」と置き換える改稿は、いささか理屈が勝った修文のようであるが、「身體」というフィジカルなものの伝授ではなく、「徳」を根幹とする「人間の存在」そのものの継承を強調する改稿の流れは、自脩が加えた改稿・補註の趣旨を引き継ぐものである。

3　子孫相続在夫婦丹精徳

「子孫の相続は夫婦丹精の徳に在り」と読む。自脩の補註は次の通りである。

＊　書ニ、能ク汝チ庸ユレ命ヲ、巽《シタカ》二ヘ朕カ位一ニ、岳曰、否徳ナリ、忝メン帝位ヲ、曰明カニ明ナルヲ揚二ケヨ側陋一ヲ、／師錫《モロイ》レテ帝ニ曰、有二リ鰥在一レル下ニ、曰二虞舜一ト、帝曰

兪リ予モ聞ケリ如何ン、／明々ナル我祖萬邦ノ之君、有レ典有レ則、貽ル二厥子孫一ニ、／按ニ親能ク知二子ノ不肖ヲ一、則子亦知二身ノ否徳一ヲ而、其不レ忝シメ二相続ヲ一也、／尭ハ以レテ不レヲ得レ舜ヲ、為ス二己カ憂ト一、舜ハ以レテ不レヲ得二禹皐陶一ヲ、為二ス己カ憂一ト、夫レ以二百畝ノ之不一レヲ易ラ、為二ス己カ憂一ト者ハ農夫也

冒頭の章句は、『書経』尭典、第四節に、「帝曰、「咨、四岳。朕在位七十載。汝能庸命。巽朕位。」岳曰、「否徳忝帝位。」」、曰、「明明揚側陋」とある。「帝曰く、「咨《ああ》、四岳。朕《われ》位に在る七十載なり。汝能く命を庸ひたり。朕の位を巽《ふ》め」と。岳曰く、「否徳帝位《ひとくていい》を忝《はづかし》めん」と。曰く、「明明側陋《めいめいそくろう》より揚げよ」と。」（加藤常賢『新釈漢文大系　書経上』（明治書院、一七頁）と読み、続く第五節に「師錫帝曰、「有鰥在下、曰虞舜。」帝曰、「兪。予聞。如何。」」とあり、「師《もろもろ》帝に錫《たてまつ》りて曰く、鰥の下に在る有り、虞舜と曰ふ」と。帝曰く、「兪《しか》り。予も聞く。如何」と。」（同『新釈漢文大系　書経上』二八頁）と読む。また、同じく『書経』五子之歌に、「明々我祖、萬邦之君。有典有則、貽厥子孫」とあり、「明々たる我が祖は、萬邦の君なり。典有り則有り、厥《そ》の子孫に貽《のこ》す。」（小野沢精一『新釈漢文大系　書経下』、明治書院、三八四頁）と読む。次の「按ニ親能ク知二子ノ不肖一ヲ、則子亦知二身ノ否徳一ヲ而、其不レ忝シメ二相続一ヲ也」については未詳だが、自脩の作文の可能性もあり、今後の検討を要する。その後の「尭ハ以レテ不レヲ得舜ヲ、為二ス己カ憂一ト、舜ハ以レテ不レヲ得二禹皐陶《コウヨウ》一ヲ、為二ス己カ憂一ト、夫レ以二百畝ノ之不一レヲ易ラ、為二ス己カ憂一ト者ハ農夫也」は、『書経』ではなく、『孟子

注疏解巻第五下』などによるものか。

元の章句は、親から子孫への「相続」を対象に論じているが、古典を引用する補註は、地位や経営の相続も徳がなければ不可能だと教える。そこを「三才報徳金毛録」は、「子孫ノ克肖《コクセウ》ハ夫婦ノ配《ハイ》耦《グウ》ニ在」と改め、「相続」を「克肖《コクセウ》」、「丹精」を「配耦《ハイグウ》」と置き換えている。「克肖《コクセウ》」とは、よく似ることであるが、単に一家の経営を親から相続するということではなく、親の徳そのものが引き継がれることの重要性を強調する趣旨の改稿である。

4　父母富貴在祖先勤功徳

「父母の富貴は祖先の勤功の徳に在る」と読む。これを「三才報徳金毛録」では、「家運ノ栄昌ハ祖先ノ勤功ニ在」と修正する。自脩の補註は次の通りである。

＊　書ニ、克ク緩二ンシ先王之禄一ヲ、永ク底二セ烝民ノ之生一ヲ、嗚呼七世之廟、可二以テ観一レス徳ニ、萬夫ノ之長、可二以テ観一レス政ヲ、／不レレハ懽二自盡一コトヲ、民主罔三與ニ成二スコト其功徳一ヲ、／上有二レハ報レノ徳ヲ之心一、則下亦有レ所二自盡一矣

『書経』「咸有一徳」に、「克綏先王之禄、永底烝民之生、嗚呼、七世之廟、可以観徳、萬夫之長、可以観政。〈后非民罔使、民非后罔事、無自廣以狭人。匹夫匹婦〉、不獲自盡、民主罔與成厥功。」と

あり、「克く先王の禄を綏んじ、永く烝民の生を底《いた》さん、嗚呼、七世の廟、以て徳を観る可し。萬夫之長、以て政を観る可し。〔后民《こうたみ》に非ざれば使ふ罔《な》く、民后《たみこう》に非ざれば事《つか》ふる罔《な》し。、自ら廣しとして以て人を狭しとする無かれ。匹夫匹婦も〕、自ら盡すことを獲ざれば、民主與《とも》に厥の功を成す罔し。」（小野沢精一『新釈漢文大系　書経下』四三二頁）と読む。この補註の解説は略すが、要は世の繁栄は徳がなければ続かないことを指し示すものである。後の「上有レハ報徳ヲ之心、則下亦有所自盡矣」の典拠は未詳だが、上に立つ者に「報徳」の心構えがあれば、下にある者もかならず努力するものであることを諭している。自脩みずからの作文の可能性もある。

5　我躬富貴在父母積善徳

「我躬の富貴は父母積善の徳に在り」と読める。「三才報徳金毛録」では、「己身ノ富貴ハ父母ノ陰徳ニ在」と直している。補註は次の通りである。

＊　詩ニ、哀哀父母、生レシメ我劬労ス、無レケレハ父何ヲ怙マン、無レレハ母何ヲ恃ン、出レハ則銜レミ恤ヲ、入レハ則靡レシ至、／欲レレハ報二之ニ徳一ヲ、昊天罔レシ極

＊　蘇秦ニ、嗟呼貧窮ナレハ、則父母不レ子トセ、／富貴ナレハ則親戚畏懼ス、人生二レテ世上一ニ、勢位富厚盡、可二ンヤ以忽《ユルカセニ》一乎哉

『詩経』小雅谷風《こくふう》之什《じふ》蓼莪《りくが》に、「哀哀父母生我劬労、（中略）無父何怙、無母何怙、出則銜恤、入則靡至」とある。「哀哀たり父母、我を生みて劬労せしむ。（中略）父無くんば何に怙《よ》らん、母無くんば何に怙《よ》らん、出でても恤《うれ》ひを銜《いだ》く、入りても則ち至しき靡《な》し」（石川忠久『新釈漢文大系　詩経中』明治書院、三六九頁）と読む。次の「欲レハ報二之ニ徳一ヲ、昊天罔レシ極」は、『詩経』では未詳だが、『附釋音毛詩注疏巻第十三』「蓼莪」や、『論語注疏解経巻第十七陽貨』に見える。

「蘇秦ニ、蘇秦嗟呼貧窮ナレハ」以下は、典拠未詳ながら、「富貴ナレハ、則親戚畏懼ス」の章句は、『史記』「列伝巻六十九蘇秦」に、「蘇秦喟然歎曰、此一人之身、富貴則親戚畏懼之、貧賤則軽易之」の章句がある。

まずは、子にとって親ほど頼れるありがたいものはないことを述べた後、現実には貧窮であれば何の力にもなれない。人の世にあり子孫の相続を思うとき、親が築く勢位富厚は忽せにできないということを述べている。この補註は、現在通常にわれわれが解釈するのとは異なる視点からの補註のようにも思える。われわれはむしろ、「三才報徳金毛録」所収の「報徳訓」のいう、「己身ノ富貴ハ父母ノ陰徳ニ在」の「陰徳」に重きを置いた視点に立って解釈しがちである。

しかし、自脩の補註は、元の章句の「我躬の富貴」の実現を現実的に志向する立場からなされており、その観点に立てば父母が築く「勢位富厚」の重要性は軽んぜられないという、自脩、あるいは不二孝仲間が本来有する富貴への現実的志向の側面を表出させたものとみることができる。不二孝や報徳仕法の商業・金融活動への積極的取り組みの側面と合わせ考え、これは「報徳思想」がもともと有する非禁欲主義的な性格を示し、たいへん興味深い。

6　子孫富貴在自己勤労徳

「子孫の富貴は自己勤労の徳に在り」と読む。これを「三才報徳金毛録」では、「子孫ノ豊饒ハ自己ノ勤労ニ在」とする。これに自脩は多くの註を補している。

＊　詩ニ、孔《ハナハ》タ恵ニ孔タ時アリ、維レ其レ盡レス之ヲ、子々孫々勿レシテ替コト引レフセヨト之ヲ

＊　不レ能レ保二スルコト我子孫黎民一ヲ、亦曰ク殆ヒ哉《カナ》、／　父母、念二ヒ祖先ノ徳一ヲ、勤労スレハ、則子孫モ亦有下報二ルノ其ノ徳一志上也、子孫ノ之光栄ハ、労レ心ヲ労レ力ヲ、夙夜勤不レノ怠之功徳

＊　史記ニ、節倹謹信、以レテ寿ヲ終ニ傳二フ於子孫一ニ　／　世家ニ、吉執レヲカ大ナラン焉、其後必蕃昌

＊　禮記ニ、博聞強識而譲リ、敦二シテ善行一ヲ而不レ怠ラ、謂二之ヲ君子一ト、／　以二テ天下一ヲ與レルハ人ニ易ク、為二メニ天下一ノ得レルハ人難シ、／　以レテ財ヲ與二ルハ子孫一、雖レトモ有二其ノ實一、然モ其所レ及フ、亦有レテ限り而難レシ久シ

『附釋音毛詩注疏』巻之十三、十三之二、四二、「楚茨」に「孔《ハナハ》タ恵ニ孔タ時アリ、維レ其レ盡レス之ヲ、子々孫々勿レシテ替コト引レフセヨト之ヲ」とある。また、これに続く、「不レ能レ保二スルコト我子孫黎民一ヲ、亦曰ク殆ヒ哉《カナ》」は、出典の注記を欠くが、『附釋音尚書注疏』「巻第二十泰誓第三十二」か、または、『附釋音禮記注疏』「巻六十」によるか。其後の「父母、念二ヒ祖先ノ徳一ヲ～夙夜勤不レノ怠之功徳」は、典拠未詳。

『史記』と典拠を記した冒頭の「節倹謹信、以レテ寿ヲ終ニ傳二フ於子孫一ニ」は未詳。其後の「世家ニ吉執レヲカ大ナラン焉、其後必蕃昌」は、『史記』「世家　凡三十巻　巻三十九　晋世家　第九」にある章句である。

『禮記』曲禮上に、「博聞強識而譲、敦善行而不怠、謂之君子」とあり、「博聞強識にして譲り、善行に敦くして怠たらず、これを君子と謂ふ」（栗原圭介『新釈漢文大系　大戴禮記』）と読む。其後の「以テ天下ヲ與ルハ人ニ易ク、為ニ天下得ルハ人難シ」（小林勝人『孟子 上』「滕文公上」岩波文庫、二一四頁）にある。其後の「以テ財ヲ與ルハ子孫、雖トモ有其ノ實、然モ其所及ブ、亦有テ限リ而難シ久シ」については未詳。

全般に典拠不明の部分が多いが、自脩の補註する意図そのものはあきらかである。人は徳を施すべき時にそれを行わねばならない。人民を施し守ることができなければ、みずからを危うくする。祖先の徳に感謝して勤労すれば、その志は必ず子孫にも受け継がれる。自己の勤労こそが子孫繁栄の基である。本当に世の中のためになる人物を得ることは難しく、子孫に資産を残すことは大切なことでも、それだけでは繁栄は長続きしない。これも徳を施し継承することの大切さ重んじる「報徳思想」の根本精神を述べ、章句の趣旨をおおいに敷延拡張している。

7　身命重養在衣食住三徳

「身命の長養は衣食住の三徳に在り」と読み下す。「三才報徳金毛録」もほとんどそのまま、「身命長養ハ衣食住ノ三ニ在」とする。補註は左の通り。

＊　左傳ニ、食ハ不レ二レ味ヲ、居ハ不レ重レネ室ヲ、不レ崇《タカクセ》レ壇ヲ、器ハ不二彫鏤一セ、宮室不レ観セ、舟車不レ飾ラ、衣服財用撰ンテ不レ取レ費ヲ

＊　韓非子ニ、楽《コノミ》レ美二スルコト宮臺池一ヲ、飾二テ子女狗馬一ヲ、以テ娯二シム其心一ヲ、此人主之殃也

＊　柳子ニ、善ク養レ命ヲ者ハ、鮐背鶴髪成二ス童兒一ヲ、

＊　葵澤傳ニ、性命寿長、終二フ其天年一ヲ、╲　或人欲レシテ足二食衣住一ニ而、不レル願レル外者ハ免レル殃ヲ、是レ則長二養スルノ身命一ヲ根也

このうち、『春秋左傳』は哀公元。『韓非子』『柳子』については、詳細未詳。葵澤傳は、『史記』「列

伝　凡七十巻　巻七十九　范□葵澤列傳　第十九　葵澤に、「性命寿長、終其天年、而不夭傷（性命寿長、其の天年を終へて夭傷せず）」とある。その後の「或人欲シテ足食衣住ニ而　～　是レ則長二養スルノ身命一ヲ根也」は未詳。

補註は、衣食住が人間長養の根本であることから敷延し、奢侈の戒めに及ぼうとする。

8　衣食住三在田畑山林徳

「衣食住の三は田畑山林の徳に在り」と読む。「三才報徳金毛録」では、「衣食住ノ三ハ田圃樹芸ニ在」とする。自脩の補註は左の通り。

＊　田野不レレハ辟ケ、則五穀不レ分タ、山林不レレハ茂、則材用不レ足也、

＊　文選賦ニ、処二レハ沃土一ニ、則逸ス、処二レハ瘦土一ニ、則労ス、此レ繋二ル乎地一者也

『孟子』離婁上、に「田野不辟、貨財不聚、非国之害也」（小林勝人『孟子　下』岩波文庫、七頁）とある。

『文選賦』の「処二レハ沃土一ニ、則逸ス、処二レハ瘦土一ニ、則労ス、此レ繋二ル乎地一者也」は未詳。典拠不明のところがあるが、補註の趣旨内容そのものは明快である。田畑山林は自然に存在するものではなく、人力で開発することで、はじめて五穀を実らせ、木材を育てることができる。自然

の法則に従いつつも、人力による働きかけなしには徳は得られない、という「報徳」の根本哲学を端的に述べたものである。「三才報徳金毛録」の「報徳訓」は、「田畑山林」を「田圃樹芸」と置き換えることで、その趣旨を採り入れようとしている。

9　田畑山林在人民勤耕徳

「田畑山林は人民の勤耕の徳に在り」と読める。「三才報徳金毛録」では、「田圃樹芸ハ人民ノ竭力ニ在」とする。若林金悟の補註は左の通り。

＊　古語ニ、天無二シ私ニ覆一フ、地無二シ私ニ載一スルコト　╲　雖レトモ有二リト百艸百木一、人民ノ之無二シテ勤耕一而、能ク難二シ長生一シ也、故ニ、雖レトモ有二ト才能一、使レシメハ民ヲ不二得二衣食一スルコト、　╲　不レ能三著レシテ書ヲ、以テ自見《シメ》二スコト於後世一ニ也

『重栞宋本禮記注疏附校勘記』「孔子閒居第二十九」に、「天無私覆、地無私載」とある。その後の「雖レトモ有二リト百艸百木一～使レシメハ民ヲ不レ得二衣食一スルコト」は未詳。「不レ能三著レメ書ヲ、以テ自見《シメ》二スコト於後世一ニ也」は、『史記』「列伝　凡七十巻　巻七十六　平原　君虞卿列伝第十六　虞卿」による。

田畑山林を含む自然（天地）は万民に与えられているが、人民が努力して植栽・育成に努めなけ

れば、衣食を得られるものではない。しかもこの真実は、書物に記し後世の人（子孫）に示し教えられるものではない、との趣旨である。自脩の補註は、「報徳訓」の草稿・成稿、いずれをも上回る力強さで、勤労を貴ぶ「報徳思想」の精神を伝えようとしている。

10　今年衣食在昨年産業徳

「今年の衣食は昨年産業の徳に在り」と読む。「三才報徳金毛録」では、「今年ノ衣食ハ昨年ノ産業ニ在」とする。自脩の補註は左の通り。

＊　雖レ有二ト聞レキ往ヲ知レル来ヲ材一、知レテ所レヲ當《ヘキ》レニ為ス而、能ク竭《ツクシ》二クシ其力一、無上キ

報レ徳ヲ志一者ハ、在レ已ニ材知ノ之為上ル其ノ奴隷一ト也、不《ス》レ可レラ不レンハアル慎乎

これも典拠未詳であるが、この補註が言わんとするところは次の通りであろう。たとえ才能豊かな者であっても、みずからの為すべきことを自覚して努力しようとしない者、すなわち「徳に報いる（報徳の）志」の無い者は、みずからの才知の奴隷に陥る。慎まなければならない。元の章句の内容をかなり敷延拡充した補註となりながら、大切なことは才能にあるのではなく、「報徳の志」にある、という核心を突く補註となっている。

11　来年衣食在今年艱難徳

「来年の衣食は今年の艱難の徳に在り」と読む。「三才報徳金毛録」では、「来年ノ衣食ハ今年ノ艱難ニ在」とする。補註は左の通り。

＊　在二テ其職一ニ而、日夜無レ怠者、必ス不レ失二其徳一ヲ也、但有レリ徳有レレハ法、亦有レレハ躬有レリ命

これも典拠は未詳であるが、補註の趣旨は比較的明解である。つねに努力を惜しまぬ者は徳を失うことはない。徳がありその道理に従って自ら実践する者には、天も自ずから味方する、という意味であろう。これも元の章句の意味をかなり拡張敷延した補註である。

12　年年歳歳不可忘其報徳

「年々歳々報徳忘るるべかず」と読む。「三才報徳金毛録」も「年々歳々報徳ヲ忘ル可カラズ」とする。若林金悟の補註は、左の通り。

＊　恐クハ忝二シト祖先ノ位一ヲ、欲レスル報二其ノ恩一者ハ、則必ス以レ徳ヲ報レテ之ニ、不レ可レ忘ル也　／　人有シメレ才而、無レレハ徳、則亦奚ソ足レンヤ尚《タツト》フルニ哉

典拠は不明である。祖先の遺業を引き継ごうとする者は、必ず徳をもって徳に報いることを忘れるべきでない。才能があっても徳がなければ、どうしてそれを尊ぶことができようか。

これまで、「報徳」の精神を語る際、「以徳報徳」は、『論語』の章句に典拠があるとか、あるいは小田原藩主大久保忠真の言葉に典拠があると言われ、それがほとんど通説化してきているが、実はその根拠たる文献の原典批判を厳しく行う限り、さほど確固たる史料的根拠が見いだせないなかで、これらの補註は、「報徳思想」成立時の史料に見る明確な典拠を提供するものである。

第五節　「飲酒の戒」

作文集の巻末に収録された「飲酒の戒め」の原文は、後掲翻刻文に見る通り、漢文で作文されているが、これを読み下し文にする。

［読み下し］

甚だしいかな酒の人におけるは、ただ狂乱するのみならず、またよく人の気を傷つける。ゆえに酒を飽くなく嗜むは、たとえば薪を抱え火から救うがごとし。薪つきせずば火滅せず。ただし邑中に美酒なく、また日に肉を得るあたわざれば、ときどき倡家より遊ぶ。大飲もって夜に及び、情意散簡を傲りみな礼に背き、たちまち歎情の深きを喪失す。豈にこれ風流にあらざるのみ。異情妄言を成すかれこれ同じくし、厲声色をなし舌を吐くといえども、人みな垢を忍びあえていさぎよしとせず。あるいは泣きあるいは窘蹙す。豈にただ下隷の抱え持つを待たんや。醒め来たらば勝れず、顔を赤らめ不善をはじる。康者をして酔いを改めあたわず、貧者をして令人を　醒ませば、感胸臆に結ぶ。その徳鴻毛を軽からしむ。かつ周公の村あるといえども、その功また陳ぶるところなし。いわんや匹夫に於いておや。心を痛め首をいため如何にこの人をしてこのやまいあるや。天の捨てるを知らざるのみ。そもそも鬼神に罪を獲るのみか。つつしんで畏むに如かず。然れば私に今これを断つべし。索然としてなみだを出す、ああ、銭を費やし、予めもってこのため拘々たり。悲しいかな酒を嗜み色を好むことは。卒然舘舎を指し、百事吉せず、迷う者生もって疾むを顧みず生命を隕う。語にいわく、ただ酒量なければ乱に及ばず。然れば酒はこれ乱者をかえる。もしこれを戒めれば、庶幾に疾病なし。南山の寿のごとくそこなわず崩れるなし。松柏の茂れるがごとし。再びせず或いは酒を承けて飲むこと無く、温克の君子万年その家と邦を保てば、天の豊福と子孫の豊厚を受け、この行いあるを忘れず聞かせしむ、まさにこれを勉めるのみ。

天保五きのえうま夏六月　　　若林自脩撰す

この文章について、『小谷三志門人著作集Ⅱ』は、「酒頌論」と表題を付し紹介している。しかし、これを通読し、過度な飲酒を戒める内容を看取することはできても、「酒頌論」という表題に該当する内容は見出し得ない。内容は平凡であり、特に「報徳思想」との関連も発見し得ない。単に自脩の手稿になる文章であることから、若林自脩を追慕する気持ちもあって、作文集の末尾に収められたものか。

むすびに

小考では、出羽国最上郡出身で下総国水海道に居住し、天保四年以降の数年間、二宮尊徳の在陣する桜町陣屋に寄寓した不二孝導師若林金悟（自脩）が著した「若林自脩作文集」成立の経緯と内容を検討した。その結果つぎのことがらを確認できた。

①作文集に収載される文章は、内容も異なり成立時期もやや前後する三つの文章、「報徳の奨め」「報徳章句補註」「飲酒の戒め」から成り、それを一つに取りまとめる編集を行ったのは二宮尊徳であったと推定される。天保二年、桜町仕法の終了期を迎えた二宮尊徳は、仕法のさらなる延長拡大をめぐり、小田原藩と深刻な交渉を展開していた。その過程で仕法の永続化のため天保三年頃から

「報徳元恕金」貸付の方式が創案され、また、それを推進指導する理念（「報徳思想」）のとりまとめが急がれていた。その結果、天保五年七、八月頃までに「報徳訓」あるいは「報徳」に関するいくつかの草稿が作成、検討された。

②天保四年末頃から桜町陣屋に寄寓した若林自脩は、右の仕法理念（「報徳思想」）とりまとめの現場に居合わせ、しかも尊徳の身近にあってそれを補佐した人物と目される。その際、作成した「報徳章句補註」は、「報徳元恕金」貸付を軸とする仕法の指導理念として執筆された「報徳訓」あるいは「報徳」の草案の一つに、自脩が改稿と補註の手を加えたもので、自脩の補註には経書類から引用されたものが多いが、自脩自身作成の文章も含まれると推定する。補註は「報徳」の章句を、天地人（三才）を貫く「徳」の継承展開と考える立場から、仕法指導理念を闡明するものであり、その後に行われる不退堂による「報徳訓」成稿の作業にも基底的な影響を遺したものといえる。

③巻頭の「報徳の奨め」は、記載される仕法書や尊徳自作「春の野の歌」等から、「報徳章句補註」や「三才報徳金毛録」の成立からもやや遅れ、それらによって樹立された理念を受けて、天保五年八月以降、跋文にある「天保六旃蒙協洽霜月」頃までに作成されたと推定される。折から尊徳が推進する仕法とその理念である「報徳」（「報徳思想」）を喧伝するための書である。「報徳章句補註」や「報徳の奨め」に示される仕法とその理念は、桜町仕法を普遍化・永続化するため創案された独特の方式と理念そのものであり、小考が追究目標として掲げた原型たる「報徳思想」成立の経緯を示す第一級の史料と言って過言ではない。

④これらの史料から確認される成立期の「報徳思想」には、次のような特色がみられる。

1．人間の存在を、天地自然万物造化の運動のなかに根元を有するとの世界観に立脚し、それを貫く「徳」の継承発展にこそ人間本来の目標を置き、単なる富貴は現実の願いではあっても、それのみでは長続きしないとする。

2．太平を享受しつつも、世に帝王・将軍の存在がなければ、天下国家国土安穏は保たれず、ひとたび天災・凶作に会えば、たちまち飢渇に及ぶ。田畑荒廃・百姓分散の素因を自然に帰することなく、天子・将軍の御仁政への報恩・感謝の気持ちから、油断無く節倹に勤めなければならないとする。

3．人には貧富や身分の上下があるが、分限をよく弁え、心を正し家を修め、早くから節倹に努めれば、田畑の開発とともに自家を再建し、公的負担を果たして領主財政を復興させ、自らの生活の安定も築くことができる。「報徳」の精神と仕法はあらゆる階層に適応できる。

4．仕法によって自家再建の方策を立てられた者には「報徳元恕金」を貸付る。幸い自家再建を果たせば、そこから生じる剰余を再び「報徳元恕金」に投入し他の人々の生活再建を援助し仕法を永続する。これが「善根報徳」、即ち「徳の継承発展」である。

5．嘉永期の報徳関係文献で用いられる「分度」「推譲」「人道作為」など用語はまだ姿を見せないが、それらの概念のもとになる思想は、成立期の原型たる「報徳思想」のなかにすべて孕まれていたことを確認することができる。

註

（1）報徳思想は原型が天保五年頃に成立した後も、尊徳とその影響下に仕法に参画してきた門人たちとの共同作業・思想交流がさらに進展し、思想を構成する各部分の詳細な検討が行われ、次第に整備されていったと考える。したがって、天保五年前後に成立した報徳思想の原型と、幕末～明治に発展・整備された報徳思想はおのずから違いがあると考えねばならない。

（2）当該期における思想成立の経緯に注目したのは、加藤仁平『二宮尊徳全集補遺』（一九七一年、報徳同志会）である。加藤は同書前編附録第一第二節「二宮実践哲学の成立過程」で、尊徳四三～九歳の期間を「大悟徹底、法悦の中での哲学的思索、根本原理確立の時代」とし、この時期の成田参籠（文政一二年、尊徳満四一歳）が思想確立上、重要な契機となって生まれた哲学的思索の飛躍の跡が、やがて天保三年頃から日記に現れるようになると指摘する。加藤はこの研究過程で、『全集』収載史料の原典研究と掲載漏れ史料の検討の必要性も指摘している。加藤の提起した課題を継承した内山稔は、『尊徳の実践経済倫理』（昭和五三年、高文堂出版社）の八（一）「報徳思想の背景とその成立への契機」で、思想形成の契機を、①成田不動尊参籠、②不二道孝心講指導者小谷三志との出会い、③小田原城主、大久保加賀守忠真との出会い、の三つにあると指摘するとともに、『全集』一巻、原理収載史料の一部には、編纂時に個々の史料成立事情に充分配慮せざるため、結果として生じた「恣意的」な編集の跡が遺ることを指摘し、原典研究の必要を説いた。

（3）岡田博『報徳と不二孝仲間』（二〇〇〇年七月、岩田書院）。

（4）『二宮町史』（通史編Ⅱ近世、第七章、拙稿、二〇〇八年）。

（5）「二宮翁夜話」『二宮尊徳・大原幽学』（岩波・日本思想大系五十二巻、一九七三年五月）。「富國捷径」「報徳外記」「二宮先生語録」『全集』第三十六巻、一九七七年十二月。

（6）『富田高慶　報徳秘録』（報徳博物館史料集2、報徳博物館、一九九四年三月）。

（7）「報徳論」『全集』第三十六巻、一九七七年十二月。

（8）いずれも『尊徳門人聞書集』（報徳博物館資料集1、報徳博物館、一九九二年七月）所収。

（9）「小谷三志門人著作集Ⅱ」『鳩ヶ谷市の古文書』（第十一集、岡田博編著、鳩ヶ谷市教育委員会発行、一九八六年三月）。

（10）岩田書院、一九八五年七月。

（11）若林自脩が初めて二宮尊徳に会ったのは、天保三年十二月で、当時の日記に「井上村右行、水海道町金行（欽行）両人、昨十一日より罷越、逗留致居候所へ、拙者罷帰候間、又泊り相成候事」（『全集』第三十五巻、五五五頁）とある。その後、四年八月九日にも、自脩は桜町を訪れ、小谷三志の「国民を治める御代の人ありと今日ききしより待つもわびしき」という歌を尊徳に届け、尊徳はこれに「国民を安らぐ道を開ける人と聞かせば待つもわびしき」と返歌した（『全集』第一巻、五一八頁）。また天保八年の尊徳書簡にも「然らば欽行事、御両人御世話にて、去る巳年（天保四年）以来、子供指南出精いたし罷呉、忝奉存候」とあることから（『全集』第六巻書簡、一九〇頁）、自脩の桜町陣屋寄寓は天保四年秋以降に始まり、桜町陣屋日記の天保八年五月十八日に「欽行病気に付清寶院へ祈祷申付候事」とあることから、この頃発病、八月十日に「欽行儀、是まで二宮方へ逗留罷在候處、中妻村之下十家へ罷帰候事」（『全集』第三巻日記、五一〇～五一八頁）とあり、同年八月半ばに水海道に帰宅するまで続いた。

（12）『鳩ヶ谷市の古文書』（第十一集）。

（13）『二宮町史』（通史編Ⅱ近世、第七章第三節二）所収の拙稿「報徳理念の確立と仕法地の拡大」参照。

（14）「小谷三志著作集Ⅰ」『鳩ヶ谷市の古文書』（第十五集）、一一頁。

（15）『全集』第一巻原理編、一二九五頁。

(16)「日記　桜町陣屋」『全集』第三巻日記、二四六頁。
(17)「日記　桜町陣屋」『全集』第三十五巻日記、四五八頁)。
(18)同前、四四〇頁。
(19)「日記　桜町陣屋」『全集』第三巻日記、三三〇頁)。
(20)同前、三〇七頁。
(21)同前、三三一頁。
(22)岡田博『報徳と不二孝仲間』(岩田書院、二〇〇〇年八月)四六〜八頁。
(23)『全集』第一巻原理編、三五〜六頁。
(24)同前、五三三〜五六二頁。
(25)同前、三頁、解説。
(26)同前、五四四頁。

［付録］翻刻補注「若林自脩作文集」

例　言

一、翻刻に当たり、小田原市の報徳博物館蔵「若林自脩作文集」を底本とする。

一、作文集をその内容から三部分に分け、「報徳の奨め」、「報徳章句補註」、「飲酒の戒め」の表題を付した。このうち、「報徳の奨め」は、その中を段落で区分し算用数字の通し番号を付すとともに、段落ごとに若干の補註を施した。

一、史料中の漢字や仮名はできる限り原本に忠実に翻刻したが、漢字の一部を現在通用の常用漢字に直したところがある。送り仮名や、ふりがなは原本のままとした。

一、原本にない読点や句点を一部加え、読み易くした。
一、著者独特の表現法と思われる文字使いや、ふりがなも、あきらかな誤り以外は、すべてそのままとした。

「天保六乙未年（表紙）
若林自脩作文集
二宮金次郎」

報徳の奨め

1

世《ヨ》に博識《ハカセ》たちの数多《アマタ》の巻《マキ》、見《ミユレ》とも只《タヽ》文章《フミ》の表面《ウワツラ》、又《マタ》ハ意《ココロハセ》而已にして、文章《フミ》と質《シツ》と当分不成《トウフンナラヌ》ゆへか、是《コレ》ハと眼《メ》を驚《ヲトロカ》す巻《マキ》ハ幾希《イクハク》もなし。然《サレ》ハ小田原《ヲタハラ》の郷《サト》、二宮《ニノミヤ》の主《アル》しは結髪《ケッパツ》より志《コヽロサ》し直《スナオ》にして長《ヒトヽ》となり節倹慈恵《セッケンジケイノ》人の憂《ウレイ》を恤《ウリョヲ》る事《コト》、己《オノレ》に出《イツ》るか如《コト》し。野州芳賀郡《ヤシウハカコホリ》物井《モノイ》の郷《サト》に移《ウツ》り、近頃荒野《チカコロアラノ》と成《ナリ》し数万《アマタ》須の田畑草木《テンハタクサキ》の茂《シケリ》を拂《ハラ》ひ、古《イニ》しへの田畑《テンハタ》に開発《ヒラキ》、分散《フンサン》の百姓《タミ》を引戻《ヒキモト》し、新《アラタ》に家宅《カタク》をしつらい、米銭農具《ベイセンノウグ》を与《アタ》ひ、絶《タヘ》たる世《ヨ》を継《ツ》き廃《スタレタル》を興《ヲコ》し、日新《ヒヽニアラタ》に百姓《タミ》を取立《トリタテ》、月《ツキ》々に農業盛《ノウゲウサカン》になり、年《ネン》々百姓《タミ》の竈賑《カマトニキハ》ひ、朝夕《アサユウ》の煙厚《ケムリアツ》く揚《アカリ》り、自《ヲノツカ》ら税斂《セイレン》も亦速《マタスミヤカ》になる。嗚呼《アヽ》それ世《ヨ》の風俗悪《ナラワシアク》にハしる。一宮氏の為所《ナストコロ》の如《コト》きは寥乎聞《レウトシテキクコト》なし。豈一郷《アニイッキョウ》の仁者《ジンシャ》に寄《ヨスル》に非《アラ》すや。且百姓《カツタミ》の辛勤労劬《シンキンロウク》も亦其徳《マタソノトク》に服《フク》し、村内弥行《ムラナイイヨヽヲコナ》ひ正《タヽシク》して、誠単父《マコトニタンポ》の民《タミ》ニも不少里《ヲトラヌサト》となれりとなん。予雖愚拙《ヨクナリイヘトモツタナ》き筆《フテ》を以、其仁《ソノジン》徳《トク》を嘉《カ》して大略《タイリャク》を序《ハシカキ》に添誌畢《ソヘシルシ》

単父《タンホ》　巣父《ソウホ》の誤りか。巣父は尭の時代の隠者。山ずまいし、木の上に巣をつくり住んでいたので巣父といわれる。尭が許由に天下を譲ろうとしたところ、許由が耳の汚れであるとして潁川《エイセン》で耳を洗ったが、巣父は水が汚れたとして川を渡らなかったという故事がある。巣居子（高士傳、上）。

2

天地別《アメツチワカ》れ生民降《セイミンクタ》り、田畑開発《テンハタヒラケ》すんは、何《ナニ》をもって生《セイ》を養《ヤシナ》ひ、見事安楽《ミコトアンラク》に世《ヨ》を送《ヲク》らんや。生《セイ》を養《ヤシナ》ひ見《ミ》事安楽《コトアンラク》に世《ヨ》を送るといふとも、帝王《テイオウ》・将軍在《ショウクンマシマサ》すハ、何をもって天下太平国土安穏《テンカタイヘイコクドアンヲン》に治《ヲサマ》り給《タマ》ハんや。畢竟天子天下《ヒッキョウテンシテンカ》の御仁徳《コジントク》・御武徳《コフトク》を以《モッテ》、世《ヨ》に太平《ヤスラカ》に治《ヲサ》め、津々浦々《ツヽウラ》に至《イタ》るまで御政事隈《コセイジクマ》なく行渡《ユキワタ》り、国《クニ》々所《シヨ》々の名物名産《メイフツメイサン》ハ不及申《モフスニヲヨハズ》、麗唐土《コマモロコシ》の品《シナ》々まで居《イ》なから買求《カイモト》め、何《ナニ》一ツ不自由《フジユ》なく日用《ニチヨヲ》を足《タ》し、当時《イマトキ》のことく世《ヨ》の中静謐《セイヒツ》にして、四民夫《シミンソレ》々の道《ミチ》々業《ハサ》々を得《エテ》、世《ヨ》を安《ヤス》く渡《ワタ》るなり。斯目出度時《カクメテタキン》節《セツ》に生《ムマ》れ合《アハ》せ、唯徒《タヽイタツ》らに月日《ツキヒ》を送《ヲク》るは、無勿躰事《モッタイナキコト》にあらすや。飛鳥川《アスカカハ》、淵《フチ》は瀬《セ》と成、瀬《セ》は淵《フチ》と成《ナル》。月日《ツキヒ》の移替《ウツリカワル》事、光陰《コウインヤ》矢のことく也。奢《ヲコル》もの久《ヒサ》しからす、倹《ケンナル》もの昌久《サカヘヒサ》し。実《ゲ》に定無人《サタメナキヒト》の身《ミ》の上《ウヘ》、

壱民《イチミン》譟立《サワキタツ》れハ四民《シミン》揺《ウゴ》く。一季《キ》順和《ジュンハ》ならされハ、五穀《ゴコク》実法《ノミノリ》全《マツタ》からす。一夫《イツプ》昳《タカヤサ》されハ壱人飢渇《キカツ》に及《ヲヨ》ふ。一婦織《フヲラ》されハ壱人コヽエる。

3

一日《ニチ》の謀《ハカリコト》は鶏鳴《ケイメイ》にあり、鶏鳴《ケイメイ》に起《ヲキ》されは日果《ハテ、》て空し。一月《ケツ》の謀《ハカリコト》は朔日《ツイタン》にあり。朔日禮《ツイタンレイ》せつんは公儀《コウキ》空《ムナ》し。一年《ネン》の謀《ハカリコト》は陽春《ヨウシュン》にあり、陽春昳《ヨウシュンタカヤ》さすんは秋日空《シュウジツムナ》し。一期《ゴ》の謀《ハカリコト》ハ幼稚《ヨウチ》にあり。幼稚《ヨウチ》学《マナ》はすんは老後空《ロウゴムナ》しと、古《イニ》しへの人《ヒト》も申されき。適《タマ、》、日和《ヒヨリ》になりし折境抔《オリフシナト》に、僅《ハツカ》とおもひ不意《ユグリ》もなく、大切《タイセツ》の日《ヒ》に油断《ユタン》すれは、半日《ハンヒ》半時《トキ》の倦《タユミ》にても、始終《シシュウ》其身《ソノミ》に附纏《ツキマト》ふ。年《ネン》々歳《サイ》々人同《ヒトヲナ》しからす。遠《ト》き慮《ヲモンハカ》りなけれは、必近《カナラスチカ》き憂《ウレヒ》ありとかや。時候《シコウ》の順和不順合《シュンクハフシュンクハ》、潤《ウルヲ》ひの多少《タショウ》によって、三草四《サンソウシ》木五穀《モクゴコク》十穀、此外一切《コノホカイッサイ》のもの、出来《デキ》かた実法《ミノリ》かた値段等《ネダントウ》に至《イタ》るまて、年々歳々同《ヲナ》しからす。依《ヨツ》て其《ソノ》分限《ブンケン》々々に応《ヲホ》すへし。年々の豊凶《ホウキヨウ》を克《ヨク》々考合《カンカヲ》へし。衣食住《イショクシウ》の三《ミ》つハ不及申《モウスニオヨハス》、一切《イッサイ》之事、何《ナニ》ニても人間一期《ニンケンイチゴ》の間《アイタ》に平均《ヘイキン》する心《ココロ》になり、家《イエ》々に似合《ニアハ》せ、旦暮勘《タマカ》に暮《クラシ》を送《ヲク》れは、縦令凶作不作《タトイケウサクフサク》の年《トシ》に合《ア》ふとも、少《スコシ》も飢渇《キカツ》の愁《ウレイ》なく、上下大小《ジョウゲダイセウ》ともに世《ヨ》を寧《ヤスラカ》に送《ヲクラ》るものなり。

4

不意《ユクリ》もなく　かるはずみに。
旦暮勘《タマカ》に　倹約して控えめに

茲《ココ》に小田原の産《サン》、二宮の主《アル》しハ、公《ヲホヤケ》に忠《マメ》なるかたにて、世《ヨ》の人々の浮沈《ウキシツミ》有事《アルコト》を深《フカク》嘆《ナケキ》悲《カナシミ》、地水《チスイ》火風空《カフウクウ》の五つより事作《ワサナシ》て、諸人耕種業《ショニンナリハヒ》をして、止住《スカシイ》る土地《トチ》の上中下《シャウチウケ》を、九品《クホン》の浄土《シャウト》に昵近《ナツラ》ひ、乗《シャウ》船現量鑑《センケンリヨウカヽミ》と題号《ナタイシ》たるハ、實《ゲ》にも天明《ヲモシロ》く編綴《アミツヽリ》し、誠《マコト》に三世通達《サンセイツウダツ》の鏡《カヽミ》なり。國《クニ》々浦《ウラ》々嶋《シマ》々、町方村方《マチカタムラヽ》家《イエ》々、四民遊民《シミンユウミン》、人気風儀《ニンキフウキ》、言葉遣《コトバヅカイ》、職《シヨク》々業《ワサ》々、諸品諸道具《シヨシナシヨドウグ》、其《ソノ》ほか田畑山林《テンハタサンリン》、野原堀川《ノハラホリカワ》、海丘沼《ウミオカヌマ》堤《ツツミ》、魚鳥虫貝等《ウヲトリムシカイトウ》に至《イタ》る迄《マテ》、ミな何《イツレ》も上中下《シヤウチウケ》之次第《シタイ》なくて叶《カナハ》ぬものなれハ、其《ソノ》上中下之次第《シタイ》によって、各其分量《ヲノヽソノフンリヨヲ》を知《シ》り、弁《ワキマ》へさせん為《タメ》の操鏡《ミサオカヽミ》なり。是《コレ》を細《コマ》々発覚《ハッカク》あれは、彼西《カイニシ》の國《クニ》なる十萬億土《シウマンヲクト》の極楽《コクラク》も地《チ》こくも、今眼前《イマヽノアタリ》に見《ミ》るよりも明《アキラ》かに相分《アイワカチ》、永年《エイネン》の惑《マト》ひを晴《ハラ》すなり。知《シ》らさるかたハ是非《ゼヒ》もなし。若手《モシテ》にふれ候かたかたハ、身《ミ》の分量《フンリヤウ》を算勘《サンカン》し、己《ワ》か身《ミ》は上の上に止住《スカシイ》なるか、上の下に止住《スカシイル》か、上の中に止住か、上の下に止住か、中の上に止住か、中の中に止住か、中の下に止住か、下の上に止住か、下の中に止住か、下の下に止住か、或《アルイ》は智慧才覚《チエサイカク》、勢力気力《セイリヨクキリヨク》、器量奥念《キリヤウヲクネン》、勤《ツトメ》働《ハタラキ》或ハ諸芸職分《シヨゲイシヨクフン》の巧者不巧者《コウシヤフコウシヤ》、器用不器用《キヨウフキヨウ》、其外揄《アケ》て計難《カソヘカタ》けれと、各農税《ヲノヽナリワイ》して、栖居土地《スカシイルトチ》の上中下に随《シタカイ》、萬《ヨロツ》の事内輪《ウチハ》にして、己臓《ヲノレヨシ》と懐《ヲモウ》、惛《マヨヒ》の曇《クモリ》を磨揚《トキアケ》て、現量鏡に照《テラ》し勠《アハセ》、萬の事《ワサ》に気《キ》を配《クバ》り、家《イエ》のうち旦暮《タマカ》勘にして世《ヨ》を饋《ヲクレ》は、縦令《タトイ》下品下生《ゲホンゲシヤウ》に止住る人《カタ》ニても、段《ダン》々其功《ソノコヲ》によって、何鹿《イツシカ》前日今日《カレコレ》仕《スル》うちに、上品上生《シヤウホンシヤウシヤウ》に至《イタル》なり。亦《マタ》上品上生に栖居人《スカシイルカタ》ニても、心《ココロ》の欲《ホッス》る処《トコロ》、悪《ハル》く狂《クル》ひければ、忽惛《タチマチマヨイ》の雲起《クモヲコリ》り、自然《シゼン》と下品に零落《ヲチブルヽ》なり。

地水火風空の五つより事作て　「地水火風空」は仏教用語で、宇宙を構成する五つの要素（唯識述記、一末）。ここでは庶民の生業の根本条件からの意味か。

止住る土地の上中下　「止住」（すかし）は「すごし」（過ごし）の訛りか。後段では、「栖居」とも書く。土地に「上中下」とは、耕作する田畑や経営の善し悪しを指す。

九品の浄土　仏教用語。「観無量寿経」によれば生前に積んだ功徳の相違から極楽往生の仕方に、上品・中品・下品の三品があり、それぞれ上生・中生・下生の三等があるから、最上位の浄土である上品上生から最下位の下品下生まで、全部で九種類の浄土の差別があるとされる。百姓も身の処し方から将来の暮らし向きに差異を生ずることを、九品浄土（九品蓮台）になぞらえ言ったもの。

操鑑　自己の節操を守り抜く手本。

彼西の國　死語の世界、彼岸。ここでは百姓の将来を指す。

各農税して　農業を営み、領主に納税の義務を果たすこと。

己臧と懐　自分はこれでいいのだとして怠りの気持ちを起こすこと。

夫惟《ソレタヽ》人は富貴《フウキ》は富貴、貧賤《ヒンセン》ハ貧賤、各《ヲノ》々身《ミ》に備《ソナハ》りある家業《カキヤウ》を大事《タイジ》にして、己住居家《ワカスマイルイエ》々の分限《フンケン》を工善《ヨク》衛《マモリ》、心正《ココロタヽシク》身《ミ》を修《ヲサメ》、家《イエ》を斉《トヽノヘ》るときハ、高《タカフ》して危《アヤウ》からす、卑《ヒキク》して易《ヤス》し。尓《シカ》し、当時《イマトキ》の人《カタ》々は十人か九人迄ハ、氙火《ヤウクワ》ノ奢《ヲコリ》に燃《モエ》のほり、調子《テウシ》か僣《ソレ》て居《ヲル》ゆへ、上《ウエ》もなき結構《ケッコウ》な善《ヨ》きことか眼《メ》に触《フレ》、耳《ミヽ》に触《フレ》ても、己《ヲノレ》々か猿利根《サルリコン》に迷《マヨ》ひ、誠《マコト》の耳眼《ミヽメ》なき故《ユエ》、其《ソノ》誠の処《トコロ》へハ、心止《ココロトヽマラ》すして、皆脇道江斗行《ミナワキミチハカリユク》なり。不異道筋《ヲナシミチスジ》を視聴《ミキヽ》して、別格《カクヘツ》に看聴《ミエキコヘル》と申《モウス》わけにてハなけれと、観洗聴洗《ミスカシキヽスカシ》、心《ココロ》に誠《マコト》に耳定止と不止《トヽメサル》との両《フタツ》なり。詩《シ》に曰《イワ》く、緡蠻《ミンバン》たる黄鳥止《クワウテウトヽマル》于丘隅《キウクウニ》。子曰《シノイハク》、於レ止《ヲイテトヽマルニ》、知二其所止《ソノトコロヲトヽマル》一、可二以《ヘケンモッテ》レ人《ヒトヲ》而不《サル》レ如《シカ》レ鳥乎《トリニヤ》。語曰《コニイワク》、心不《ココロサレハ》レ在《アラ》焉、視《ミテ》而不《ス》レ見《ミ》、聴《キイテ》而不《ス》レ聞《キカ》、食《クラツテ》而不《ス》レ知《シラ》二其味一。畢竟《ヒツキヤウ》、上《ウヘ》もなき結構《ケツカウ》な書物《カキモノ》を、不断視《フダンミテ》ハ居《ヲレ》とも、己勤《ヲノレツトム》る心《コヽロ》ハ微《スコシ》もなく、唯自慢高慢《タヽジマンコウマン》に誇《ホコリ》、月待《ツキマチ》・日待《ヒマチ》等の咄《ハナシ》の種《タネ》に斗為《ハカリナス》ゆへ、其甲斐更《ソノカイサラニ》なく、噺《ハナシテ》人も聞《キク》人も無益《ムエキ》の手間隙《テマヒマ》費《ツイヤカ》し、中《ナカ》には夫《ソレ》を縦言《カコト》に種々《シユ》宜《ヨロ》しからぬことを催《モヨウ》し仕出《シタス》なり。初《ハシメ》の程《ホト》は微《スコシ》の様《ヤウ》ニ懐《ヲモ》ひ居《ヲレ》とも、末《スエ》々に至而《イタリテ》ハ悪《アク》か募《ツノリ》、善悪邪正《ゼンアクジヤシヤウ》、貧福金《ヒンフクキン》の利倍為《リハイスル》に不異《ヲナシウ》して、終《ツイ》に我身《ワカミ》を責亡《セメホロボ》すなり。此期《コノゴ》に及《ヲヨ》んで天道《テントヲ》に差《タカヒ》たる事、初《ハシメテ》て気《キ》か付、後悔《コウカイ》しても間《マ》にあわす。凌度思《シノキタクヲモ》ひ除《ヨ》け払《ハラハン》と為《スレ》は、前後左右《センコサユウ》より利鬼《イラケ》たる声《コエ》をかけて、鑓鉄炮《ヤリテツポヲ》よりも魔《ヲソロシ》き、責道具《セメドウグ》にて衝立《ツキタテ》らるゝ故、少時《シハラク》も凌事不叶《シノグコトカナハス》、仕居《シツト》してハ居不手留《イタヽマラレス》、為左為右《トヤセンカクヤセント》、昼夜《チウヤ》所有《アラユル》工夫《クフウ》を凝《コラ》せとも、智恵才覚《チエサイカク》ニも力《チカラ》にも及《ヲヨ》ばす、途方《トホウ》ニ晩《クレ》、狼狽《ロヲロヲ》々為うちニ、説破詰《セツパツマツ》て無為方《センカタナク》、己《ヲノレ》か作拵《ツクリコシラヘ》たる罪《ツミ》の中江追倒《ヲイヲト》され、永久《エイキウ》身《ミ》を沈《シツム》るなり。是《コレ》、善悪邪正貧福金利倍《センアクシヤシヨウヒンフクキンリハイ》の巻、唯一無量《ユイチムリヤウ》、無量唯一と添書《ソエカキ》の始《ハシメ》の件《クタリ》ニ有通《アルトヲリ》、少《スコシ》も忒《タカイ》はなし。依《ヨツ》て善悪《ヨシアシ》ともに其始《ソノハチメ》の思《ヲモ》ひ込《コミ》か大事《ダイシ》なり。語曰、辟如二行レ遠 必自《カナラスヨリ》レ近《チカキ》一。辟如《ハコトク》二登レ高《ノボルカタカキニ》 必自《スカ》レ卑《ヒキキニ》一。百里千里《ヒヤクリセンリ》の道《ミチ》も一歩《イツポ》より始《ハシマ》る。一足《ヒトアシ》の踏《フミ》出《タ》しか大事也《ダイヂナリ》。

氜火ノ奢に　氜はつよい、あがるの意。「氜火」は奢りの甚だしいことをさす。

猿利根　猿利口、猿利発に同じ。こざかしいこと。

耳定止　「聢と」、しっかりと、たしかに。

緡蕃たる黄鳥止于丘隅、子曰《シイハク》、於止《ヲイテトヽマルニ》、知其所止《シルソノトコロヲトヽマル》、可以人《ヒトヲモツテ》而不如鳥乎《トリニシカザランヤ》　『詩経』小雅、緜蠻に、「緜蠻タル黄鳥丘隅ニ止ル」とある。緡蕃は綿蛮、すなわち緜蠻か。「べんばん」と読む。緜はわた、緜蠻は細く長く声を引いて鳴く鳥の声の形容。すなわち小鳥の様子を表す。無邪気にさえずる小鳥たちでさえ、止まる所を選び止まるの意味か。以下、「子曰《シイハク》、於止《ヲイテト、マルニ》、知《シル》其所止《ト、マル》、可以人《ヒトヲモツテ》而不如《トリニシカザランヤ》鳥乎」を含め、『附釋音禮記注疏』第六十にある。

語曰、心不在焉、視而不見、聴而不聞、食而不知其味　語曰《コニイハク》とあるが、『論語』ではなく『大学』三章に、「心不在焉、視而不見、聴而不聞、食而不知其味、此謂脩身在正其心」とある（岩波文庫、金谷治訳注『大学・中庸』五一頁）。

縦言　託言。他にかこつけて言う言葉。かこつけごと。

利鬼たる　あせって、いらいらした。

狼狼々々　浪々または踉々のことか。よろめき、さすらい歩くの意か。

善悪邪正貧福金利倍の巻　尊徳の著作の書名か、または前掲「乗船現量鑑」の中の一節か。

語曰、譬如行遠必自近。譬如登高必自卑。　語曰《コニイハク》とあるが、『論語』ではなく、『書経』（太甲下）に「若升高必自下、若陟遐必自邇」（高きに升《のぼ》るに必ず下《ひく》き自《よ》りするが若《ごと》くし、遐《とほ》きに陟《のぼ》るに必ず邇《ちか》き自《よ》りするが若くす。）とある（『新釈漢文大系　書経下』四二五頁）。

6

一國《イツコク》を持主《タモツアル》しニても、又《マタ》は僅《ハツカ》なる家《イエ》の主《アル》しニても、真実心誠《シンジツシンセイ》に頼《タノ》ミにする明《アキラ》らかなる鏡《カヽミ》と云《イウ》ものかなけれは、己《ワ》か心《ココロ》の雲霧《クモキリ》を精合《ミカキアハ》せ、過不及《カフキウ》の差《タカイ》を観知《ミシル》事成《ナラ》ぬ故《ユヘ》、仕事《スル》為事《ナス》皆齟齬《ミナクヒチカフ》なり。天道《テントヲ》を踏《フミ》違《タカイ》ひたる事も知らす、何国迄《トコマテモ》、此通《コノトヲリ》に行《ユク》々懐《ヲモウ》うちに、卒尓《ニハカニ》に洪水《コヲスイ》の泄《モレカヽル》懸やうな事か出来《イテキ》て、先祖《センソ》より持伝《モチツタ》へたる田畑《テンハタ》も、家屋敷地面諸道《イエヤシキチメンシヨタウ》（具《ク》）までも、一時《イチシ》に押流《ヲシナカ》され、其上《ソノウエ》、大病《タイヒヤウ》抔《ナト》を煩《ワツラ》ひ、一《イツ》家親類親兄弟《ケシンルイヲヤケイテイ》、側《ソハ》に付添《ツキソ》ふ妻子眷属《サイシケンソク》までに、断末魔《ダンマツマ》の憂目《ウキメ》を見《ミ》せ、後《ノチ》々ハ命《イノチ》迄も失《ウシナ》ひ、内輪《ウチワ》ミな離《ハリレ》尽《ツキ》て、散《チリ》々に成《ナル》やうに、天《テン》より一時《イチトキ》に、其罪《ソノツミ》を責紕《セメタヽサ》るもあり。醜《ヲソロシ》き事にあらずや。誰人《タレヒト》ニても年《トシ》老《ヲイ》てハ、元《モト》の若木《ワカキ》に立戻《タチモト》りハ成《ナ》らぬものなれは、身《ミ》の幾末《ユクスヘ》、子孫不便《シソンフヒン》と深《フカ》くも露《ヲモイ》、総《スヘ》て無益《ムエキ》の奢遊《ヲコリユウ》芸《ゲイ》ニ心《ココロ》を寄《ヨス》へからす。老衰《ロヲスイ》に至《イタリ》てハ、何程心《トラホトコヽロ》か八十嶋《ヤタケ》に時行《ハヤリ》ても、地水火風空《チスイクハフウクウ》の仮《カリ》もの、日増《ヒマシ》に磷《ウスラ》き、段《ダン》々肉落《ニクヲチ》、眼眇《メカスミ》、耳遠《ミヽトヲ》くなり、息切抔《イキキレナト》して、萬端思《バンタンヲモ》ふよふニ四足《シソク》の動働《ウコキハタラキ》は、出来兼《テキカヌ》るものなれは、左右《トモカク》袖《モ》幼少《ヨウシヤウ》より、心懸給《ココロカケタモ》ふべし。偶《タマヽ》ものか方便《ダマカシ》を以、人鄭声郷原《ヒトテイセイキヤウゲン》の類《タグ》ひニして、却《カエツ》て人々を惑《マトハセ》、是《コレ》か為《タメ》に、天下《テンカ》の法度《ハツト》を破《ヤブ》る也。右躰者《ミギテイノモノ》を古《イニシエ》の聖達《ヒシリタチ》も徳《トク》の賊《ゾク》とはいふ。天《アメ》か下《シタ》の事《コト》ハ夫《ソレ》々に規矩《キク》と申ものか立《タテ》て有故《アルユヘ》、其法《ソノホヲ》に外《ハヅ》れ、不正真《フシヤウシン》の教《ヲシヘ》は必伝《カナラスツタ》ハリ難《カタ》し。教伝《ヲシヘツタハ》らすして子孫《シソン》永久相続《エイキウソヲゾク》する謂《イハ》れなし。

露　なにゆえ「露」をおもうと読ませるか不詳。

八十嶋に　弥猛と書く。いよいよ勇み立つさま。

地水火風空の仮もの　天地自然からの借り物。すなわち生まれながらの心身。

鄭声　鄭声は鄭音。鄭の国の音楽。みだらな音楽。

郷原　不誠実だが世渡りがうまく村では有徳者のようにいわれている偽善者。『孟子』尽心下に「同乎流俗、合乎汙世、居之似忠信、行之似廉潔、衆皆悦之、自以為是、而不可與入堯・舜之道、故曰徳之賊也（流俗に同じくし、汚世に合わせ、之に居ること忠信に似、之を行なうこと廉潔に似たり、衆皆之を悦び、自らは以て是となさんも、而も與て堯・舜の道に入るべからず。故に徳の賊と曰うなり。）」（岩波文庫『孟子下』四三三頁）

右躰者を古の聖達も徳の賊とはいふ　前掲註「郷原《キヨウゲン》」の『孟子』の章句や『論語』陽貨篇の「子曰、郷原徳之賊也（子の曰く、郷原は徳の賊なり）などをふまえる。」（岩波文庫二四三頁）。

7

昔時《ソノカミ》、梁《リヨウ》の武帝《フテイ》といふ君《キミ》、民《タミ》を深《フカ》く憐《アハレ》ミ給《タマ》へ、三度《サンド》の食《シヨク》を一ビハ蔬素《ソソ》を食《クラ》ひ、宗廟《ソウビヤウ》に麪《メン》を以犠牲《ギセイ》に為《ツクル》。死刑《シケイ》を断《ダン》すれは、是《コレ》か為《タメ》に涕泣《テイキウ》する事、最愁腸《イトシウシヤウ》なり。其遺悶普《ソノヲモイヤリアマネ》く天下ニ行渡《ユキワタ》り、民皆其恵《タミミナソノメク》仁《ミ》を知《シ》る。然《シカ》れとも武帝《フテイ》の末《スエ》ニ至り、江南《コウナン》[3]大《ヲ、イ》に二(衍)乱《ミタ》る。仁心仁聞《ジンシンジンフン》[4]ありとも、全《マツタ》ク先王之道《センノウノミチヲ》不行《ヲコナハサル》故《ユヘ》、其恩澤後世《ソノオンタクコウセイ》の法《ハウ》に不傳《ツタハラス》。然《シカラ》は、則《スナワチ》仁心仁聞ありとも、亦《マタ》は金銀朱玉《キンギンシユキヨク》を積《ツ》ミ重《カサネ》て子孫《シソン》江譲《ユツ》り残《ノコ》すといふとも、身《ミ》を修《ヲサ》め家《イエ》を斉《ト、ノフ》る教《ヲシヘ》の本末《ホンマツ》を伝《ツタヘ》へされは、子孫《シソン》ニ至り次第《シタイ》ニ奢《ヲコリ》に長《チヤウ》し、下品《ゲホン》に堕《ダ》在《サイ》するより外《ホカ》ハなし。依《ヨツ》て二世も三世《セ》も安養浄土《アンヤウシヤウト》に永続《エイゾク》を願《ネカ》ふ、深《フカ》き志《コ、ロサシ》ある輩《トモカラ》は、呉々《クレ》も現量《ケンリヨヲ》鏡《カ、ミ》を身《ミ》の立柱《タテハシラ》として克々《ヨク》発明《ハツメイ》いたし、此教《コノヲシヘ》の入道《ヨコナイ》を子々《シ》孫々《ソン》江伝《ツタ》へ残《ノコ》し給《タマ》ふべし。子孫《シソン》ニ至《イタ》りて自然《シセン》に天道利運《テントヲリウン》の福《サイワイ》を得《エ》て、若臨時《モシリンシ》の金銀米銭蔵《キンギンベイセンクラ》に満来《ミチキタ》らハ、報徳元恕金《ホヲトクゲンジヨキン》に相償《アイツクノイ》、人をも資《タスケ》、己《ワレ》も資《タスカ》り候か何《ナニ》より善根報徳《ゼンコンホヲトク》なり。亦《マタ》ハ荒野《アラノ》となりし田畑《テンハタ》あらは、田畑開発委積雛形《カイホツイセキヒナカタ》を、其村里《ソノムラサト》の名《メイ》主《シユ》より地頭領主《ヂトウリヨヲシユ》の役人《ヤクニン》江申立《モヲシタテ》、絶《タヘ》たる世《ヨ》を継《ツ》き廃《スタレタル》を興《ヲコ》し、単父《タンホ》の百姓《タミ》に立直《タテナヲ》し候か、天子天下《テンシテンカ》将軍《シヤウグン》の忠孝《チウコウ》也。民惟國本《タミハコレクニノモト》、本固國寧《モトカタケレハクニヤスシ》。私欲横領邪気乱業《シヨクワウリヤウジヤキラチワサ》なく、唯能天道《タ、ヨクテントヲ》を衛《マモリ》、二宮氏のことく世一《ヨノナカ》統《トヲ》、挙《コソツ》て心《ココロ》を打揃《ウチソロヒ》、夙夜緩怠《シヤクヤカンタイ》なく、悃切《シンセツ》に勤働《ツトメハタラカ》ハ、自《ヲノツカ》ら天《テン》の時《トキ》も違《タカハ》す、五日《コニチ》の風枝《カセエタ》を鳴《ナラ》す。四海波静《ヨツノウミナミシツカ》にして、天禄益隆《テンロクマス、サカン》になり、御代静謐《ゴヨセイヒツ》の上《ウヘ》ニも猶静謐《ナヲセイヒツ》を重《カサネ》、農人《ノウニン》ハ畔《アゼ》を譲《ユツ》り、往《ワウク》還《ワン》ハ道《ミチ》を発《ヒラ》き、天地位焉《テンチクライシ》、万物育焉《ハンフツヤシナハル》。鳶飛戻天《トヒトンテテンニイタル》、魚躍於淵《ウヲフチニヲトルト》、言其上下察也《ソレシヨウカアキラカナルヲイフ》。戸《ト》さゝぬ御《ミ》代《ヨ》と成《ナ》らん事、毫厘《ゴヲリ》も疑《ウタカ》ひあるへからす。

8

今《イマ》の世《ヨ》におひてかやうなる事《コト》を申ハ、大新加根《ヲホアラカネ》の芁菑《キウシ》を、毛抜《ケヌキ》や絹針《キヌハリ》を以、截開発《キリヒラカン》といふやうな事《コト》なれとも、全《マツタク》左道《サヨヲ》の訳《ワケ》ニてハなし。疑《ウタカハシク》は当生《イマノヨ》の猩々《シヤウ》とも、青酔《ナマエイ》を能醒《ヨクサマ》し、二宮氏の野州芳《ヤシウハ》賀《カ》郡《コホリ》物井《モノイ》の郷《サト》、荒野《アラノ》となりし田畑《タハタ》を開発《カイホツ》いたし、数多《アマタ》の百姓《タミ》を取立《トリタテ》、勤功尽《キンコヲツク》した上《ウヘ》ニて、有儘《アリノママ》なる分野《アリサマ》を書偏《シヨヘン》したる鎖《クサリ》を錠《ツナキ》し、田畑開発《テンハタカイホツ》委《イ》積雛形《セキヒナカタ》並乗船現量鏡《シヤウセンケンリヤウカヽミ》・報徳元恕金雛形《ホウトクケンジヨキンヒナガタ》、右之《ミキ》三巻《ミマキ》ヲ克々《ヨク》勘弁察《カンベンサツ》して観《ミ》よ。嘘《ウソ》も誠《マコト》も皆明《ミナアキ》らかに知《シ》るなり。語曰《コニイワク》、譬ハ如シレ為ルカレ山ヲ、未タレ成サ一簣ヲ止ハ、吾レ止ムナリ。如シ二平地ノ一、雖レトモ覆二ツト一簣一ヲ進ハ、吾レ往《ユ》ク也。才一粒《ワツカイチリウ》の米種《モミ》の中《ウチ》ニさへ、大千世界《タイセンセカイ》の生《シヤウ》あるものゝ、命《イノチ》を助《タスク》る気《キ》を含《フクミ》てあり。是《コレ》ハ米粟《モミ》ニハ限《カキラ》らす、雑穀其外一切《ソヲコクソノホカイツサイ》の種《タナツ》物《モノ》、其根本《ソノヲホモト》ハ一粒《イチリウ》より段《タン》々次第《シダイ》々々に充満《シウマン》して、大千世界《タイセンセカイ》に行渡《ユキワタリ》り、人間《ニンケン》ハ不及申《モウスニヲヨハス》、生《シヤウ》あるものゝ扶食《フヂキ》とハなれり。蓋善悪邪正《ケタシセンアクシヤシヤウ》も如斯《カクノコトク》の理《リ》ニ同《ヒト》しき心《ココロ》ならん。前《サキ》ニも申ことく、千里《センリ》の道《ミチ》も元《モト》一歩《イツホ》より始《ハジメ》、万里《バンリ》の元《モト》を能悟《ヨクサト》れハ、始一歩《ハシメノヒトアユミ》の踏出《フミイタ》しにあり。始《ハシメ》の踏出《フミイタ》しの心得悪《ココロエアシ》しケれハ、行《ユキ》き届《トヽ》かれぬなり。

大新加根　新加根は「粗金（あらがね）」で採取したままだ精錬していない金属。粗金が土中にあることから、土（つち）や大地にかかる枕詞。

兂畓　兂は、辺地の荒野。畓はシ、又はサイと読み、荒れた田畑、立ち枯れた草木、転じてわざわい。

当生の猩々　当生は当世。猩々は中国で想像上の怪獣。面貌人に類し、よく人語を解し、酒を好む。転じて大酒家、怠け者を揶揄して言う。

語曰〜吾往ク也　語曰《コニイワク》、譬ハ如シ為ルカ山ヲ、未タ成サズ一簣ヲ止ハ、吾レ止ムナリ。如シ平地ヲ、雖トモ覆ツト一簣ヲ進ハ、吾往ク也。『論語』子罕篇に、「子曰、譬如為山、未成一簣止、吾止也。譬如平地、雖覆一簣進、吾往也。（子の曰わく、譬えば山を為るが如し。未だ一簣を成さざるも、止むは吾が止むなり。譬えば地を平らかにするが如し。一簣を覆すと雖ども、進むは吾が往くなり。）」（岩波文庫一二四頁）とある。

千里の道も元一歩より始　『老子』（六十四章）に「千里之行、始於足下（千里の行も足下より始まる。）」（岩波文庫『老子』二九〇頁）とある。

9

儒仏神《ジユフツシン》の三道《サントヲ》といふとも、一言一法《イチケンイツホヲ》より開《ヒラ》けて萬《ヨロツ》の法《ホヲ》となる。萬法《バンホヲ》ニ開《ヒラ》けたる其元《ソノモト》を悟《サト》れは、一《イチ》言一法《ケンイツホヲ》に帰集《キシウ》す。此外天地《コノホカテンチ》の間《アイダ》に有程《アルホト》のことは、一切萬機《イツサイハンキ》開《ヒラ》きたるものは、又元《マタモト》の一《ヒト》ツに帰集《キシウ》するハ天理《テンリ》也。天理《テンリ》に違《タカイ》て身《ミ》を亡《ホロホ》し、子孫永《シソンナカ》く絶《タユル》か道《ミチ》か、天理《テンリ》を守《マモ》りて子孫永《シソンナカ》く昌《サカウ》か道《ミチ》か。両道《リヤウドウ》孰《イツレヲ》か忠孝《チウコヲ》といわん。何《イツレヲ》か不忠《フチウ》といわん。亦何《マタイツレヲ》か取《ト》らんや。雲靄《ヲヽアメ》颰《ヲヽカセ》大嵐《ヲホアラシ》、又《マタ》は気候順和《キカウシユンクワ》ならすして五《コ》穀登《コクミノラ》す。不熟《フシユク》するハ是非《ゼヒ》もなし。田畑次第《テンハタシタイ》に荒野《アラノ》となり、百姓《タミ》分散《フンサン》して竈亡滅《カマトホヲメツ》するは、必其《カナラスソノ》時《トキ》之役人《ヤクニン》の政事方《セイジカタ》の行届《ユキトヽ》かさる故《ユエ》ならんや。実《マコト》なるかな爰《コヽ》を以、國主《コクシユ》は愛㆓賢人㆒《ケンシンヲアイシ》、嫌㆓佞人㆒《ネイシンヲキロフ》之由《ノヨシ》、名将《メイシヤウ》多《ヲホク》被戒置《イマシメヲカル、》也《ナリ》。朱子曰《シユシノイワク》、日月《シツケツ》の両輪《リヤウリン》ハ天地《テンチ》の眼《マナコ》、詩書《シシヨ》の万巻《マンクワン》は聖賢《セイケン》の心《コヽロ》、名将《メイシヤウ》の戒《イマシ》め被置候《ヲカレソウロ》。言葉《コトハ》を脇物《ワキモノ》になし、日月《シツケツ》を晦《クラマ》し、聖賢《セイケン》の言葉《コトハ》をおかし、国家《コクカ》修《ヲサマ》る謂《イワ》れ何《ナニ》とて有《アル》へきや。乱《ミタ》るゝも治《ヲサマ》るも栄《サカウ》ふも亡《ホロ》ふ事も、仁《ジン》に心《コヽロ》を止《トヽム》ると不止《トヽマラサル》との両《フタツ》ならすや。大小《ダイシヤウ》ともに止《トヽマ》り居《ヲ》る処《トコロ》の身《ミ》の分限《フンケン》を弁《ワキマ》へす。萬《ヨロツ》のこと自恣《ホシイママ》に取行《トリヲコナ》ひ、美食《ビシヨク》美服《ビフク》花麗《クハレイ》を好《コノ》ミ、余《アマ》りニ體斗《カラタハカリ》を大事《タイシ》にして、奢《ヲゴリ》に驕《ヲコリ》を重《カサ》ね、十分《ジウフン》に世《ヨ》を送《ヲク》りたかる故、其奢《ソノヲコリ》の悪《アク》の種斗《タネハカ》り、子孫《シソン》江蒔置故《マキヲクユヘ》、次第《シタイ》に悪《アク》か大《ヲヽ》きく成《ナリ》、断絶《タンセツ》に及《ヲヨ》ふ也。

10

二宮氏ノ歌に

侘　春の野に芽《メ》たつ草木《クサキ》を能観《ヨクミレ》ハ、去《サリヌ》る秋《アキ》に登《ミノ》る種《タネ》々

と申歌のことく、善《セン》の種《タネ》を植《ウヘ》れは、福来《サイワイキタツ》て身家《ミイヘ》を潤《ウルヲ》し、悪《アク》の種《タネ》を植《ウヘ》れは災来《ワサワイキタツ》て家身《イヘミ》を亡《ホロボ》す故、仮《カリ》ニも悪事《アクジ》ハ致《イタ》さぬかよひと申教訓《キヤウクン》也。前《サキ》なる唐士《モロコシ》の大聖孔子《タイセイコウシ》の教道《キヤウトヲ》、天竺《テンチク》の釈尊《シヤクソン》の教化《キヤウケ》、我《ワカ》国天照大神《クニノテンシヤウタイジン》の託宣《タクセン》、何《イツ》れも落《ヲツ》る処《トコロ》ハ同《ヲナ》し。谷川《タニカワ》の水《ミツ》にして大海《ヲホウミ》より外《ホカ》ニ行《ユク》へき道更《ミチサラ》ニ有《アル》へからす。二宮氏の綴《ツヽ》りし此四巻《コレヨマキ》も、右《ミギ》の理《コトワ》りにして外《ホカ》ならす。衣食住《イシヨクヂウ》の三《ミ》つを程《ホト》よく持教《タモツヲシヘ》の根本《コンホン》なり。見《ミ》る人非《ヒトヒ》ほふする事《コト》なかれ。又《マタ》ハあさけり笑《ワラ》ひ給《タモ》ふへからす。表《ヲモテ》から唯一通《タヽヒトヽヲ》り見《ミ》てハ、左様《サヤウ》ニもなきやうニ見《ミ》ゆれとも、其奥意《ソノヲクイ》ニ至《イタ》りては、何《イツ》れもミな天下国家《テンカコクカ》を治《ヲサム》る至法《シホウ》にして、古今稀成書《コキンマレナルカキ》物《モノ》なり。発明《ハツメイ》して用《モチユ》るものハ、国家栄《コクカサコ》ふ。不仁者《フジンシヤ》ニて力及《ツトメヲヨ》はす、不用《モチヘザル》ものハ亡《ホロ》ふ。衣食住《イシヨクチウ》の三《ミ》つ

ハ人間第一《ニンケンタイイチ》の道《ミチ》なり。珍文漢語《チンフンカンコヲ》、青半読《ナマナカヨン》て鸚鵡猩《アウムシヤウ》々のことく、半面学《ナマモノシリ》の物真似《モノマネ》を施《ホトコ》し、狭斜不頼《カウシヤフライ》に修《ホコラン》より、平生取扱《ヘイゼイトリアツコ》ふ文字《モシ》を以、速《スミヤ》かに綴《ツヽリ》りし此四巻《コノヨマキ》を明察《メイサツ》ありて、子《シ》々孫《ソン》々ニ至《イタ》る迄、永久助《エイキウタスカ》る道《ミチ》を勤《ツト》め給《タマ》へと云尓《シカイフ》。

狭斜不頼　狭斜《カウシヤ》は狭く曲がりくねった道。不頼は無頼、すなわち何の利益にもならないこと。

跋　11

二宮氏、志道以来、悪衣悪食ヲ恥ルコトナク、深ク先哲之集義ヲ慕ヒ、実学ヲ好ミ、能心術ヲ明ラカニシテ、躬《みずから》ノ行ヲ修ム、其真タルコト温和ニシテ、慈愛物ニ及ヒ、實ニ愷悌《がいてい》之君子ト可謂乎。嘗テ人ハ天地一理之道ヲ不知シテ、徒ラニ光陰ヲ送り、忠勤之行ヒニ不《ス》レ竭レ力《ツクサチカラヲ》、動《ヤヽモ》スレハ柔弱《ジウジヤク》ニ陥《ヲチ》ル者ヲ病《ウレ》フ、子孫永久此失有ランコトヲ慮量《ハカリ》、於是算勘ヲ加テ以テ報徳玩恕ノ一巻ヲ著シ、教喩ヲ世ニ残ント欲ス。同藩之諸士以テ泛ク族人《ゾクニン》ニ頒ケ与ントス、不二亦《スヤ》信一ナラ乎、嗚呼後ノ世ノ人、報レヒ恩ヲ謝レシ徳ヲ、博ク算勘・賢範之旨ヲ求ルトキハ、則チ其志ヲ継キ其事ヲ述ルニ、庶幾乎、若シ徒ラニ、名聞、利欲、奢ノ三ニ走ラハ、則《スナハチ》上下共誤り多カルヘシ、其甚ニ至ハ、喪《ウシナウ》レ元ヲ損レシ身、禍ヲ天下貽《ノコ》スコト必也矣。苟モ此巻ヲ覧者、発明シテ以テ終身亀鑑ト為サハ、則チ以テ恩ヲ報ヒ徳ヲ謝スノ基ヒト為《ス》ルニ足ル、巻成ル、需二ム言ヲ于余一ニ。因テ其尾リニ跋ス。二宮氏ハ、相陽小田原ノ産、地地(衍方博智ノ人也。

天保六旃蒙協洽霜月

書於野州芳賀郡大内庄桜町舘中

羽州村山郡最上ノ庄　若林自脩誌

天保六旃蒙協洽　旃蒙は十干の乙の別称。太歳（木星）が乙にあることをいう。協洽は未の別称。陰陽が化そうとして万物の和合する義。すなわち乙未のこと。

報徳章句補註

報　徳

父母根元在天地令命徳

易ニ、天地交テ而、萬物通ス也、上下交テ而、其志同シ也。

書ニ、惟レ天地ハ萬物ノ父母、惟レ人ハ萬物ノ之霊、亶《まこと》ニ聡明ナレハ作リ二元后一ト、元后作二ル民ノ父母一ト、天地所レ生スル、以レテ人為二ス萬物之長一ト、人誠ニ聡明ナレハ、則為二リ大君一ト、而為二ル衆民ノ父母一ト

身體根元在父母生育徳

詩ニ、亡レ念二コト爾ノ祖一ヲ、聿二脩ム其徳一ヲ、夙ニ興キ夜ニ寝ネ亡レレ忝二ムルコト爾ノ所生一ヲ、
語ニ、子生テ三年、然シテ後、免二ル於父母ノ之懐一ヲ、夫レ三年之喪ハ天下之通喪ナリ也

子孫相続在夫婦丹精徳

書ニ、能ク汝チ庸ユレ命ヲ、巽《シタカ》二ヘ朕カ位一ニ、岳曰否徳ナリ、忝メン帝位ヲ、曰明カニ明ナルヲ
揚二ケヨ側陋一ヲ、　師《モロイ》錫レテ帝ニ曰、有二リ鰥在一レル下ニ、曰二虞舜一ト、帝曰兪リ
予モ聞ケリ如何ン、　明々ナル我祖萬邦ノ之君、有レ典有レ則、貽ル二厥子孫一ニ、
按ニ親能ク　知二子ノ不肖ヲ一、則子亦知二身ノ否徳一ヲ而、其不レ忝シメ二相続ヲ一也、
堯ハ以レテ不レヲ得舜ヲ、為ス二己カ憂ト一、　舜ハ以レテ不レヲ得二禹皐陶一ヲ、為二ス
己カ憂一ト、夫レ以二百畝ノ之不一レヲ易ラ、為二ス己カ憂一ト者ハ農夫也

父母富貴在祖先勤功徳

書ニ、克ク綏二ンシ先王之禄一ヲ、永ク底二セ烝民ノ之生一ヲ、嗚呼七世之廟、可二以テ
観一レス徳ニ、萬夫ノ之長、可二以テ観一レス政ヲ、不レレハ懽二自盡一コトヲ、民主罔三與ニ成二スコト
其功徳一ヲ、　上有二レハ報レノ徳ヲ之心一、則下亦有レ所二自盡一矣

我躬富貴在父母積善徳

詩ニ、哀哀父母、生レシメ我劬労ス、無レケレハ父何ヲ怙マン、無レレハ母何ヲ恃ン、出レハ則銜レミ恤ヲ、入レハ則靡レシ至、欲レレハ報ニ之ニ徳一ヲ、昊天罔レシ極

蘇秦ニ、嗟呼貧窮ナレハ、則父母不レ子トセ、富貴ナレハ、則親戚畏懼ス、人生ニレテ世上一ニ、勢位富厚盍、可ニンヤ以忽《ユルカセニ》一乎哉

子孫富貴在自己勤労徳

詩ニ、孔《ハナハ》タ恵ニ孔タ時アリ、維レ其レ盡レス之ヲ、子々孫々勿レシテ替コト引レフセヨト之ヲ不レ能レ保ニスルコト我子孫黎民一ヲ、亦曰ク殆ヒ哉《カナ》、　父母、念ニヒ祖先ノ徳一ヲ、勤労スレハ、則子孫モ亦有下報ニルノ其ノ徳一志上也、子孫ノ之光栄ハ、労レ心ヲ労レ力ヲ、夙夜勤不レノ怠之功徳

記史ニ、節倹謹信、以レテ寿ヲ終ニ傳ニフ於子孫一ニ　世家ニ吉執レヲカ大ナラン焉、其後必蕃昌

禮記ニ、博聞強識而譲リ、敦ニシテ善行一ヲ而不レ怠ラ、謂ニ之ヲ君子一ト、　以ニテ天下一ヲ與レルハ人ニ易ク、為ニメニ天下一ノ得レルハ人難シ、　以レテ財ヲ與ニルハ子孫一、雖レトモ有ニ其ノ實一、然モ其所レ及フ、亦有レテ限り而難レシ久シ

身命重養在衣食住三徳

左傳ニ、食ハ不レ二レ味ヲ、居ハ不レ重レネ室ヲ、不レ崇《タカクセ》レ壇ヲ、器ハ不二彫鏤一セ、宮室不レ
観セ、舟車不レ飾ラ、衣服財用撰ンテ不レ取レ費ヲ
韓非子ニ、楽《コノミ》レ美二スルコト宮臺池一ヲ、飾二テ子女狗馬一ヲ、以テ娯二シム其心一ヲ、此人主
之殃也
柳子ニ、善ク養レ命ヲ者ハ、鮐背鶴髪成二ス童兒一ヲ、　葵澤傳ニ、性命寿長、終二フ
其天年一ヲ、　或人欲レシテ足二食衣住一ニ而、不レル願レル外者ハ免レル殃ヲ、是レ則長二
養スルノ身命一ヲ根也

衣食住三在田畑山林徳

田野不レレハ辟ケ、則五穀不レ分タ、山林不レレハ茂、則材用不レ足也、
文選賦ニ、処二レハ沃土一ニ、則逸ス処二レハ瘦土一ニ、則労ス此レ繋二ル乎地一者也

田畑山林在人民勤耕徳

古語ニ、天無二シ私ニ覆一フ、地無二シ私ニ載一スルコト、　雖レトモ有二リト百艸百木一、
人民ノ之無二シテ勤耕一而、能ク難二シ長生一シ也、故ニ、雖レトモ　有二ト才能一、使レシメハ民ヲ
不二得二衣食一スルコト、　不レ能三著レメ書ヲ、以テ自見《シメ》二スコト於後世一ニ也

今年衣食在昨年産業徳

雖レ有二ト聞レキ往ヲ知レル来ヲ材一、知レテ所レヲ當《ヘキ》レニ為ス而、能ク竭《ツクシ》二クシ其力一、無二キ報レ徳ヲ志一者ハ、在レ已ニ、材知ノ之為二ル其ノ奴隷一ト也、不《ス》レ可レラ不レンハアル慎乎

来年衣食在今年艱難徳

在二テ其職一ニ而、日夜無レ怠者、必ス不レ失二其徳一ヲ也、但有レリ徳有レレハ法、亦有レレハ躬有レリ命

年年歳歳不可忘其報徳

恐クハ忝二シト祖先ノ位一ヲ、欲レスル報二其ノ恩一者ハ、則必ス以レ徳ヲ報レテ之ニ、不レ可レ忘ル也

人有シメレ才而、無レレハ徳、則亦奚ソ足レンヤ尚《タツト》フルニ哉

飲酒の戒め

甚哉、酒之於人也、不啻狂乱亦能傷人之気、故嗜酒無飽者、譬猶抱薪救火、薪不盡火不滅也、但邑中無美酒、又不能日得肉、時々従倡家遊、大飲以迨夜、情意傲散簡與禮背、忽爾喪失歎情之深、豈惟非風流而已、異情成妄言彼此同爾、厲声作色雖吐舌、人咸忍垢不敢屑也、

或泣或笑窘戚、豈唯待下隷之抱持哉、醒来則不勝、赧顔愧恧不善、不能改酔為康者、醒為貧者令人、感結胸臆、其徳軽鴻毛、且雖有周公之材、無所復陳其功、況於匹夫乎、痛心疾首、如何斯人而有斯疾也、不知天棄已乎、抑已獲罪於鬼神也歟、𢘆々如畏、然私今欲断之、索然出涕嗟呼費銭、以予為此拘々也、悲哉嗜酒好色、卒然指舘舎、百事不吉迷者、弗顧以生疾而、隕生命、語曰、惟酒無量不及乱、然則酒是易乱者乎、若戒之則庶幾無疾病與、如南山寿不騫不崩如松柏之茂、無不再或承飲酒、温克君子萬年保其家邦而、受天之豊福子孫豊厚、令聞不忘在此行也、且勉之已矣

若林自脩撰

天保五甲午夏六月

あとがき

本書の出版を考え始めたのは、平成二十七（二〇一五）年の春頃からであった。定年退職の数年前から書き始め、身近な研究会や研究機関の会誌や研究紀要誌上を借りて随時発表し続けてきたものが、当初から目標としてきたかたちに近づきつつあったからである。

一方、前年まで退職後のゆとりもあって仕事もはかどり、至福の時を過ごしていた身に思いもよらぬ事態が生じつつあった。そして年末になると急激に体調が悪化し、全身の体力低下が生じた。自分としてはいろいろ手を尽くしたつもりであったが、原因がつかめぬまま体力低下は年を越してさらに急激に進み、平成二十八（二〇一六）年六月、ついに筋萎縮性側索硬化症の診断が下った時は、すでに意識も朦朧として覚えもなかった。専門医の手による緊急手術の結果、辛うじて命を取り留めることができたが、気管切開し人工呼吸器を装着する身となり、ベットからも離れられなくなり、手足の自由もなくなったため、同年九月退院後も家族の手による介護と、在宅療養を支援してくれる地域の医療・介護の専門施設の皆さんのサポートなしには、一日も過ごせぬ身体となった。

自力ではほとんど何事もできぬ身となってしまったが、何とか命のあるうちに、本書の出版だけはやり遂げたいというのが念願となり、退院後の新たな目標ともなった。幸いベット脇に置いたパソコンを右手の指一本でたたき、簡単な文章なら書くことができた。在宅での療養生活がはじまり、体調を確かめながら、牛歩のごとき編集・校訂作業を進めてきたが、そうした毎日も、はや一年近くが経とうとしている。幸いにも出版に当たっては随想舎のお世話になることができた。おかげで出版準備も本格化させることができた。

それにしても日々の生活は家族と在宅医療・介護支援の皆さんの支えと暖かな励ましなしには一日としてなりたたない。皆さんのご支援あってはじめて本日を迎えることができた。心から感謝申し上げたい。

平成二十九年六月六日

著者

なお、本書の各章に用いた論考の初出時の論題及び掲載誌は、次の通りである。

第一章　旗本宇津家知行所仕法の請負について
『国士舘大学人文学会紀要』（40号）平成二十（二〇〇八）年二月、同二十六年改稿

第二章　二宮尊徳自家再建期の経営について
『国士舘大学人文学会紀要』（44号）平成二十四（二〇一二）年三月

第三章　二宮尊徳の仕法請負に関する諸問題
『二宮町史研究』（5号）平成二十一（二〇〇九）年二月
第四章　二宮尊徳の桜町仕法と報徳思想の成立―仕法着手の史料論的研究―
『地方史研究』（366号）平成二十五（二〇一三）年十二月
第五章　桜町仕法諸施策の展開と住民動向
『栃木県立文書館研究紀要』（18号）平成二十六（二〇一四）年三月
第六章　仕法の打ち切り延長論と住民訴願
『栃木県立文書館研究紀要』（19号）平成二十七（二〇一五）年三月
第七章　後期仕法と「上下安泰永久相続之道」
『歴史と文化』（24号）平成二十七（二〇一五）年八月
第八章　仕法の永久相続論と報徳思想の成立
『関東近世史研究』（75号）平成二十六（二〇一四）年五月
第九章　報徳思想の成立と「若林自脩作文集」、付録、翻刻補注
『国士舘史学』（16号）平成二十四（二〇一二）年三月

［著者紹介］
阿部　昭（あべ　あきら）

1943年、栃木県足利市生まれ。東京教育大学文学部史学科卒業。県立高校教員、県立文書館指導主事を経て国士舘大学文学部教授。同文学部長、同大学法人理事。2013年、同大学退職。現在、同大学名誉教授。

〈主要著書〉
（単著）
『下野の老農小貫万右衛門』（下野新聞社、1982年）
『近世村落の構造と農家経営』（文献出版、1988年）
『江戸のアウトロー』（講談社〈選書メチエ152〉、1999年）
（共著）
『栃木県の歴史』（山川出版社、1998年）
『日光道中と那須野ヶ原』（吉川弘文館、2002年）
『明治維新期の民衆運動』（岩田書院、2003年）

二宮尊徳と桜町仕法　報徳仕法の源流を探る

2017年7月28日　第1刷発行

著　者●阿部　昭

発　行●有限会社 随想舎
〒320-0033　栃木県宇都宮市本町10－3 TSビル
TEL 028-616-6605　FAX 028-616-6607
振替 00360－0－36984
URL http://www.zuisousha.co.jp/
E-Mail info@zuisousha.co.jp

印　刷●モリモト印刷株式会社

装丁●栄舞工房
定価はカバーに表示してあります／乱丁・落丁はお取りかえいたします

ISBN978-4-88748-342-2